KB022680

청소년을
위한
세계사

서양편

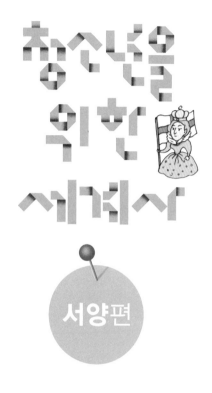

# 청소년을 위한 세계사

## 서양편

**이강무** 지음

Humanist

# 청소년이여,
# 세계사를 공부하자

세계사 수업은 힘들다. 수업 시간에 학생들에게 질문을 하면 한숨이 절로 나온다. 세계사 책을 읽어 본 아이들은 콘스탄티누스 황제, 카롤루스 대제, 나폴레옹, 링컨 등 인물 이름을 대기도 하지만, 대다수의 아이들은 침묵하거나 그 사람이 누구인지 당당하게 되묻기도 한다.

사실, 대답하는 아이들도 되묻는 아이들과 별반 다를 게 없다. 위에 언급된 인물들을 시대 순서대로 나열해 보라고 하면 제대로 대답하는 아이가 거의 없다. 여기에 한국사나 동양사에 등장하는 인물을 섞어 놓으면 아이들은 도저히 풀 수 없는 문제가 된다. 단순 지식은 알지만 시간과 공간 개념이 전혀 없기 때문이다.

그 책임의 상당 부분은 교과서에 있다. 교과서는 분량 제한 때문에 인물과 사건을 입체적으로 그릴 수 없어서이다. 아이들은 교과서를 읽어도 내용을 이해하기 힘들고, 이 점을 잘 아는 교사는 인물과 사건 설명 중심으로 수업할 수밖에 없다. 그 결과, 세계사는 아이들에게 지겹고

따분한 수수께끼로 남았다.

이 문제의식을 담아 2002년에 《청소년을 위한 세계사: 서양 편》을 출간했다. 교과서를 대신할 수 있는 쉽고 재미있는 책을 만들고자 했다. 처음 집필한 책인 데다가 수업 경험도 많지 않았기에 아쉬움이 남았지만 의외로 반응이 좋아 청소년들에게 꾸준히 읽혔다. 시대별로 중심 주제를 잡아 세계사의 흐름을 자연스럽게 이해할 수 있도록 한 것이 효과가 있었다. 기존 책들과 달리 사건에 대한 여러 가지 해석을 담은 점도 긍정적인 평가를 받았다. 풍부한 사진 자료를 통해 이해를 돕고, 중요한 내용을 일러스트로 표현한 것도 큰 몫을 했다. 청소년 독자가 이해하기 쉬운 용어를 쓰려 노력했고, 어려운 용어는 주를 달아 풀어 준 점도 빼놓을 수 없겠다.

어느 덧 세월이 10년이나 흘렀다. 그동안 세계사 책에도 많은 변화가 있었고, 만족스러울 정도는 아니지만 적지 않은 세계사 책들이 나와 선택의 폭이 넓어졌다. 이에 《청소년을 위한 세계사: 서양 편》도 새로운 출판사를 만나 개정판을 내게 되었다.

이번 개정판에서는 장점은 살리고 부족한 부분은 채우려 노력했다. 복잡하고 긴 문장을 간결하게 다듬어 짧은 호흡으로 읽을 수 있도록 했다. 사진 자료도 주제 중심으로 정리하고 교체해 사진만 봐도 기본적인 흐름을 이해할 수 있도록 했다. 긍정적인 평가를 받았던 일러스트도 청소년 독자의 눈높이에 맞추어 새로 그렸다. 최근 10년간의 변화도 새롭게 실었다.

중국의 역사 왜곡과 일본의 우경화 등으로 역사 교육이 강화된 것도 큰 변화이다. 중학교에서는 역사가 사회에서 분리되어 독립 과목이 되었다. 기존의 사회2, 3 교과서에서 세계사 부분을 떼어 내고, 여기에 국사를 합해 역사1, 2라는 통합 역사 교과서가 나왔다. 수능에서 한국사는 2017년부터 필수 과목이지만 세계사는 한국문화사, 동아시아사와 경쟁하는 선택 과목이다.

역사 교육 강화는 긍정적인 변화라고 생각하지만, 내용적으로는 세계사 부분이 아쉽다. 세계 여러 나라에 대한 이해가 필수 교양인 시대임에도 고등학교에서 세계사가 선택 과목이기 때문이다. 그 결과, 세계사는 중학교에서 처음 배우고 곧바로 버림받는 죽은 과목이 되고 말았다.

세계사를 이해하지 못하는 청소년이 세계화 시대를 이끌어 갈 주인공으로 성장할 수 있을까? 이에 긍정적으로 답할 수 있는 사람은 거의 없을 것이다. 더욱이 세계인에 대한 이해와 사랑 없이 평화, 인권, 여성, 환경 등 전 세계적인 문제들을 깊이 이해할 수 있을까? 이 역시 힘들 것이다.

세계사 공부는 여러 가지 문제를 국제적인 시각에서 보고, 국가 간의 협조를 통해 문제를 풀 수 있도록 돕는다. 이 책이 사랑하는 제자들을 포함한 젊은이들에게 서로에 대한 이해와 사랑을 키우고, 평화, 인권, 여성, 환경 등의 과제를 해결하는 데 작은 보탬이 되었으면 좋겠다.

마지막으로, 부족한 책에 새 생명을 불어넣어 준 휴머니스트 편집부에 감사드린다. 사랑과 헌신으로 인생의 표본이 되어 주시는 존경하는 아버지, 어머니와 사랑하는 세 딸 지현, 수현, 나현, 그리고 훌륭한 역사교사이면서도 세 아이를 키우느라 3년째 소중한 일을 손에서 놓고 있는 나의 소중한 반쪽에게도 고마운 마음을 전한다.

2014년 3월
이강무

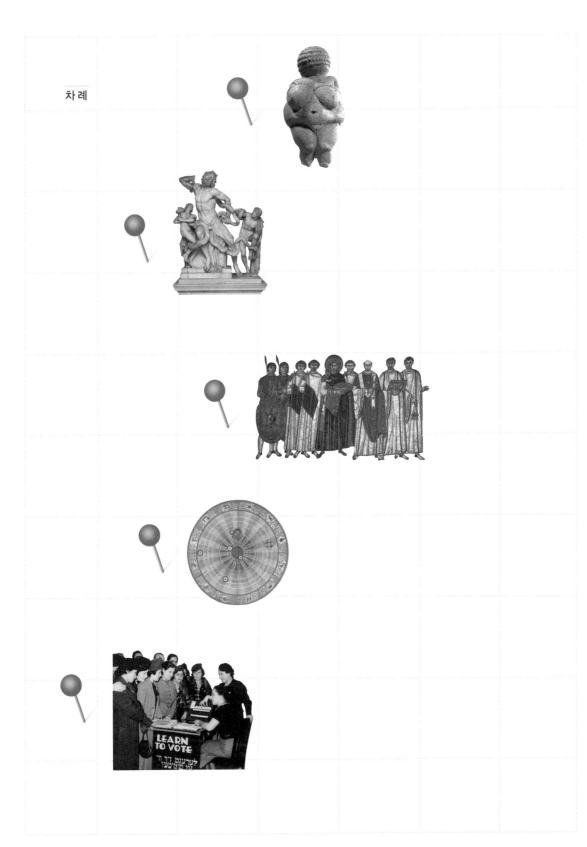

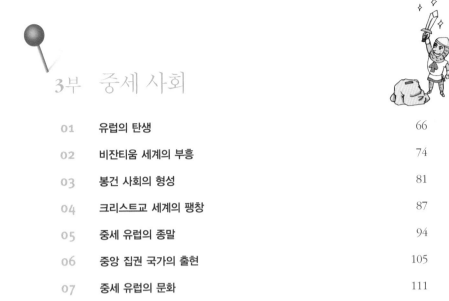

# 3부 중세 사회

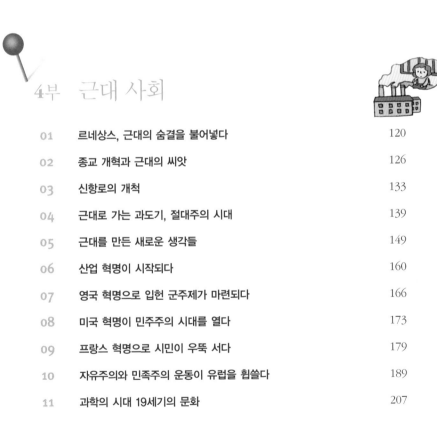

# 4부 근대 사회

# 5부 현대 사회

# 1부

- 약 300만 년 전　　오스트랄로피테쿠스 출현
- 약 50만 년 전　　호모 에렉투스 출현
- 약 20만 년 전　　호모 사피엔스 출현
- 약 4만 년 전　　호모 사피엔스 사피엔스 출현
- 약 1만 년 전　　농경, 목축 시작

# 선사 시대

# 01

# 인류의 출현

인류는 언제, 어디서 나타났을까? 그 답을 찾기 위해 사람들은 오랫동안 종교와 신화에 매달렸고, 근대 이후로는 학문적 연구를 계속해 왔다. 인류의 출현에 대해 끊임없이 추적한 끝에 인류가 진화하는 과정에서 다른 동물과 구별되는 특별한 능력을 가진 존재로 성장했다는 사실이 밝혀졌다.

## 인간에게는 특별한 능력이 있다

고고학, 인류학 등의 도움을 받아 선사 시대의 모습을 그려 보면, 인류의 조상은 하루하루를 힘겹게 살아가는 나약한 존재였다. 사나운 짐승을 피해 다니면서 식물을 채집하거나 작은 동물을 사냥했고, 짐승이 먹다 남은 찌꺼기를 먹는 일도 흔했다.

그러나 그들은 거친 자연환경과 사나운 짐승의 위협 속에서 살아남았다. 어떻게 이런 일이 가능했을까? 그 비밀은 직립 보행●에 있었다. 직립 보행은 인간의 두 손을 자유롭게 하여 도구를 만들 수 있게 도왔

● 직립 보행
허리를 세우고 두 발로 서서 걷는 것을 말한다. 직립 보행은 인간을 세상의 주인공으로 만든 근본적인 힘이었다.

고 창조적인 노동을 가능하게 했다. 이를 통해 인간은 신체의 약점을 보완하고 먹고사는 문제를 해결할 수 있었다. 두 손이 자유로워지고 두뇌가 발달하면서 인위적으로 자연을 변화시키기도 했다.

또한, 직립 보행을 하면서 머리가 어깨 위에 고정됐고 목과 입 안의 공간이 넓어지면서 다양한 소리를 낼 수 있게 됐다. 이를 통해 다른 구성원과 의사소통을 하면서 효율적으로 공동 노동을 하고, 언어를 발명해 집단의 경험이나 지식을 후세에 전달할 수 있었다. 도구를 사용한 창조적 노동과 언어를 이용한 효율적인 공동생활 등 인간만의 특별한 능력은 인간을 세상의 주인공으로 우뚝 세웠다.

● **오스트랄로피테쿠스**
남방의 원숭이라는 뜻으로, 유인원과 비슷한 모습 때문에 이런 이름이 붙었다.

**인류의 진화**
인류가 약 300만 년 전에 처음 나타난 이후 계속해서 진화한 결과 뇌의 용량이 점점 커졌다. 그만큼 인류의 생각하는 능력도 발달했다.

## 인류의 조상을 만나다

약 300만 년 전 아프리카 동남부에 나타난 오스트랄로피테쿠스[●]는 가장 오래된 인류로 추측된다. 이들은 키가 1미터였고, 현생 인류의 절반

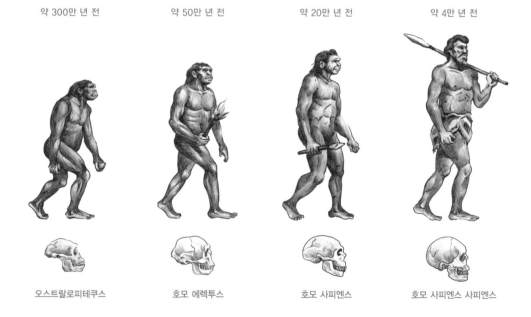

약 300만 년 전      약 50만 년 전      약 20만 년 전      약 4만 년 전

오스트랄로피테쿠스      호모 에렉투스      호모 사피엔스      호모 사피엔스 사피엔스

네안데르탈인 —┐
하이델베르크인 ●네안데르탈
크로마뇽인 — ●크로마뇽
　　　　　　●하이델베르크

베이징인 —●베이징

태평양

인도양

대서양

자바인 — ●자바 섬

오스트랄로피테쿠스 —●타웅

**인류의 발견 위치도**
최초의 인류는 아프리카에서
출현했으나 호모 에렉투스 이
후부터는 유럽과 아시아 곳곳
으로 퍼져나갔다.

도 안되는 크기의 뇌를 갖고 있었으나 두 발로 서서 걸었다. 이뿐만 아
니라 자유로운 두 손으로 동물의 뼈와 돌을 가지고 간단한 도구도 만들
어 사용했다.

　약 50만 년 전에는 직립 인간이라는 뜻의 호모 에렉투스가 나타났
다. 인도네시아의 자바인, 중국의 베이징인, 독일의 하이델베르크인이
모두 호모 에렉투스이다. 이들은 이전 인류보다 지혜로워 한결 발달한
도구를 만들었다. 베이징인은 불을 이용해 추위와 맹수의 위협에서 벗
어났고, 어두운 밤에도 불을 밝혀 활동 시간과 영역을 넓혔다. 자바인
은 두개골과 턱 모양을 미루어 봤을 때 언어를 사용했을 것으로 짐작되
는데, 나약함을 극복하고 살아남기 위해 서로 소통하고 협동하는 과정

에서 언어가 만들어진 것으로 보인다.

약 20만 년 전에는 지혜로운 인간이라는 뜻의 호모 사피엔스가 나타났다. 독일 네안데르탈 동굴에서 발견된 네안데르탈인이 대표적인데, 이들의 뇌 용량은 현생 인류와 비슷하다. 이들은 동물 뼈로 귀고리와 같은 장신구를 만들었고 그릇, 화살 등과 함께 시체를 묻었다. 호모 사피엔스는 사후에 또 다른 세계가 있다고 믿었던 것으로 짐작된다.

약 4만 년 전에는 현생 인류인 호모 사피엔스 사피엔스가 나타났다. 프랑스의 크로마뇽 동굴에서 발견된 크로마뇽인이 대표적이다. 이들은 창과 활을 사용했고, 동물 뼈로 작살과 낚시 바늘 등을 만들었다. 크로마뇽인이 남긴 화려한 동굴 벽화를 통해 이 시기에 예술 활동이 시작됐음을 알 수 있다.

# 02

# 선사 시대의 생활

도구의 재료에 따라 인류의 역사를 석기 시대●, 청동기 시대, 철기 시대로 구분할 수 있다. 도구의 변화와 함께 역사가 발전해 왔기 때문이다. 약육강식의 생태계에서 약자의 위치에 있던 인간은 끊임없이 더 나은 도구를 만들면서 강자로 성장해 갔고, 나중에는 세계의 주인공이 되어 찬란한 문명을 만들어 냈다.

## 구석기인, 채집과 수렵으로 살아남다

구석기 시대 초기, 인류가 생존을 위해 할 수 있는 일이라고는 사나운 짐승을 피해 돌아다니면서 나무 열매를 따거나 식물의 알뿌리를 캐는 채집 활동밖에 없었다. 인류는 불을 사용하고 도구를 만들면서 지식을 쌓고, 언어를 매개로 후대에 이를 전달하면서 다른 동물과 구별되는 특별한 존재로 성장해 갔다.

시간이 흐르면서 돌칼 등 뗀석기를 이용한 수렵이 이루어졌다. 활과

● 석기 시대
석기 시대는 뗀석기를 사용하던 구석기 시대와 간석기를 주로 사용하던 신석기 시대로 나뉜다. 석기 시대는 인류 역사의 99퍼센트 이상을 차지하는데, 문자 기록이 생기기 전 선사 시대와 대체로 겹친다.

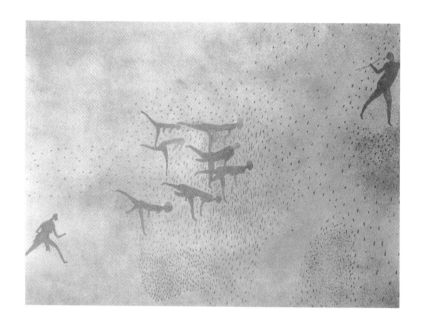

곡물을 줍고 있는 여인
기원전 6000~기원전 5000
년경에 그려진 것으로 추정되
는 알제리 타실리나제르 암벽
화이다. 채집은 수렵 및 어로
활동과 함께 구석기인의 주요
한 생존 수단이었다.

창으로 몸집이 큰 짐승을 사냥하고, 작살과 낚시 바늘 같은 뼈 도구로
물고기를 잡게 되면서 이전보다 먹을거리가 늘어났다. 육식은 두뇌와
육체를 발달시켜 인간을 더욱 강하게 만들었고, 짐승의 가죽과 털은 옷
감으로 사용되어 추위로부터 인간의 몸을 보호해 줬다. 하지만 수렵에
만 의존할 수는 없었다. 구석기인의 생활에서 수렵의 비중은 낮은 편이
아니었으나 목숨을 걸어야 하는 위험이 뒤따랐기 때문에 꾸준하고
안전하게 먹을거리를 마련할 수 있는 채집을 선호했다.

채집과 수렵 중심의 경제는 생산력이 낮았기에 인류의 생활은
여전히 불안했다. 약한 동물이 무리를 지어 생활하듯이 인간도
살아남기 위해 집단을 이뤘다. 집단 안에서 모든 구성원이 힘을
모았고 모든 것을 공평하게 나누어 가졌다. 족장은 풍부한 경험
을 바탕으로 집단을 이끌었을 뿐 다른 사람을 지배하거나 더 많은
것을 차지하지는 않았다. 누군가 더 많은 것을 누리면 다른 누군
가는 굶주려야 하므로 집단이 더는 유지될 수 없었기 때문이다.

● 빙하기
지구의 기온이 급격히 낮아져
남극과 북극, 대륙 일부에 빙
하가 늘어나는 시기를 가리킨
다. 마지막 빙하기는 약 1만
년 전에 끝났는데, 이후 초원
이 삼림으로 변하면서 빙하기
인류의 주요 식량이던 대형
포유동물이 다른 지역으로 이
동하거나 사라졌다.

쟁기질하는 농부
신석기 시대에 농경이 시작되
면서 인류 경제가 크게 변화했
기에 신석기 혁명이라 불린다.
이집트 테베에 있는 센네쩀의
무덤 벽화로 기원전 1200년경
에 그려진 것으로 추측된다.

## 신석기인, 농경과 목축을 시작하다

구석기인의 생활은 조금씩 나아졌지만 여전히 있는 그대로의 자연을 이용하는 채집과 수렵이 중심이었다. 그러다가 약 1만년 전, 인류 역사에서 농경의 시작이라는 중대한 변화가 나타났다.

신석기인은 왜 농사를 짓게 되었을까? 그 답은 그리 간단하지 않다. 빙하기● 이후 사냥할 동물이 이동하면서 먹을 것이 부족해져 농사를 지었다고도 하고, 인구가 늘면서 좁은 땅에서 더 많은 식량을 얻기 위해 농사를 지었다는 주장도 있다. 그 답이 무엇이든 농경은 우연히 시작되었을 것이다. 사람들이 과육을 먹고 버린 씨앗에서 싹이 자라나 열매를 맺었거나 먹을 수 있는 식물을 발견하고는 농경이 식량을 얻는 데 도움이 될 것이라 생각했을 가능성이 크다. 그 후 괭이, 가래, 삽 같은

농기구를 만들어 땅을 파고, 밀과 보리 등을 심으면서 농경이 시작되었을 것이다.

　농경과 함께 야생 동물을 사로잡아 울타리 안에 가둬 놓고 키우는 목축도 시작됐다. 목축 역시 처음부터 의도된 결과는 아니었을 것이다. 산 채로 잡은 동물이 새끼를 낳는 모습을 우연히 본 데서 목축이 시작된 것은 아닐까? 지역에 따라 다르긴 하지만, 처음에는 주로 개, 소, 양, 염소, 돼지 등을 길렀다. 사람들은 이들로부터 고기와 가죽을 얻었고, 사냥과 농경에 개나 소를 이용했다.

　농경과 목축의 시작은, 인류가 자연을 있는 그대로 이용하던 단계에서 벗어나 자연을 개발하는 단계에 이르렀다는 점에서 획기적이었다. 인류가 등장하고 나서 일어난 생활상의 큰 변화라는 의미에서 '신석기

사하라 암벽화
목축은 농경과 더불어 신석기 시대에 일어난 큰 변화 가운데 하나였다.

혁명'이라고 부른다. 신석기 혁명이 가져다 준 가장 큰 변화는 채집과 수렵에 비해 생산력이 크게 늘어 인간의 생활이 풍요로워졌다는 사실이다. 인구와 마을이 늘고 집단의 규모도 이전보다 훨씬 더 커졌다.

경제적으로 안정되면서 사람들에게 여가 시간도 생겼다. 사람들은 음식을 조리하거나 식량을 보관하기 위해 토기 등을 만들었다. 삶과 죽음, 운명, 자연의 영향력 등에 대해서 더 깊이 생각하게 되면서 종교와 예술이 발달했다.

신석기 혁명은 구성원 간의 사회적 관계도 변화시켰다. 힘든 농사일이 남성의 몫이 되면서 남성의 사회적 지위가 여성에 비해 상대적으로 높아졌다.

# 03

# 선사 시대의 신앙과 예술

살아남는 것 자체가 최대 과제였던 선사 시대 사람들도 예술에 관심이 있었을까? 그들이 남긴 유물과 유적은 선사 시대에 예술 활동이 있었음을 알려 준다. 그들에게 예술은 다같이 중요한 기원하는 종교 활동의 일부가 아니었을까?

### 구석기인은 왜 비너스 상을 만들었을까

약 3만~4만 년 전에 그려진 에스파냐의 알타미라 동굴 벽화와 프랑스의 라스코 동굴 벽화는 구석기인이 남긴 대표적 예술 작품이다. 벽화에서 검은색, 갈색, 황금색 등으로 칠해져 있는 소, 말, 사슴 등은 마치 살아 움직이는 것 같다. 사냥꾼이나 동물로 위장한 주술사도 벽화에 등장한다.

구석기 시대의 벽화는 주로 동굴 깊은 곳에서 발견된다. 벽화에 여러 번 덧칠이 돼 있는 것으로 보아 구석기인은 단순히 예술적 욕망

에스파냐의 알타미라 동굴 벽화
구석기인은 동굴에 여러 동물을 화려하게 그렸는데, 사냥이 잘되기를 기원하는 주술적 의미가 담긴 것으로 보인다.

프랑스의 라스코 동굴 벽화
에스파냐의 알타미라 동굴 벽화와 함께 구석기 시대를 대표하는 동굴 벽화이다. 창을 맞은 소의 내장이 드러난 모습이 사실적이다.

때문에 벽화를 그리지는 않았을 것이다. 구석기인은 왜 어두컴컴하고 깊은 동굴 벽에 동물을 그리는 일을 반복했을까?

아마도 동물을 많이 잡을 수 있기를 바라는 마음이 벽화에 반영되었을 것이다. 구석기인은 동물을 벽에 그리는 순간 그 동물을 사로잡은 것과 같다고 생각했기 때문이다. 사냥 의식 중 생긴 것으로 보이는, 창에 긁힌 흔적도 있다. 벽화와 사냥 의식은 구석기인이 자신감을 가지고 사냥에 나서는 데 도움이 되었다. 사냥할 동물이 늘어나기를 바라거나 동물을 숭배하는 마음의 표현이었다는 주장도 있다.

인간의 모습을 담은 빌렌도르프의 비너스는 동굴 벽화보다 먼저 만들어졌다. 이 비너스 상은 가슴이 지나치게 풍만하고, 배와 허리의 살은 흘러내릴 정도이며, 두툼한 허벅지 사이에 있는 성기의 크기도 과장되어 있다. 〈밀로의 비너스〉나 보티첼리가 그린 〈비너스의 탄생〉에 등장하는 아름다운 비너스와는 대조적이다. 오늘날 우리 눈에 보이는 것과 달리 구석기인은 이 여인상을 아름답다고 느꼈을 것이다. 생존을 위해서 자식을 많이 낳아 강하게 키우는 것이 무엇보다 중요했던 시대와 지금의 미의 기준은 다를 수밖에 없다. 구석기인은 가슴, 성기 등이 과장된 이 여인상을 통해 더 많은 자식과 풍요로운 생활을 꿈꾸었을 것이다.

## 의문투성이의 거석 기념물 스톤헨지

신석기인이 남긴 대표적인 문화유산은 고인돌, 선돌, 스톤 서클 같은 거석 기념물*이다. 그중 약 4000년 전에 만들어져 영국 솔즈베리 들판에 남아 있는 스톤헨지가 가장 유명하다. 오랫동안 비바람을 맞아 일부가 사라지는 바람에 스톤헨지의 원 안쪽에는 자리를 잃은 여러 개의 돌이 흩어져 있다. 여러 개의 돌기둥이 원을 그리면서 줄지어 있는 스톤헨지는 단순한 돌의 집합체가 아니라 계획적인 설계에 따라 만들어진 건축물이다.

스톤헨지를 실제로 보면 그 어마어마한 크기에 가장 먼저 놀라게 된다. 스톤헨지를 이루고 있는 돌 대부분은 높이가 4미터가 넘고, 바깥 부분 가장 큰 원의 지름은 30미터에 이른다. 솔즈베리 들판 인근에서 스톤헨지와 비슷한 돌을 찾을 수 없는데, 다른 곳에서 옮겨온 돌로 만든 것이 아닌가 짐작된다. 신석기인은 왜 무거운 돌을 이곳까지 옮겨와

**빌렌도르프의 비너스**
구석기 시대의 여인상은 대체로 발견된 지역의 이름을 따서 '–의 비너스'라고 불린다. 이 여인상은 오스트리아의 빌렌도르프에서 발견됐으며, 현재 오스트리아 빈 자연사박물관에 전시돼 있다.

● 거석 기념물
돌로 만든 큰 기념물이다. 고인돌은 두 개 이상의 돌 위에 또 다른 돌을 얹은 것이고, 선돌은 돌로 만든 기둥이다. 스톤 서클은 돌기둥을 둥글게 배열한 것이다.

**스톤헨지**
큰 돌들이 원을 그리면서 서 있고, 가운데에는 자리를 알 수 없는 돌들이 흩어져 있다.

스톤헨지를 만들었을까? 그간 이에 대해 다양한 주장이 제기됐다. '해와 달의 운행 위치와 돌이 놓여 있는 형태가 비슷한 것으로 보아 천체 관측소였다'는 의견도 있고, '우주인이 지구에 살았던 흔적이다', '우주선이 착륙하는 정거장이다'는 황당한 주장도 있다.

지금으로서는 스톤헨지를 만든 목적을 정확히 알 수 없다. 하지만 스톤헨지가 생겼던 때에 만들어진 거석 기념물이 대개 무덤이나 종교적인 숭배 대상이었기에 스톤헨지 역시 이와 관련된 것으로 보인다. 이를 미루어 보건대 스톤헨지 가운데에 흩어져 있는 돌들은 제단이었을 가능성이 크다. 스톤헨지는 많은 시간과 노력을 들여서라도 숭배하는 신을 항상 자신의 곁에 두어 안전과 풍요를 보장받고자 했던 신석기인의 바람이 반영된 것이 아닐까?

# 고대 사회

법 제정

# 01

# 서양 문명의 뿌리, 그리스

그리스 인은 오리엔트 문명과 에게 문명의 영향을 받아 자신만의 문명을 만들었다. 이들은 작은 도시 국가인 폴리스에서 살았다. 그리스는 페르시아 전쟁을 통해 많은 식민지를 확보하며 그리스 세계를 확장해 나갔다. 자유로운 시민 생활을 바탕으로 한 그리스 인의 창조적인 문화는 서양 문명의 뿌리가 됐다.

## 에게 문명에서 그리스가 출발하다

'빛은 동방으로부터'라는 말이 있듯이 서양 고대 문명은 오리엔트 문명의 영향을 받았다. 오리엔트에서 일찍이 철기 문화를 꽃피운 히타이트와 그리스 알파벳의 기원이 된 표음 문자를 전해 준 페니키아는 서양 고대 문명에 영향을 미쳤다. 에게 문명은 오리엔트 문명과 서양 문명의 뿌리인 그리스 문명을 이어 주는 중요한 역할을 했다. 해양 문명인 에게 문명은 기원전 3000년경 지중해 동쪽에서 발달한 오리엔트와는 다

트라키아

테살리아

트로이 문명
•트로이

*에게 해*

미케네 문명
•델포이
•테베
•미케네
•아테네

이오니아

올림피아
스파르타•

*지중해*

〰️ 에게 문명의 영향권

크레타 문명
크레타 섬
•크노소스

른 독자적인 문명이었다.

에게 문명은 크레타 섬과 그리스 본토, 소아시아 등지에서 발달했다. 크레타 섬을 기반으로 한 크레타 문명*은 에게 문명 중 가장 먼저 만들어졌다. 기원전 1600년 무렵에 강력한 힘을 가진 왕이 등장해 크레타 문명의 전성기를 이끌었는데, 크노소스의 미노스 궁전을 통해 당시 발전상을 짐작할 수 있다. 미노스 궁전에는 햇빛이 잘 들고 배수 시설을 갖춘 1,500개의 방이 있었다. 또한, 미노스 궁전에서 아름다운 도자기, 금·은 세공품 등이 발견됐는데, 에게 해를 비롯한 지중해 여러 지역과 해상 무역을 해서 쌓은 부의 산물이었다.

자연재해로 크레타 문명이 점차 힘을 잃고, 그리스 북쪽에서 내려온 미케네 인이 에게 문명의 주인공으로 떠올랐다. 미케네 인은 중부 그리스와 펠로폰네소스 반도에 여러 왕국을 세웠다. 기원전 1400년 무렵에

● 크레타 문명
크레타 섬에서 발달한 청동기 문명이다. 크노소스 출신의 왕 미노스의 이름을 따서 '미노스 문명'이라고도 한다.

미노스 궁전
큰 궁전과 화려한 벽화가 크레타 문명의 발전상을 잘 보여준다.

● 트로이 전쟁
미케네가 중심이 된 그리스와 에게 해 건너편 아나톨리아 반도에 있는 트로이가 벌인 전쟁이다. 그리스 병사들이 대형 목마 안에 숨어서 트로이의 성 안으로 들어가 이긴 전술로 유명하다.

미케네의 장군
미노스 출신의 기술자가 이집트산 금으로 만든 금반지 도장에 미케네 장군의 모습이 새겨져 있다. 이를 통해 미케네의 경제력과 문화 발달상을 짐작할 수 있다.

미케네 인은 크레타 섬을 차지하고 에게 해 건너 소아시아까지 나아갔다. 미케네는 지중해 동부의 해상 무역을 이끌었는데, 트로이 전쟁[*] 이야기에 이들의 팽창 과정이 담겨 있다.

청동기 문명에 머물렀던 미케네 문명은 기원전 1200년 무렵에 철기 문명을 가지고 북쪽에서 내려온 도리아 인의 공격을 받았다. 도리아 인의 침입이 기원전 8세기까지 계속되면서 그리스 세계의 무역이 침체됐다. 문자 기록이 사라진 암흑시대로 접어들었으며 호메로스가 쓴 대서사시 〈일리아스〉와 〈오디세이아〉를 통해 당시의 모습을 어렴풋이 짐작할 수 있을 뿐이다.

### 그리스 인의 삶의 공동체, 폴리스

도리아 인의 침략을 받고 남쪽으로 이동해 정착한 그리스 인은 대부분 산지에서 살았기에 나라까지는 만들지 못하고 부족 단위의 촌락 공동체에서 농경과 목축 생활을 했다. 기원전 8세기에 사회가 안정되고 농업 기술이 발달하면서 인구가 늘고 토지가 부족해지자 전쟁이 일어날 가능성이 커졌다. 전쟁에 대비해 몇 개의 촌락이 방어에 유리한 구릉지에 모여 살았는데, 이것이 폴리스의 시작이다.

폴리스의 중심부는 언덕에 위치한 아크로폴리스라는 성채였다. 아크로폴리스에 신전을 세워 제사를 지냈고, 그 밑에는 아고라라는 광장을 만들어 시장을 열거나 모임의 장소로 이용했다. 폴리스는 정치·군사·경제적으로 독립된 하나의 공동체였다. 아크로폴리스와 아고라 주변에는 먹거리를 생산하는 농경지와 과수원을 가진 촌락이 있었다. 폴리스 구성원은 혈연, 공통어, 종교 및 문화를 바탕으로 한 공동체 의식으로 결합되어 있었다. 그들은 스스로를 헬레네스, 국토를 헬라스라 했고, 이민족은 바르바로이●라 부르면서 자신들과 구분했다.

곡물 생산이 어려운 자연환경 탓에 항상 식량이 부족했던 폴리스는 기원전 8세기부터 기원전 6세기 사이에 식민 사업을 벌였다. 그 결과, 그리스의 식민 도시는 흑해 연안, 아프리카 해안, 시칠리아 섬과 남부 이탈리아 해안, 프랑스와 에스파냐 해안까지 늘었고, 전성기에는 1,000개가 넘을 정도였다. 식민 도시들은 그리스 본토의 식량 문제를 해결해 줬고, 지중해 무역을 촉진해 상공업을 발전시켰으며, 무역으로

● 헬레네스와 바르바로이
헬레네스는 그리스 신화에 나오는 헬렌의 자손이라는 뜻이다. 바르바로이는 원래 '알아들을 수 없는 말을 하는 사람'이라는 뜻이었는데, '야만인'이라는 의미로도 쓰였다.

아크로폴리스
폴리스의 중심부에는 성채 아크로폴리스가 있었다. 그리스의 아테네에 있는 언덕 위로 멀리 아크로폴리스가 보인다.

돈을 번 평민들의 정치 참여가 가능해져 민주 정치의 발전에도 영향을 미쳤다. 그리스의 문화와 제도가 식민 도시에 전해지면서 그리스 세계가 확대됐다는 점은 무엇보다 큰 의미가 있다.

## 아테네와 스파르타 쌍두마차가 폴리스를 이끌다

그리스의 폴리스 가운데 아테네가 두각을 드러냈다. 아테네의 힘은 민주 정치에서 나왔다. 아테네도 초기에는 왕정을 실시했던 터라 정치적 실권이 귀족에게 있었다. 그러나 식민 활동으로 상공업이 발전하면서 농민, 상인, 수공업자 등 평민의 경제력이 향상되었고 스스로 무장을 할 수 있게 됐다. 부를 쌓은 평민 중무장 보병은 귀족 기병을 대신해 군사력의 중심이 됐다. 평민의 군사적 역할이 커지자, 이들은 귀족의 권력 독점을 비판하면서 정치 참여를 요구했다.

기원전 6세기 말에 솔론은 재산 정도에 따라 평민이 정치에 참여할 수 있도록 한 금권 정치를 시도했으나 귀족과 평민 모두 불만을 가졌다. 솔론의 시도가 실패하면서 사회가 다시 어지러워진 틈을 타고 독재를 하는 참주가 나타났다. 이들 가운데 몇몇은 대중의 인기를 얻기도 했지만, 비합법적 수단으로 권력을 빼앗은 참주가 오래갈 수는 없었다. 그 뒤를 이어 평민의 지지를 얻은 클레이스테네스가 정권을 잡았다. 그는 모든 시민이 참여하는 민회에서 중요한 일을 결정하고, 도편추방법*을 실시해 참주가 나오는 것을 막는 등 아테네 민주 정치의 바탕을 단단하게 다졌다.

다른 폴리스도 대부분 아테네의 뒤를 밟았으나 스파르타만은 왕정이 계속되었다. 스파르타는 농업 중심의 자급자족 경제였기에 상공업자가 성장하지 못했고, 피정복민과 외국인에게 배타적이고 억압적인 태도를

**아테네의 중무장 보병**
아테네 중무장 보병의 중심인 평민은 아테네에서 민주 정치가 발전하는 데 크게 기여했다. 투구와 방패, 다리보호대 등으로 온몸을 보호한 모습이다.

**● 도편추방법**
매년 한 차례씩 참주가 될 위험 인물의 이름을 도자기 파편에 적어 6,000표가 넘으면, 해당 인물을 10년간 국외로 추방하도록 한 법이다. 참주의 출현을 막아 민주 정치에 기여했으나 정치적으로 악용된 사례도 많았다.

취했다. 특히, 스파르타는 정복 과정에서 복속시킨 농업 노예가 많았기에 반란에 대비해 강력한 군사력을 유지해야 했다. 이에 강력한 전사를 키우기 위한 스파르타식 교육이 실시됐다. 귀족은 어릴 때부터 함께 먹고 자면서 엄격한 군사 훈련을 받았고, 60세까지 병영에서 생활해야 했다. 이렇게 스파르타는 강력한 군국주의 정책으로 아테네와 함께 폴리스를 이끄는 양대 세력이 됐다.

## 전쟁으로 폴리스가 몰락하다

그리스 세계의 확대에 걸림돌이 된 것은 페르시아였다. 동방에서 힘을 키운 페르시아가 소아시아와 그리스 폴리스의 식민지를 차례로 점령해 갔다. 아테네 등 그리스의 폴리스가 군대를 보내 식민지를 돕자, 페르시아의 다리우스 1세는 이를 구실 삼아 기원전 492년부터 그리스 본토로 원정군을 세 차례 보냈다. 이것이 페르시아 전쟁이다.

**스파르타의 병사**
어릴 때부터 엄격한 군사 훈련을 받고 자란 스파르타의 병사는 스파르타를 그리스 폴리스의 중심으로 만든 가장 큰 힘이었다.

**페르시아 전쟁**
그리스 인은 아테네를 중심으로 뭉쳐 세 차례에 걸친 페르시아의 침입을 물리쳤다. 페르시아 전쟁 이후, 페르시아는 지중해 동부에서 물러났고, 그리스 인은 강대국을 물리쳤다는 자부심을 갖고 폴리스를 지키며 경제적으로도 번영했다.

● 민주 정치
아테네의 민주 정치는 현대의 민주 정치와 근본적으로 다르다. 모든 시민 남자가 정치에 참여하는 직접 민주 정치 형태였으나 여자, 외국인, 노예 등은 정치에 참여할 수 없었다. 아테네의 민주 정치는 노예 노동을 이용해 부를 쌓은 일부 특권층만의 정치였다.

풍랑을 만나 페르시아 함대가 난파되고 그리스 인의 거센 저항에 부딪혀 페르시아 전쟁은 페르시아의 패배로 끝났다. 페르시아 전쟁과 관련해 마라톤 전투와 살라미스 해전이 유명하다. 마라톤 전투는 마라톤 들판에서 아테네 군과 페르시아 군이 맞붙은 전투로, 이때 26마일을 달려 아테네의 성문 앞에 이르러 "우리가 승리했다."라고 승전 소식을 전하고 그대로 쓰러진 어느 아테네 병사에게서 지금의 마라톤 경기가 비롯했다. 살라미스 해전은 아테네의 명장 테미스토클레스가 페르시아 함대를 아테네 근처 살라미스 해안으로 끌어들여 무찌른 전투이다. 살라미스 해전은 그리스가 페르시아 전쟁에서 이기는 데 결정적인 역할을 했다.

페르시아 전쟁에는 폴리스 대부분이 참여했으나 아테네의 역할이 가장 컸기에 전쟁 후 아테네의 입지가 강해졌다. 전쟁 과정에서 아테네는 그리스의 폴리스를 모아 델로스 동맹을 만들었는데, 전쟁이 끝난 뒤에도 동맹을 이용하여 다른 폴리스에 지나치게 간섭했다. 페르시아 전쟁이 끝난 뒤의 델로스 동맹은 아테네 제국과 다름없었다. 이때 아테네를 이끌던 페리클레스는 민주 정치●를 더욱 발전시키고, 학문과 예술을

살라미스 해전
테미스토클레스의 속임수에 넘어간 페르시아 함대가 살라미스 해협의 협소한 공간에서 맞부딪치고 있다.

페르시아의 병사
장식 벽돌에 여러 색의 유약으로 그려진 페르시아 병사의 모습이다. 페르시아 수사에 있던 다리우스 궁전의 프리즈 부분으로 기원전 510년에 그려진 것으로 보인다. 지금은 독일 베를린의 페르가몬 박물관에 전시돼 있다.

적극 지원해 문화의 황금시대를 열었다. 델로스 동맹의 기금을 마음대로 사용해 파르테논 신전을 건축하는 등 아테네를 그리스에서 가장 아름다운 도시로 만든 이도 그였다.

　아테네의 횡포가 계속되자, 여러 폴리스가 델로스 동맹에서 탈퇴해 스파르타 중심의 펠로폰네소스 동맹에 참여했다. 결국 두 동맹 간에 펠로폰네소스 전쟁이 일어났고, 30년 동안 이어진 전쟁은 펠로폰네소스 동맹의 승리로 끝났다. 델로스 동맹이 해체되고, 아테네 시대가 막을 내렸다. 이후 여러 폴리스에서 스파르타의 영향력이 강화됐으나 폴리스 대부분이 전쟁으로 약해진 상황에서 페르시아의 위협이 다시 심각해지자 폴리스는 빠르게 몰락했다.

페리클레스
아테네를 그리스 폴리스의 정치·문화 중심지로 만든 인물이다. 아테네의 상징인 이그로폴리스에 인공 도시를 만들었다. 그리스 아테네 박물관에 있는 조각상이다.

## 시민 정신 위에서 싹튼 그리스 문화

그리스 인은 인간 이성과 감성을 중요하게 여기는 폴리스의 시민 정신을 바탕으로 철학, 역사, 과학, 종교, 예술, 문학 등을 발전시켰다.

소아시아 지방의 탈레스, 데모크리토스 같은 철학자들은 종교와 신화에서 벗어나 세계에 대한 합리적 이해를 시도했다. 이들은 "우주가 물, 불, 흙, 공기, 원자 등으로 이루어져 있다."고 주장해 자연 철학자라고 불린다. 기원전 5세기 무렵 그리스에서는 자연과 우주 대신 인간을 철학의 연구 대상으로 삼았다. 민주 정치가 발달한 아테네에서는 토론과 대화에 적용할 수 있는 수사학이 유행했고 웅변술을 가르치는 소피스트가 활약했다. 소피스트는 도덕과 법의 상대적 가치를 주장했다. "인간은 만물의 척도다."라는 프로타고라스의 말에서 인간은 개인을 가리키는데, 이에 따르면 진리는 개인의 주관에 따라 상대적일 수밖에 없다. 이에 반해 소크라테스는 객관적 진리를 강조하며 "너 자신을 알라."고 가르쳤다. 그의 제자 플라톤은 "철학자가 통치해야 한다."라는

**소크라테스(왼쪽)**
서양 철학의 기초를 만든 그리스 철학자이다. 키케로는 소크라테스의 업적에 대해 철학을 하늘에서 땅으로 끌어내렸다고 평가했다.

**아리스토텔레스(오른쪽)**
논리학, 윤리학, 정치학, 생리학, 동물학 등 여러 학문의 기초를 세워 '만학(萬學)의 아버지'라고 불린다.

철인 정치론과 함께 "참된 실재는 이데아의 세계에서만 존재한다."라고 주장해 관념 철학을 정립했다. 플라톤의 제자 아리스토텔레스는 플라톤이 관념 세계에서 구하려 한 실재를 현실 세계의 형상에서 구해 철학에 과학을 결합했다.

그리스 역사서로는 역사학의 아버지 헤로도토스의 《페르시아 전쟁사》와 투키디데스의 《펠로폰네소스 전쟁사》가 유명하다. 투키디데스는 방대한 자료를 정밀하게 검토한 뒤 사실에 근거해 역사를 기술함으로써 근대 역사학에 큰 영향을 끼친 고대 최고의 역사가이다. 수학 분야에서는 피타고라스, 의학 분야에서는 히포크라테스가 유명하다.

파르테논 신전
아테네의 아크로폴리스에 세워진 신전으로, 아테네 수호신인 아테나가 모셔졌다. 웅장하면서도 균형미를 갖춘 세계 최고의 건축물로 꼽힌다.

●그리스의 12신
제우스(최고의 신, 번개와 천
둥의 신), 헤라(제우스의 아
내, 결혼과 생산의 신), 포세
이돈(제우스의 형, 바다의
신), 아레스(제우스의 아들,
전쟁의 신), 아폴론(제우스의
아들, 태양·문예·음악·예언
의 신), 헤파이스토스(제우스
의 아들, 불·대장간·공예의
신), 헤르메스(신들의 사자,
웅변·경기·행운·상업의 신),
아테나(아테네의 수호신, 전
쟁과 평화의 신), 아르테미스
(제우스의 딸, 사냥과 달의
신), 아프로디테(아름다움과
사랑의 여신), 헤스티아(제우
스의 누이, 가정의 신), 데메
테르(제우스의 누이, 농업의
신)이다.

그리스는 다신교 사회였다. 그리스 인은 올림포스 산에 신전을 짓고 인간의 모습을 한 12신®을 섬겼다. 문학, 미술, 연극, 체육 등은 종교와 밀접한 관련을 가지고 발전했다. 문학 분야에서는 신화, 부족사와 관련된 운문이 유행했는데, 호메로스의 대서사시 〈일리아스〉와 〈오디세이아〉가 대표작이다. 호메로스에 이어 등장한 헤시오도스는 올림포스 신의 체계를 정리하고 세계의 생성을 설명한 〈신통기〉, 노동의 귀중함을

원반 던지는 사람
고대 그리스의 올림픽에서는 원반던지기를 비롯해 여러 가지 경기가 행해졌다. 그리스 조각가 미론의 청동상을 본떠서 로마 시대에 만들어진 대리석상으로, 로마 국립 미술관에 소장돼 있다.

노래한 〈노동과 나날〉을 지어 큰 감동을 주었다. 미술 분야에서는
아름다운 신전 건축과 신을 새긴 조각상이 발달했고, 파르테논
신전과 조각가 페이디아스가 만든 아테나 여신상이 유명하다.
연극은 디오니소스 신을 섬기는 제사 의식에서 유래했다.
비극 작가로는 아이스킬로스, 소포클레스, 에우리피데스가, 희극
작가로는 아리스토파네스가 대표적이다. 기원전 776년부터 4년마다
열린 올림픽 경기에서는 권투, 레슬링, 육상, 전차 경기, 원반던지기 등
을 했다. 올림픽 경기 또한 제우스 신을 섬기는 제사 의식의 일부였다.

# 02

# 헬레니즘 세계의 번영

마케도니아의 알렉산드로스가 페르시아를 무너뜨리고 알렉산드로스 제국을 세운 기원전 330년부터 제국이 로마에 정복당한 기원전 30년까지의 약 300년간을 헬레니즘 시대라고 한다. 그리스 문화와 오리엔트 문화가 합쳐서 만들어진 헬레니즘 문화가 그리스인을 통해 오리엔트 세계에 전파됐다.

## 동서양에 걸친 대제국을 세우다

폴리스들이 펠로폰네소스 전쟁을 하는 동안 그리스 북쪽에서는 마케도니아가 힘을 키우고 있었다. 기원전 4세기에는 마케도니아의 필리포스 2세가 그리스의 폴리스를 지배했다. 필리포스 2세가 페르시아에 대한 복수를 명분으로 폴리스를 모아 소아시아를 공격했으나 중간에 암살되면서 원정이 중단됐다.

기원전 334년에 동방 원정을 다시 시작한 인물이 필리포스 2세의 아들 알렉산드로스였다. 20세에 왕이 된 알렉산드로스는 소아시아에서

알렉산드로스 대왕

다리우스 3세가 이끄는 페르시아 군을 무찌르고 페니키아를 정복했으며, 이집트까지 나아가 지중해를 손에 넣었다. 기원전 331년에는 페르시아 본토로 쳐들어가 바빌론, 수사, 페르세폴리스 등을 차지한 뒤 중앙아시아로 진격해 이란 동부를 점령했으며, 기원전 327년에는 인더스 강까지 나아가 동서양에 걸친 제국을 건설했다.

알렉산드로스는 어떻게 짧은 기간에 대제국을 세울 수 있었을까? 그 비밀은 긴 창으로 무장한 보병 밀집 전술에 있다. 알렉산드로스는 옆 사람과 가까이 붙어 방패로 여러 줄의 단단한 대오를 만들고 4미터가량의 긴 창으로 적군을 밀어붙이는 이 전술로 연승을 거두었다. 피정복지에 수많은 그리스 인을 이주시키고, 피정복민의 전통과 관습을 존중한 것도 한몫했다. 알렉산드로스는 다리우스 3세의 딸을 왕비로 삼고, 마케도니아의 귀족에게도 페르시아 여성을 아내로 맞을 것을 권유했다. 그러나 이는 동서 여러 민족으로 구성된 지배층을 융합하기 위한

**알렉산드로스와 다리우스 3세의 전투**
왼쪽의 말을 탄 인물이 마케도니아의 알렉산드로스이고, 오른쪽 전차 위의 인물이 페르시아의 다리우스 3세이다. 기원전 1세기에 그려진 폼페이 벽화의 모작으로 나폴리 국립 고고학 박물관에 보관돼 있다.

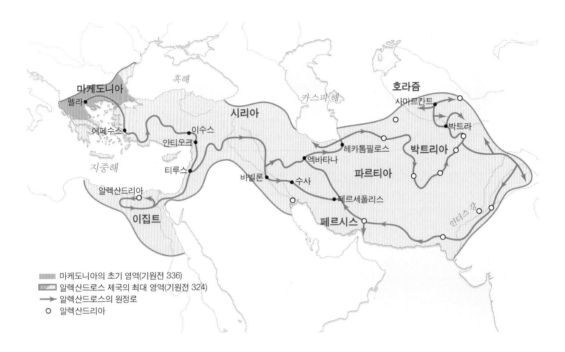

마케도니아
펠라
흑해
카스피해
호라즘
사마르칸트
박트라
박트리아
에페수스
시리아
이수스
안티오크
헤카톰필로스
파르티아
지중해
티루스
엑바타나
바빌론
수사
인더스 강
알렉산드리아
페르세폴리스
이집트
페르시스

▩▩▩ 마케도니아의 초기 영역(기원전 336)
▨▨▨ 알렉산드로스 제국의 최대 영역(기원전 324)
──▶ 알렉산드로스의 원정로
○ 알렉산드리아

알렉산드로스 제국의 영역
알렉산드로스는 원정을 시작한 지 10년 만에 유럽, 아시아, 아프리카에 걸친 대제국을 건설했다. 알렉산드로스 제국에서는 그리스 인과 토착민이 결혼하고 문화 교류가 활발해지는 등 여러 가지 변화가 있었다.

것이었을 뿐 대다수의 피정복민은 희생양이었다. 알렉산드로스는 그리스 인에게는 통솔자 역할에 머물렀지만, 동방 사람에게는 지배자로 군림했기 때문이다.

기원전 323년에 알렉산드로스가 바빌론에서 33세의 나이로 병사하자 40여 년간 후계자 다툼이 이어졌다. 그의 가족은 처형됐고, 힘 있는 장수들이 권력을 차지한 뒤 제국을 시리아 왕국, 이집트 왕국, 마케도니아 왕국으로 나눴다. 이 틈에 그리스 일부 폴리스들이 동맹을 맺어 독립했으나 기원전 146년부터 기원전 30년까지 헬레니즘 세계는 로마의 지배를 받아야 했다.

## 풍요와 빈곤이 공존한 헬레니즘 사회

헬레니즘 시대에 아테네와 스파르타 등의 폴리스는 영향력을 잃은 데 반해 동방 원정으로 새로 건설된 안티오크, 알렉산드리아 같은 도시가 정치·문화적 통합에 이바지하고, 사회·경제적 중심지 역할을 했다.

알렉산드로스 제국은 인도와 지중해를 잇는 교통로 구실을 했다. 상공업과 무역이 발달하면서 화폐 경제가 자리 잡았는데, 국가가 수입을 늘리기 위해 적극적으로 노력한 결과였다. 이집트의 알렉산드리아에는 아라비아의 향료, 인도의 금, 영국의 주석, 아프리카의 상아 등 세계 곳곳에서 다양한 상품이 들어왔다. 게다가 잘 정리된 도로, 대형 공공건물과 공원, 70만 권이 넘는 장서를 보유한 도서관 등을 갖춘 헬레니즘 문화의 중심지로, 100만 명이 넘는 인구가 사는 대도시였다. 하지만 번영은 그리스 출신의 귀족이나 상인, 통치자에게만 해당됐을 뿐, 대다수의 노동자는 낮은 임금과 실업의 고통 속에서 정부의 무료 급식으로 힘겹게 살아갔다.

농업에도 변화가 나타났다. 알렉산드로스의 뒤를 이은 전제 군주는 권력자의 땅을 빼앗아 자신을 지지하는 귀족에게 나누어 주거나 소작인에게 농사를 짓게 해 수입을 늘렸다. 소작인은 농작물을 수확할 때까지 토지에서 벗어날 수 없었고, 국왕이 소작료를 부과할 때까지 자신의

**알렉산드리아**
알렉산드로스의 이름을 따서 붙였는데, 정복지에 같은 이름의 도시가 70개 정도 더 있었다. 스핑크스 석상과 그 옆의 기둥은 알렉산드리아 도서관 세라피스 신전의 일부로 추측된다.

생산물을 판매할 수도 없었다. 왕은 소작인의 반란을 무자비하게 진압했고, 도망치는 소작인을 잡아다가 농노로 삼았다. 왕과 귀족 때문에 경쟁력을 잃은 중소 자영농의 상당수는 농노가 됐다. 농민의 수는 줄어들었고, 왕과 귀족은 더 많은 토지를 갖게 됐다.

### 헬레니즘 문화가 동방에서 꽃피다

알렉산드로스의 원정으로 그리스 문화가 동방에 전해졌다. 그리스 문화에 오리엔트 고유의 문화가 융합되어 새로운 그리스풍의 문화가 만들어졌는데, 이것이 헬레니즘 문화*이다. 헬레니즘 문화는 폴리스 중심의 그리스 문화와 달리 개인주의적이고 세계 시민주의적이다. 폴리스 중심의 질서가 무너지고 있는 상황에서 어떻게 살아야 개인이 행복할 수 있을까 하는 고민과 알렉산드로스 제국이 건설되면서 더는 국가와 민족이 중요하지 않다고 생각하게 된 결과였다.

이 같은 특징은 헬레니즘 시대의 철학에 잘 반영돼 있다. 에피쿠로스 학파와 제논의 스토아 학파가 대표적이다. 에피쿠로스는 유물론을 바탕으로 사후 세계를 부정하고, 현실에서 개인의 쾌락을 추구하는 것이 최고의 선이라고 주장했다. 여기서 쾌락은 육체적이고 물질적인 것이 아니라 정신적인 만족을 뜻한다. 스토아 학파는 인간은 이성을 가졌기에 존엄하다고 보았고, 이성을 통해 감정과 욕망을 억제해야만 진정한 행복을 얻을 수 있다고 주장했다. 또한, 모든 인간이 평등하다는 세계 시민 사상을 주장하며 그리스 인과 다른 민족 사이의 어떤 차이도 인정하지 않았다. 스토아 학파의 생각은 이후 로마에 전해져 로마법과 크리스트교에 영향을 주었다.

미술 작품에서도 개인주의 경향이 강하게 나타났다. 그리스 문화의 특징인 조화와 균형미 대신 인간의 육체와 감정을 사실적이고 관능적으로 표현한 작품이 많이 등장했다. 〈밀로의 비너스〉와 인간의 고통을

● 헬레니즘 문화
헬레니즘은 '헬렌 신 후손의 문화', 즉 그리스 인의 문화라는 뜻이다. 헬레니즘 문화는 그리스 인이 동방에 전한 그리스 문화이다.

잘 표현한 〈라오콘 상〉은 헬레니즘 시대 최고 걸작으로 뽑힌다. 헬레니즘 미술은 인도까지 전해져 간다라 불교 미술에 영향을 주었다.

　헬레니즘 문화의 또 다른 특징은 실용적인 자연 과학의 발달이다. 수학에서는 유클리드가 기하학으로 이름을 날렸고, 물리학에서는 아르키메데스가 부력의 원리를 발견했으며, 지리학에서는 에라토스테네스가 지구의 둘레를 계산했다. 천문학에서는 지구와 달의 거리를 밝힌 히파르코스, 지구의 자전과 공전을 주장한 아리스타르코스, 지구 구체설과 천동설을 주장한 프톨레마이오스가 활약해 코페르니쿠스 출현의 기초를 닦았다. 의학에서는 헤로필로스가 인간의 두뇌 구조를 밝히고, 맥박을 통한 병의 진단을 시도했다.

밀로의 비너스(왼쪽)
아프로디테의 조각상으로 루브르 박물관에 소장돼 있다. 에게 해의 밀로 섬에서 발견돼 이렇게 불린다. 완벽하게 균형 잡힌 몸매에서 그리스 문화가, 길게 늘어진 우아한 옷자락에서 헬레니즘 문화가 느껴진다.

라오콘 상(오른쪽)
아폴론을 받들던 신관 라오콘이 그의 미움을 사 쌍둥이 아들과 함께 뱀에 칭칭 감긴 장면이다. 고통에 가득 찬 얼굴 표정과 몸의 근육이 매우 사실적인 이 조각상은 바티칸 박물관에 소장돼 있다.

# 03

# 로마의 영광과 몰락

19세기 역사가 랑케는 "로마 이전의 모든 역사는 로마로 흘러들어 갔고, 로마 이후의 역사는 로마에서 흘러나왔다."라고 말했다. 유럽사가 곧 세계사라는 오만한 표현이긴 하지만 이 말을 유럽사에 제한할 경우 무방하기 이렵다. 지중해를 통일해 유럽 고대 문화를 완성하고, 이를 유럽과 이슬람 세계에 퍼뜨린 사람들이 로마 인이기 때문이다.

## 점진적 개혁으로 로마 공화정을 완성하다

로마는 기원전 8세기에 라틴 인이 이탈리아 테베레 강가에 세운 도시 국가이다. 처음에는 왕정이었으나, 한때 에트루리아의 지배를 받았다가 기원전 6세기에 독립해 귀족 공화정 체제를 이루었다. 평민은 정치에 참여할 수 없었던 데 반해 귀족은 행정 최고 책임자인 2명의 집정관 자리와 입법 기관인 원로원을 독차지했다.

기원전 5세기 이후, 귀족 기병 대신 농민으로 이루어진 중무장 보병

●12표법
귀족에게 유리한 관습법에 불만을 가진 평민이 요구해 만들어진 12표의 성문법이다. 귀족과 평민의 결혼을 금지하는 등 한계가 있었지만, 귀족의 사법권 독점을 제한해 평민의 권리를 지키는 계기가 되었다.

이 군대의 중심이 되자 평민이 정치 참여를 요구했다. 귀족은 선뜻 내키지 않았으나 로마의 지속적인 팽창과 발전을 위해서는 평민의 도움이 필요했기에 이들의 요구를 받아들일 수밖에 없었다. 기원전 494년에 귀족의 부당한 행정 및 입법 행위로부터 평민을 보호하는 호민관 제도와 호민관을 의장으로 하는 평민 의회가 구성되었다.

뒤이어 평민은 귀족이 관습법을 악용하는 것에 맞서 성문법 제정을 요구했다. 기원전 450년에 로마 최초의 성문법인 12표법*이 만들어져 평민의 권리가 법의 보호를 받게 됐으나, 귀족이 법 제정 권한을 독차지했기에 실생활에서 평민의 권리와 이익은 여전히 지켜지지 않았다. 마침내 평민이 행정권과 입법권을 얻기 위해 나선 결과, 기원전 376년에 2명의 집정관 가운데 한 명은 평민이 선출되도록 한 리키니우스법이, 기원전 286년에는 평민 의회의 결정이 원로원의

원로원
로마 공화정 초기에는 귀족으로 구성된 원로원에 권력이 집중되어 있었다. 원로원 회의 모습을 담은 이 그림은 이탈리아 국회에 걸려 있다.

로마 건국 신화
로마는 로물루스가 늑대 젖을 함께 먹고 자란 쌍둥이 동생 레무스를 죽이고 세운 작은 도시 국가였다. 로마는 로물루스의 이름에서 비롯했다. 로마 건국 신화를 표현한 어미 늑대상은 기원전 500년경에 만들어져 현재 로마 카피톨리니 박물관에 전시돼 있다.

승인 없이 법적 효력을 갖는 호르텐시우스법이 만들어졌다. 이로써 귀족과 평민 사이의 법적 차별이 사라지고 로마의 공화정이 완성됐다.

로마 공화정의 변화는 그리스와 비슷하게 군대 내에서 평민의 위상이 높아지면서 시작됐지만, 그리스처럼 평민과 귀족이 피를 흘리는 싸움은 없었다. 로마의 평민은 200년이라는 긴 시간 동안 귀족의 양보를 이끌어 내며 공화정을 조금씩 발전시켰다. 그 결과, 그리스의 아테네에서는 평민 의회가 주권을 행사했으나 로마에서는 여전히 정치적 실권이 원로원의 귀족에게 있었다. 그러나 귀족의 양보를 통한 로마의 점진적 개혁은 사회적 안정을 가져다주었고, 작은 도시 국가에서 출발한 로마가 세계 제국으로 성장하는 데 중요한 원동력이 됐다.

### 지중해를 로마의 호수로 만들다

공화정을 발전시키며 주변 나라를 차례로 정복해 나간 로마는 기원전

**포에니 전쟁**
로마와 아프리카 북쪽의 카르타고가 지중해 서부의 주도권을 놓고 3차에 걸쳐 벌인 전쟁이다. 포에니는 라틴어로 '페니키아 인'이라는 뜻인데, 카르타고가 페니키아 인의 후손이라 로마 인이 이렇게 불렀다. 그림은 카르타고의 최후 모습이다.

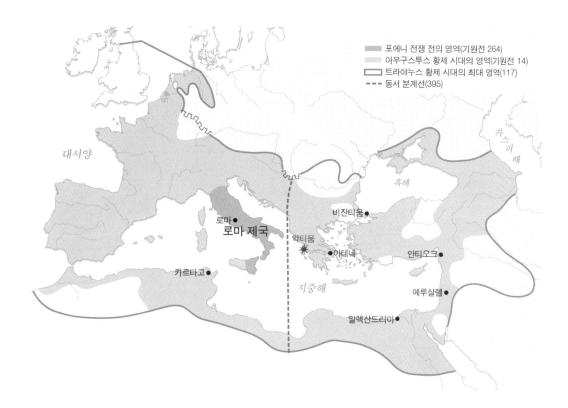

3세기 초에 이탈리아 반도를 통일했다. 이어 포에니 전쟁에서 승리해 지중해 서부를 손에 넣고는 지중해 동부의 헬레니즘 세계까지 정벌했다. 기원전 1세기에는 지중해가 호수로 보일 정도로 넓은 영토를 차지한 제국이 됐다.

로마가 세계 제국으로 발전할 수 있었던 또 다른 원동력은 농민으로 이루어진 중무장 보병이었다. 그러나 오랜 전쟁은 농민의 몰락을 불러왔고 공화정 체제의 뿌리를 흔들었다. 농민이 전쟁터에 가 있는 동안 토지가 황폐해졌고, 식민지에서 값싼 곡물이 많이 들어와 농민층이 몰락했다. 지배층이 식민지에서 끌려온 노예를 이용해 라티푼디움●을 운영하면서 농민의 삶은 더욱 어려워졌다.

기원전 2세기에 호민관을 맡았던 그라쿠스 형제가 가난한 시민에게

**로마 제국의 영역**
로마 인은 포에니 전쟁에서 승리를 거둔 뒤, 헬레니즘 세계를 정복해 지중해를 품에 안은 대제국을 만들었다. 이후 로마는 평화와 번영을 이어갔는데, 특히 아우구스투스 황제 이후 200여 년간은 로마 최고의 전성기였다.

● **라티푼디움**
로마의 지배층이 공동 소유지를 점유하거나 농민에게서 빼앗은 땅으로 운영한 대농장이다. 귀족 등 일부 지배층의 부를 늘려 주었으나 자영 농민의 몰락, 빈부 격차 심화, 노예 반란 등의 원인이 됐다.

**로마 중무장 보병**
로마는 평민으로 이루어진 중무장 보병 부대의 활약에 힘입어 제국으로 발돋움할 수 있었다. 트라야누스 황제가 다키아 전쟁에서 거둔 승리를 기념하기 위해 113년에 완성한 트라야누스 원주에 남아 있는 로마 병사들의 모습이다.

**카이사르**
공화정 말기의 혼란을 잠재우고 최고 지배자가 되었다. 독일의 카이저, 러시아의 차르 등 최고 통치자를 뜻하는 용어가 그의 이름에서 비롯되었다. 루브르 박물관에 있는 카이사르 조각상이다.

땅을 나누어 주어 자영농을 다시 키우려 한 것도 로마 공화정의 위기를 극복하기 위해서였다. 그러나 두 형제의 개혁은 넓은 땅을 가진 원로원 귀족의 반대로 실패했고, 곧 내란이 일어나 힘 있는 자들이 벌족파와 평민파로 나누어져 권력 다툼을 벌였다. 식민지 주민과 노예의 반란으로 사회가 더욱 어지러워지자 군사력을 가진 군인 정치가가 등장하고 로마의 공화정은 빠르게 무너져 갔다.

기원전 60년에는 카이사르, 크라수스, 폼페이우스가 주도한 삼두 정치가 이루어졌는데, 이 역시 오래가지 않았다. 카이사르가 갈리아 원정에 성공해 인기가 높아진 상황에서 크라수스가 동방 원정 중에 전사하자, 카이사르의 세력 강화에 불안을 느낀 폼페이우스가 원로원과 손잡고 카이사르에게 도전한 것이다. 카이사르는 "주사위는 던져졌다."라는 말과 함께 루비콘 강을 건너 폼페이우스를 몰아내고 정권을 독차지했다. 그는 종신 독재관이 되어 일부 식민지 주민에게 시민권을 주고, 가난한 시민에게 식민지 토지를 나누어 주어 정착을 장려했다. 오늘날 태양력의 기초가 된 율리우스력을 만드는 등 여러 가지 업적을 남겼으나, 공화정의 전통을 지키고자 한 브루투스 등의 원로원 일파에게 암살되었다.

## 피지배층의 희생 속에 평화를 즐기다

카이사르가 죽은 뒤, 조카의 아들인 18세 소년 옥타비아누스가 그의 뒤를 이었다. 옥타비아누스는 원로원을 억누르기 위해 카이사르의 부하인 안토니우스, 레피두스와 함께 또다시 삼두 정치를 했다. 이들은 원로원의 중심인물을 제거한 뒤에 자기들끼리 권력 다툼을 벌였다. 레피두스가 먼저 쫓겨나고 옥타비아누스와 안토니우스가 싸웠는데, 악티움 해전에서 옥타비아누스가 이겼다.

옥타비아누스는 카이사르의 실패를 반복하지 않기 위해 원로원과 손을 잡았다. 국가의 중요한 권력기관인 원로원은 옥타비아누스에게 존엄한 자라는 뜻의 '아우구스투스'라는 존호와 함께 '원로원의 제1인자' 칭호를 줬다. 정치·군사의 실질적 권한이 아우구스투스에게 집중되면서 이때부터 로마의 제정이 시작된 것이나 다름없었다. 아우구스투스는 식민지에서 들어오는 막대한 경제적 부를 바탕으로 군대를 장악하고, 능력에 따라 공직자를 임명하는 등 개혁을 단행했다. 그는 스스로 절제된 생활을 하며 사치를 억제하고자 했다.

아우구스투스가 죽은 뒤, 네로의 폭정으로 잠시 어려움을 겪었으나 네르바, 트라야누스, 하드리아누스, 안토니누스 피우스, 마르쿠스 아우렐리우스 순으로 5명의 현명한 황제가 나와 로마 제국은 약 200년 동안 전성기를 누렸다. 그리스와 라틴 문명이 로마 제국 곳곳에 퍼졌고, 이탈리아 인과 식민지

옥타비아누스
공화정의 수장이라고 자칭했으나 실제로는 로마 최초의 황제였다. 기원전 20년경에 만들어진 것으로 보이는 이 조각상은 바티칸 박물관에 전시돼 있다.

약티움 해전
기원전 31년에 옥타비아누스가 이집트의 클레오파트라와 연합한 안토니우스의 함대를 격파한 전쟁이다. 이로 인해 헬레니즘 세계가 수명을 다했고, 옥타비아누스의 로마 지배권이 확립되었다.

아우구스투스
로마 번영 시작!
안토니우스
레피두스
악티움 해전

주민의 차별이 사라지면서 모두가 로마의 백성이라는 생각을 갖게 되었다. 이 시기를 흔히 '로마의 평화' 또는 '로마의 영광'이라고 하는데, 역사가 기번은 "인류 역사에서 가장 행복했던 시대이다."라고 평가했다. 그러나 로마의 평화는 일부 지배층에 해당하는 이야기일 뿐이었다. 자영 농민의 몰락, 빈민의 로마 집중, 노예제 위기 등 피지배층의 고통은 여전했기에 진정한 평화라고 할 수 없었다.

### 로마 제국의 몰락

승승장구하던 로마 제국도 2세기 말부터 점점 한계를 드러냈다. 정치가 불안해지면서 군인이 황제를 암살하고, 군부에 유리한 사람을 황제로 내세우는 군인 황제 시대*가 시작됐다. 혼란을 정리하고 황제가 되어 변화를 시도한 인물이 디오클레티아누스 황제였다. 그는 아우구스투스 이래로 형식만 남아 있던 공화정 체제를 버리고 황제 중심의 전제

● 군인 황제 시대
정치가 혼란스러워지면서 군인이 황제가 되던 시기이다. 약 50년 동안 20여 명의 황제가 바뀌었는데, 이 중 자연사한 황제는 단 한 명뿐이었다.

정치를 추진했다. 관료 제도를 정비하고, 지방 도시의 자치권을 빼앗고, 심지어 자신을 숭배하도록 강요했다. 또한, "로마는 한 사람이 통치하기에 너무 크다."라면서 제국을 4개로 나누고, 황제와 부 황제를 두어 다스리게 했다.

디오클레티아누스 황제가 죽은 뒤 새로 황제가 된 콘스탄티누스는 제국을 다시 통합하고 수도를 콘스탄티노플로 옮겨 중흥을 시도했다. 크리스트교를 공식적으로 인정해 사상의 통일을 꾀하는 한편, 직업 선택의 자유 제한, 소작 농민의 토지 고정, 관료와 군대 조직 정비 등의 조치를 통해 강력한 전제 군주가 되고자 했다.

디오클레티아누스와 콘스탄티누스 황제의 개혁은 피지배층을 위한

콘스탄티누스 황제
크리스트교를 공식 인정했다. 이로써 이후 비잔티움 제국과 서유럽에서 크리스트교 문화가 발전할 수 있었다.

서로마 제국의 멸망
서로마 제국의 마지막 황제가 게르만 용병 대장 오도아케르에게 무릎을 꿇고 왕관을 내놓는 모습이다. 영국 소설가 샬럿 메리 영이 1880년에 펴낸 《젊은이들의 로마사》에 실린 삽화이다.

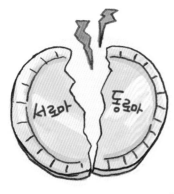

처방이 아니었기에 효과를 거두기 어려웠다. 이 시기에 로마는 게르만 족의 침입을 받아 힘이 더 약해졌다. 테오도시우스 1세는 크리스트교를 국교로 정해 제국을 유지하려고 남은 힘을 다하다가 395년에 로마 제국을 동과 서로 나누어 두 아들에게 계승시켰다. 동로마 제국은 1452년에 오스만 제국에 멸망할 때까지 1000여 년 동안 지속됐으나, 서로마 제국은 476년에 게르만 용병 대장 오도아케르에게 멸망했다.

흔히 서로마 제국이 멸망한 원인을 게르만 족의 침입에서 찾는다. 그러나 적은 외부가 아닌 내부에 있는 경우가 많다. 서로마 제국의 멸망에서도 귀족의 대토지 소유와 노예제 강화로 인한 자영 농민의 몰락이라는 내부 원인을 들 수 있다. 자영 농민 계층이 무너지면서 농경지가 황폐화되고 국방력이 크게 약해졌기 때문이다. 황제 중심의 전제 정치로 로마의 전통인 지방 자치제가 폐지되고 시민들이 참정권을 빼앗긴 것도 중요한 원인이다. 로마 제국은 경제, 군사, 정치에 걸친 아래로부터의 균열 때문에 서서히 무너졌다.

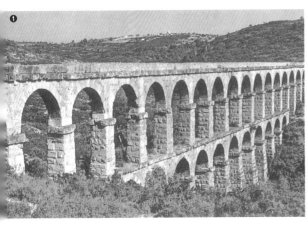

## 로마는 유럽 고대 문화의 완성판

로마의 역사는 전쟁과 팽창의 연속이었기에 로마 인은 그리스 인처럼 사색적, 심미적인 분야에 관심을 가질 여유가 없었다. 학문과 예술 분야 등에서 로마는 그리스 문화를 모방하는 단계 에서 크게 벗어나지 못했으나, 제국 통치와 관련된 건축, 토목, 법률 등 실생활과 연관된 분야에서는 탁월한 재능을 발휘했다.

　로마 인은 전쟁 때 활용할 주요 거점을 연결하기 위해 도로를 닦았는데, 이때 상수도, 다리, 신전, 극장, 콜로세움, 개선문, 목욕탕 등 도 함께 만들어졌다. 오늘날 우리는 로마 제국 시대에 만들어진 건축물 의 거대함과 과학성에 크게 놀라지만, 좀 더 깊이 생각해 보면 이 모든 것이 피지배층을 효과적으로 다스리기 위한 수단이었음을 알 수 있다. 로마의 지배자는 가난한 사람에게 곡식을 나누어 주고, 콜로세움에서 검투사 간의 시합을 볼 수 있게 했으며, 목욕탕에서 편히 쉴 수 있도록 해 주었다. 또한, 판테온 신전과 극장 등을 세워 마음에 위안을 주고 시 민의 눈을 즐겁게 했다. 이를 통해 피지배층이 불만을 해소하고, 나아 가서는 로마 시민임을 자랑스럽게 느끼도록 했다.

　로마 인이 남긴 최고의 유산은 법률이다. 법은 군대와 더불어 제국을

**❶수도교**
완만한 경사를 이용해 물이 흐 르도록 만들어진 다리이다. 로마 인의 실용적 감각을 보여 준다.

**❷콜로세움**
예술, 체육 행사를 위해 만든 원 형 경기장으로, 5만 명을 수용 할 수 있을 정도로 규모가 크다.

**❸콘스탄티누스 개선문**
콘스탄티누스 황제가 로마 제 국 통일 과정에서 거둔 승리를 기념해 세운 문이다.

**❹판테온 신전**
큰 돔으로 덮인 원형 건물로, 로마 건축 기술의 우수성을 보 여 준다. 사진은 판테온 신전의 내부 모습이다. 판테온은 그리 스 어로 '모든 신'이라는 뜻이 다. 판테온 신전은 모든 신을 모시는 신전이었다.

통치하는 가장 중요한 수단이었다. 전쟁에 참여해 위상을 높인 평민 덕에 로마의 성문법은 시민법으로 변했고, 로마 제국 시기에는 제국 안에 사는 모든 자유민에게 시민권이 주어지면서 만민법으로 발전했다.

문학은 헬레니즘 문화의 영향을 받았는데, 대부분 그리스의 전통을 이었다. 운문으로는 아우구스투스 시대 3대 시인인 베르길리우스의 〈아이네이스〉, 호라티우스의 각종 서정시, 오비디우스의 〈변신 이야기〉가 유명하고, 산문으로는 키케로의 《의무론》이 후세에 큰 영향을 주었다.

역사 분야에서는 로마 제국을 이끄는 지도자 정신이 역사서에 반영된 것이 특징이다. 리비우스가 쓴 《로마사》에서는 로마의 퇴폐 풍조를 비판하고 로마 인의 강건한 정신을 높이 평가했다. 타키투스의 《게르마니아》와 카이사르의 《갈리아 전기》는 게르만 연구에 귀중한 자료이다.

로마의 문화는 오리엔트, 그리스, 헬레니즘 요소를 종합한 유럽 고대 문화의 완성판이었다. 로마 문화는 세계 제국을 건설하는 과정에서 정복 지역에 널리 퍼져 이후 서유럽 문화의 바탕이 되었다.

# 04

# 크리스트교의 성립과 발전

유대교를 바탕으로 하여 동방에서 시작한 크리스트교는 유대 인만이 아니라 모든 이의 사랑과 평등을 강조했다. 크리스트교는 로마 제국으로 처음 나갔을 때, 황제 숭배를 거부해 박해를 받았다. 하지만 크리스트교를 믿는 사람이 많아지면서 크리스트교는 로마의 국교가 됐다. 이후 서양을 대표하는 종교로 발전했다.

## 유대교를 바탕으로 크리스트교가 만들어지다

유대 인에게는 예로부터 '언젠가 메시아가 나타나 신의 나라를 세우고 유대 인을 구원한다.'는 말이 전해 오고 있었다. 메시아는 고통받는 유대 인을 해방시켜 줄 이상적인 존재였다. 기원전 63년에 팔레스타인 가나안 지방에 살던 유대 인은 로마의 지배를 받으며 가혹한 괴롭힘을 당하고 있었다. 이때 세례자 요한이 등장해 "메시아가 임했다."라면서 사람들에게 세례를 해 줬다. 가난한 목수

예수의 세례
이탈리아 화가 안드레아 델 베로키오가 1476년에 그린 그림으로, 예수가 요한에게 세례를 받는 장면이다. 이 그림에서 비둘기는 하느님의 영을 뜻하며, 두 천사는 베로키오의 제자 레오나르도 다 빈치가 그렸다.

● 유대교의 율법주의
율법을 갖는 자만 구원받을 수 있으며, 이 율법은 신이 선택한 유대 인에게만 내려지므로 다른 민족은 모두 유대 인의 지배를 받아야 한다는 논리이다.

요셉과 마리아 사이에서 태어난 예수도 요한에게 세례를 받았다.

예수는 당시 유대교의 배타적인 율법주의●와 부패를 비판하고, 이웃을 자기 몸처럼 사랑하라고 가르쳤으며, 신을 믿는 자는 누구나 마음의 평화를 얻어 구원을 받는다고 주장했다. 또한, 메시아의 역할이 유대 인 국가의 부흥에 있지 않고, 신의 나라는 믿는 자의 마음속에 있다며 내면적인 신앙의 중요성을 강조했다. 예수는 유대교 사제들의 미움을 사서 십자가에 매달려 처형됐다. 제자들에 의해 예수의 죽음은 신이 인

간을 구제하기 위한 속죄이며 진정한 메시아인 예수가 부활했다는 믿음이 탄생했는데, 이것이 크리스트교이다.

## 크리스트교가 세계 종교로 발전하다

베드로와 바울 등이 계급과 민족을 초월한 평등과 하느님의 사랑을 널리 퍼뜨리자, 크리스트교가 로마 제국 곳곳으로 전파됐다. 이 과정에서 신지의 모임인 교회가 생기고, 예수의 언행과 사도의 가르침을 그리스어로 쓴 신약 성서가 편찬됐다. 크리스트교는 지상의 부와 권력이 헛되다고 주장하고 영혼의 구제를 강조했기에 힘겹게 살아가던 노예와 하층민 사이에서 크게 확산되었다.

로마 제국은 원래 종교에 관대했으나 하느님 이외에 모든 신을 배척

예수의 죽음(왼쪽)
예수는 유대교 사제들에 의해 반로마 운동의 지도자로 몰려 예루살렘 교외의 골고다 언덕에서 십자가에 못 박혀 처형됐다. 1440년경에 플랑드르의 화가 로히어르 판데르 베이던이 그린 그림이다.

예수의 부활(오른쪽)
크리스트교노는 예수가 죽은 지 3일 만에 부활했다고 믿는다. 480년경 독일에서 그려진 이 그림은 열두 제자 중 도마가 예수의 상처를 만진 뒤 그의 부활을 믿게 됐다는 이야기를 표현했다. 예수의 두 발에 못이 박혔던 자국이 보인다.

카타콤
크리스트교에 대한 박해가 심하던 초기에 만들어진 크리스트교도의 지하 무덤이다. 로마 황제의 박해를 피해 몰래 예배를 보는 장소로 이용됐다.

하는 유일신 사상을 가진 크리스트교도가 황제 숭배를 거부하자 로마 황제는 크리스트교를 박해했다. 베드로와 바울은 목숨을 바치면서까지 뜻을 꺾지 않았다. 이들의 순교 정신에 힘입어 크리스트교는 상류층에 도 퍼졌고, 4세기에는 주요한 사회 세력으로 성장했다. 콘스탄티누스 황제는 크리스트교도를 적대시하는 통치 방식이 효율적이지 않다고 판단해 313년에 밀라노 칙령을 내려 크리스트교를 합법적인 신앙으로 인정했다. 그는 크리스트교를 국가 통일의 정신적 기초로 삼기 위해 서로 대립되는 교리들을 통일하려 했다. 325년에 열린 니케아 공의회 에서는 아리우스파를 이단으로 규정하고 아타나시우스파*를 정통으로 인정했다. 392년에는 테오도시우스 1세가 크리스트교를 로마의

나케아 공의회
콘스탄티누스 황제가 크리스트 교를 공식적으로 인정하고 교 리를 통일하는 과정에서 니케 아 공의회가 열렸다. 그림은 니 케아 공의회에 참석한 콘스탄 티누스 황제(가운데)와 로마 주 교들이다.

●아리우스파와 아타나시우스파
예수가 신인지를 둘러싸고 논 쟁이 벌어졌다. 아리우스파는 '예수는 신에 가까운 인간이 다.'라고 주장했고, 아타나시 우스파는 '아버지 하느님, 하 느님의 아들 예수, 성령이 하 나이고, 이 셋은 불가분의 관 계이다.'라며 삼위일체설을 주장했다.

국교로 선포했다. 크리스트교는 로마 제국의 거대한 정치 조직과 교 회 조직을 통해 서양 세계를 대표하는 종교로 발전해 나갔다.

# 3부

# 중세 사회

# 01

# 유럽의 탄생

1~6세기에는 게르만 족의 이동으로 476년에 라틴 족의 서로마 제국이 무너졌고, 9~10세기에는 북유에 살던 노르만 족이 이동했다. 두 차례의 민족 이동으로 게르만 족과 노르만 족이 새운 왕국들이 들어서면서 그리스 반도와 서유에 니미까지 유럽의 힘이 미치기 시작했고 지금의 유럽 세계가 형성되었다.

따뜻한 남쪽 나라로!

### 게르만 족의 이동으로 로마 제국이 멸망하다

게르만 족은 그리스 인과 로마 인 같은 인도 유럽 어족으로, 로마 제국 때 스칸디나비아 반도와 발트 해에서 주로 목축·수렵 생활을 했다. 농업의 중요성이 커지면서 기름진 땅을 찾아 남쪽으로 이동하다가 기원전 1세기 무렵에 라인 강과 다뉴브 강을 사이에 두고 로마 제국과 마주하게 됐다.

원래 게르만 사회는 생산력이 낮아 모두가 평등한 원시 공동체 사회였으나 이동 뒤에는 가축이 늘고 철제 농기구를 사용하면서 부족 국가로 성장했다. 수장, 귀족, 자유민, 노예 등의 신분이 있었는데, 국가의 중요한 일은 자유민이 참여하는 민회에서 결정했다.

자유민은 수장이나 귀족과 주종 관계를 맺었다. 자유민이 수장이나 귀족에게 충성을 맹세하고 군사적 역할을 수행하면, 수장이나 귀족은 자유민에게 무기, 식량, 의복, 전리품을 나누어 줘야 하는 의무가 있었다. 게르만 족은 종사 제도●를 바탕으로 한 군사력을 가지고 전쟁을 즐기며 용기를 큰 미덕으로 여겼다.

●종사 제도
훗날 서유럽 봉건 사회에서 주군과 가신이 맺는 주종 계약의 기원이 됐다.

게르만 족과 로마군의 싸움
게르만 족이 로마로 이동해 싸우는 장면을 1909년에 독일의 화가가 그렸다. 훈 족이 게르만 족을 압박한 것이 계기가 되었으나, 이미 상당수의 게르만 족이 로마에 들어와 있었기에 서로마 제국은 쉽게 무너졌다.

척박한 땅과 인구 증가로 농업 생산물이 부족해지자, 따뜻한 기후와 기름진 땅, 화려한 문화를 가진 로마로 들어가는 게르만 족이 많아졌다. 로마 제정 초기에는 성을 쌓아 게르만 족의 이동을 막고 공격해 내쫓았으나, 나라를 지킬 힘을 잃은 제정 말기에는 이들을 받아들여 농사 짓게 하거나 용병으로 이용했다. 민족의 대이동에 앞서 적지 않은 게르만 족이 이미 로마에 들어와 있었다.

게르만 족의 대이동은 중앙아시아의 유목민인 훈 족의 압박이 발단이 됐다. 375년에 훈 족이 흑해 부근에서 게르만 족의 일파인 동고트 족을 정복한 뒤 서고트 족을 위협하자, 서고트 족이 로마 제국에 보호를 요청하면서 다뉴브 강을 건너 로마로 들어왔다. 서고트 족의 이동으로 혼란스러운 가운데 395년에 로마 제국은 동서로 나뉘었다. 그 후 서로마 제국의 수도인 로마는 세 번이나 불탔고, 476년에는 서로마 제국

**게르만 족의 이동**
게르만 족은 서로마 지역으로 이동한 뒤, 곳곳에 여러 왕국을 세웠으나 프랑크 왕국을 뺀 대부분의 나라는 오래가지 않았다. 프랑크 왕국은 이동 거리가 짧았고 이슬람 세력과 비잔티움 제국의 손길이 닿지 않는 곳에 자리를 잡아 오랫동안 큰 힘을 발휘할 수 있었다.

의 황제 로물루스 아우구스투스가 게르만 족 용병 대장인 오도아케르에게 쫓겨났다. 이로써 서로마 제국이 멸망하고, 그 자리에 서고트 왕국, 동고트 왕국, 반달 왕국, 부르군트 왕국, 프랑크 왕국, 롬바르드 왕국 등 게르만 왕국이 들어섰다.

게르만 족의 대이동은 여러 민족이 서유럽에서 활약하는 계기가 됐고, 집단 공동체인 게르만 족 사회를 해체했으며, 나아가 서유럽에 지방 분권적 봉건 사회가 만들어지는 출발점이 됐다.

●메로빙거 왕조
클로비스의 조부 메로비스의 이름을 따서 메로빙거 왕조라고 한다.

## 프랑크 왕국이 서유럽 세계를 만들다

게르만 족이 세운 나라들은 서로 싸우거나 로마 인과 문화적 갈등을 겪다가 5~8세기에 대부분 멸망했다. 메로빙거 왕조●의 클로비스가 프랑스 북부에 세운 프랑크 왕국은 오랫동안 이어지면서 서유럽에 큰 발자취를 남겼다. 프랑크 왕국은 게르만 족이 원래 살던 곳에서부터 이동 거리가 얼마 안돼 고유성을 유지하면서도 로마 가톨릭을 받아들여 로마 인과 화합했기 때문이다.

프랑크 왕국은 내부 안정을 바탕으로 땅을 크게 넓혔다. 클로비스가 죽은 뒤 게르만 족의 전통에 따라 자식들이 왕국을 나누어 물려받았는데, 나이 어린 왕이 계속 즉위하면서 7세기 말에는 재상이 왕을 대신해 권력을 행사했다. 가장 유명한 재상인 카롤루스 마르텔은 732년에 이베리아 반도에서 쳐들어온 이슬람군을 물리쳐 이슬람 세력으로부터 서유럽을 보호했다. 그의 아들 피핀은 로마 가톨릭교회를 위협하던 롬바르드 왕국을 공격해 이탈리아 북부와 중부를 차지

클로비스의 개종
프랑크 왕국의 국왕 클로비스가 로마 가톨릭을 받아들이는 모습이다. 로마 가톨릭은 프랑크 왕국이 로마 인과 화합하며 발전하는 데 큰 역할을 했다.

카롤루스 대제의 서로마 황제 대관식
프랑크 왕국의 카롤루스 대제가 로마 가톨릭교회의 교황 레오 3세로부터 서로마 제국 황제의 관을 받았다. 이로써 형식적이지만 서로마 제국이 부활했다.

하고, 라벤나 지방을 교황에게 바쳤으며, 유명무실한 왕을 쫓아내고 카롤링거 왕조를 열었다.

피핀의 아들인 카롤루스 대제는 40여 년의 노력 끝에 옛 서로마 제국의 땅 대부분을 되찾고, 사절단을 보내 로마 가톨릭 보급에 노력해 교황 레오 3세로부터 서로마 제국의 황제로 인정받았다. 이후 신성 로마 제국이 등장할 때까지 게르만 족 출신의 왕이 로마 황제의 칭호를 이어갔다. 카롤루스 대제는 라틴 문화를 되살리고 곳곳에 학교를 세워 중세 학문을 크게 발전시켰다. 이를 '카롤링거 르네상스'라고 하는데, 라틴 문화에 게르만 문화를 융합해 새로운 서유럽 문화권이 만들어지는 계기가 됐다.

프랑크 왕국의 분열
카롤루스 대제의 아들 루트비히 1세가 죽은 뒤, 프랑크 왕국은 베르됭 조약으로 동프랑크 왕국, 중프랑크 왕국, 서프랑크 왕국으로 나뉘었다. 이후 다시 메르센 조약을 맺으면서 이탈리아 지역을 제외한 중프랑크 왕국을 동프랑크 왕국과 서프랑크 왕국이 나누어 가졌다.

카롤루스 대제의 하나뿐인 아들 루트비히 1세가 뒤를 이었다. 루트비히 1세가 죽은 뒤, 자식들에게 골고루 유산을 나누어 주는 분할 상속 풍습 때문에 그의 세 아들 사이에서 영토 쟁탈전이 벌어졌다. 그 결과, 베르됭 조약을 맺어 큰 아들 로타르가 황제의 지위와 이탈리아 그리고 중프랑크를, 루비트히 2세가 동프랑크를, 샤를이 서프랑크를 각각 차지했다. 얼마 후 로타르가 죽자 또다시 싸움이 일어났다. 결국, 메르센 조약을 맺어 동프랑크 왕국과 서프랑크 왕국이 중프랑크 왕국을 나누어 갖고, 로타르의 아들이 이탈리아 반도를 물려받는 것으로 영토 분쟁이 정리됐다. 이때 정해진 영역은 훗날 프랑스, 독일, 이탈리아 영토의 기원이 되었다.

## 노르만 족의 이동으로 유럽 세계의 기초가 마련되다
프랑크 왕국이 나뉠 즈음 또다시 민족 대이동이 있었다. 동쪽의 마

노르만 족의 이동
9세기부터 11세기 사이에 스칸디나비아 반도에 살던 노르만 족이 남쪽으로 이동했다. 이들은 잉글랜드를 정복해 노르만 왕조를 열었고, 일부는 서프랑크 왕국에 자리 잡았다. 동쪽의 슬라브 족을 공격한 노르만 족은 키예프 공국을 세웠는데, 훗날 러시아로 발전했다.

노르만 족의 원래 거주지
노르만 족의 정복지
노르만 족의 이동 경로

노브고로드 공국

북해

잉글랜드 왕국

동프랑크 왕국

키예프 공국

대서양

서프랑크 왕국

노르망디 공국

흑해

후 옴미아드 왕조

콘스탄티노플

비잔티움 제국

시칠리아 왕국

지중해

바이킹의 배
바이킹은 '좁은 계곡에 사는 사람'이라는 뜻이다. 노르만 족은 40~80명이 탈 수 있는 크기의 배를 이용해 북해와 지중해, 여러 강을 누비고 다녔다. 노르웨이 바이킹 박물관에 전시돼 있는 바이킹의 배이다.

자르 족, 남쪽의 아라비아 족, 북쪽의 노르만 족이 이동했는데, 이 중 노르만 족의 이동 규모가 가장 컸다.

노르만은 '북쪽 사람'이라는 뜻으로, 게르만 족이 이동했을 때 스칸디나비아 반도에서 주로 어업과 상업 활동을 하면서 살고 있었다. 노르만 족은 7세기에 영국과 프랑스 지역을 공격했고, 9~11세기에는 유럽 전역의 바닷가와 강뿐만 아니라 내륙 깊은 곳까지 쳐들어갔다. 인구 증가에 따른 토지 부족과 정치적 갈등 등이 이동 원인으로 추측된다. 노르만 족은 바이킹이라 불리며 사람들 사이에서 공포의 대상으로 떠올랐다. 노르만 족이 타고 다니는 배는 머리와 꼬리 부분이

높이 휘어 올라가 거친 바다에서도 잘 견디고 얕은 강에서도 빨랐다.

노르만 족은 카롤루스 대제 때 프랑크 왕국을 약탈했고, 이후 서프랑
크 왕국에도 쳐들어갔다. 노르만 족을 막을 힘이 부족했던 서프랑크 왕
국의 국왕 샤를 3세는 912년에 노르만 족의 우두머리 롤로를 노르망디
공으로 임명하고 센 강 하류 지역을 주었다. 이들은 프랑크 왕국 멸망
후에도 프랑스 인으로 살다가 1066년에 잉글랜드를 정복해 노르만 왕
조를 열었다.

노르만 족의 일부는 11세기 초 이탈리아 남부에 나폴리 왕국을 세웠
다. 이들은 이슬람 세력을 몰아내고 시칠리아 섬을 차지했는데, 로제르
2세는 나폴리 왕국과 시칠리아 섬을 합쳐서 시칠리아 왕국을 세웠다.
노르만 족이 원래 살던 지역에 남은 사람들은 스웨덴, 덴마크, 노르웨
이 등을 세웠다. 이로써 오늘날 유럽 세계의 기초가 만들어졌다.

노르만 족의 잉글랜드 정복
노르망디 공 윌리엄 1세가 잉
글랜드를 정복하는 장면이다.

# 02

# 비잔티움 세계의 부흥

395년에 로마 제국이 동서로 나누어진 뒤, 서로마 제국은 게르만 족에게 멸망했으나 동로마 제국●은 1453년에 오스만 제국에 멸망할 때까지 로마 제국의 계승자 역할을 했다. 동로마 제국은 유스티니아누스 황제 때를 빼고 대체로 약했지만, 로마와 오리엔트 문화가 융합된 독특한 문화를 만들어 냈다.

● 동로마 제국
당시 수도였던 콘스탄티노플의 옛 지명인 비잔티움의 이름을 따서 '비잔티움 제국'이라고도 한다.

● 콘스탄티노플
로마의 콘스탄티누스 황제가 정한 수도로, 본인의 이름을 따서 붙였다. 현재 터키의 이스탄불이다.

## 유스티니아누스 황제, 로마의 영광을 되살리다

로마 제국이 동서로 갈라진 뒤, 서로마 제국과 달리 비잔티움 제국은 어떻게 오랫동안 존속했을까? 자영농 계층이 튼튼했던 것과 더불어 국제 무역의 중심지라는 비잔티움 제국의 특징이 도움이 됐다. 게다가 수도 콘스탄티노플●의 3면이 바다로 둘러싸여 있고, 게르만 족과 닿아 있는 북쪽 국경의 폭이 좁아 노출이 덜했으며, 다뉴브 강과 발칸 산맥이 요새 역할을 하는 등 지리적 이점이 큰 역할을 했다.

유스티니아누스 황제와 그의 시종들
유스티니아누스 황제는 비잔티움 제국의 영토를 크게 넓혀 옛 로마 제국의 영광을 되살렸다. 가운데 인물이 유스티니아누스 황제이다. 이탈리아 산 비탈리아 성당에 547년에 만들어진 모자이크이다.

　유스티니아누스 황제는 비잔티움 제국을 강대국으로 만들어 고대 로마 제국의 영광을 되살렸다. 그는 영토 확장에 노력해 아프리카의 반달 왕국, 이탈리아의 동고트 족을 쳐부수고, 서고트 족에게 이베리아 반도의 일부를 빼앗았으며, 시칠리아, 코르시카 등 여러 섬을 차지했다. 양잠법을 들여와 견직 공업을 일으켰고, 부정부패를 저지르는 관리를 처벌했으며, 중앙 집권을 강화했다. 또한, 로마 제국 이래의 법률을 총망라한《로마법 대전》을 편찬해 유럽에 큰 영향을 주었다.

　유스티니아누스 황제가 죽은 뒤 지방 귀족이 빈번하게 내란을 일으켰는데, 이틈을 타고 침략한 이민족에게 많은 영토를 빼앗기면서 비잔티움 제국은 빠르게 약화되었다. 롬바르드 족과 프랑크 족에게는 이탈리아 반도를 빼앗겼고, 7세기 이후에는 동쪽에서 성장한 사산조 페르시아와 그 뒤를 이은 이슬람 세력에 시리아와 이집트, 이베리아 반도까지 빼앗기면서 비잔티움 제국의 영토는 발칸 반도 남부와 소아시아만 남게 되었다. 7세기 후반에는 이슬람 세력이 수도 콘스탄티노플까지

로마법 대전
《유스티니아누스 법전》이라고도 불리는데, 정식 이름은 《시민법 대전》이다. 법전의 첫 페이지 내용을 표현한 그림으로 이탈리아 암브로시아나 미술관에 전시돼 있다.

프랑크 족

롬바르드 족

아바르 족  부르군트 족

라벤나

서고트 족

로마

흑해

콘스탄티노플

비잔티움 제국

안티오크  사산조 페르시아

지중해

예루살렘

알렉산드리아

**비잔티움 제국의 영역**
6세기 유스티니아누스 황제 때 비잔티움 제국은 옛 서로마 제국이 차지했던 지중해 서부까지 영역을 넓혔으나, 이후 이슬람 세력과 이민족의 침입으로 영역이 차츰 줄어들었다. 10세기 들어 잠시 영역을 회복하기도 했으나 15세기에 이르러 이슬람 세력인 오스만 제국에 멸망했다.

처들어 왔으나, 레오 3세가 이들을 물리쳐 유럽 크리스트교 세계를 보호할 수 있었다.

9세기 말부터 10세기 말에 걸쳐 비잔티움 제국은 시칠리아 북부와 크레타 섬을 되찾아 다시 한 번 전성기를 맞는 듯했다. 그러나 11세기에 세력가의 대토지 소유가 늘면서 자영농이 줄어들어 군사력이 약해졌다. 이런 상황에서 셀주크 튀르크에게 소아시아의 땅을 빼앗겼고, 13세기 초에는 같은 크리스트교도인 십자군에게 콘스탄티노플이 점령되는 모욕을 당한 끝에 결국 1453년에 오스만 제국에 멸망했다.

### 서방과 동방 문화가 합쳐진 비잔티움 문화

콘스탄티노플은 동양과 서양이 만나는 곳에 위치한 세계 상업의 중심지였다. 이를 통해 얻은 경제적 부는 비잔티움 문화에 더할 수 없을 정도의 화려함을 안겨 주었다.

8세기 이래로 그림과 조각상 숭배를 둘러싸고 동서 교회가 대립을 계속했다. 결국, 11세기 중반에 크리스트교는 동방의 그리스 정교회와 서방의 로마 가톨릭교회로 갈라졌다. 그 후 비잔티움 제국에서는 황제

내부가 모자이크야

알록달록

가 교회까지 장악하면서 종교가 비잔티움 문화의 중요한 배경이 됐다.

미술 분야에서는 그리스 미술 위에 동방의 요소를 더해 찬란하고 사치스러운 작품이 만들어졌다. 건축에서는 초기 로마 양식을 참고하여 아치와 돔을 사용했고, 내부 장식은 동방 건축의 특징을 살려 풍부한 색채가 넘쳤다. 유스티니아누스 황제가 수도 콘스탄티노플의 권위를 높이기 위해 만든 성 소피아 성당이 대표적이다.

고대 그리스와 로마, 동방, 이슬람 등의 영향을 받은 비잔티움 문화는 서방 문화에 큰 영향을 주었다. 6세기에는 그리스 어가 비잔티움 제국의 공용어가 되어 고대 그리스의 사상과 학문이 보존될 수 있었다. 비잔티움 제국의 학자들은 그리스 고전에 해설을 붙여 후세에 전했다. 그리스 고전 중 플라톤과 아리스토텔레스 등의 사상은 아라비아를 거쳐 훗날 서유럽에 전해졌다. 이 과정에서 비잔티움 문화는 서유럽과 이슬람의 학문과 문화 발전에 크게 이바지했으며, 15세기에 이

성 소피아 성당의 모자이크 벽화
비잔티움 제국의 모자이크는 세계 최고 수준이었다. 여러 색채의 반짝이는 유리 조각을 썼는데, 주로 교회의 돔, 벽, 천장 등을 장식하는 데 사용됐다.

성 소피아 성당
정사각형의 벽 위에 반원형의 돔 지붕을 올린 건축물로, 비잔티움 건축 양식의 최고봉으로 손꼽힌다. 이 반원형의 돔 구조는 르네상스 시대에 만들어진 이탈리아의 성 베드로 대성당, 영국의 세인트 폴 성당에 영향을 미쳤다.

●슬라브 족
인도 유럽 어족 가운데 하나
이다. 대부분 동유럽과 중앙
아시아에 사는데, 일부는 서
유럽에도 있다.

탈리아에서 르네상스가 발전하는 데도 큰 역할을 했다.

비잔티움 문화와 그리스 정교는 북쪽의 슬라브 족●에게도 영향을 주었다. 슬라브 족은 대부분 그리스 정교로 개종하고 비잔티움 문화를 받아들였는데, 비잔티움 제국이 멸망한 뒤에도 러시아 등 슬라브 족 나라에서 비잔티움 전통이 이어졌다. 슬라브 문자도 그리스 정교를 전파하는 과정에서 만들어진 것이다.

### 슬라브 족의 이동으로 동유럽 세계의 기초가 마련되다

슬라브 족은 원래 드네프르 강 상류에서 살다가 게르만 족이 동유럽에

**슬라브 족과 동유럽**
동유럽의 슬라브 족은 오랫동안 게르만 족과 비잔티움 제국으로부터 간섭을 받으며 고통을 겪었다. 14세기 들어 보헤미아 왕국과 오스트리아 왕국은 신성 로마 제국에 병합됐고, 크로아티아 왕국은 비잔티움 제국의 위협에서 벗어나기 위해 헝가리 왕국과 연합했다.

서 서유럽으로 이동하자 5~6세기 무렵부터 동유럽 등지로 생활 터전을 옮겼다. 게르만 족과 비잔티움 제국의 통제를 받았던 슬라브 족의 역사는 수난 그 자체였다.

엘베 강 유역으로 이동한 슬라브 족은 9세기에 각각 폴란드 왕국과 훗날 체코에 속하게 되는 모라비아 왕국을 세웠다. 폴란드 왕국은 일찍이 동유럽의 강국으로 성장했으나 모라비아 왕국은 마자르 인의 침입으로 멸망했고 그 자리를 헝가리 왕국이 차지했다. 슬라브 족은 대부분 그리스 정교를 믿었지만, 폴란드 인은 9세기 말에 로마 가톨릭으로 개종했다.

발칸 반도로 내려온 슬라브 족은 슬로베니아 왕국, 크로아티아 왕국, 불가리아 왕국을 세웠다. 슬로베니아 왕국은 프랑크 왕국에 멸망했고, 크로아티아 왕국은 불가리아 왕국 등의 지배를 받게 됐다. 불가리아 인은 원래 아시아 계통의 인종으로, 슬라브 족과 화합하며 그리스 정교로 개종했다. 11세기 초에 불가리아 왕국은 비잔티움 왕국에 멸망했다.

동북쪽으로 이동한 슬라브 족은 훗날 러시아, 우크라이나, 벨라루스

노브고로드 공국의 군대
노르만 족의 노브고로드 공이 동생과 대화하는 장면이다. 이후 이들은 슬라브 족의 일부가 되어 키예프 공국에 통합됐다.

키예프 공국의 성 소피아 성당
비잔티움 제국의 성 소피아 성
당을 본떠 만들었다. 블라디미
르 1세의 개종은 그리스 정교
가 동유럽에 퍼지게 된 중요한
계기였다.

의 기원이 됐다. 이들은 노르만 족의 침략을 받아 한때 노브고로드 공
국의 지배를 받았으나, 노브고로드 공국 사람들은 슬라브 족에게 동화
됐다. 9세기에 이 지역의 여러 나라가 키예프 공국으로 통합됐는데, 이
것이 러시아의 기원이다.

키예프 공국의 블라디미르 1세는 비잔티움 제국의 황녀와 결혼하고,
그리스 정교로 개종했으며, 비잔티움 문화를 적극적으로 받아들였다.
하지만 키예프 공국은 11세기에 여러 나라로 나누어졌고, 13세기에는
몽골의 지배를 받게 됐다.

# 03

# 봉건 사회의 형성

좀 더 나은 사회가 만들어지면 이전 사회는 비판받기 마련이지만, 중세 봉건 제도만은 시대를 초월하여 봉건적*이라며 비판받는다. 이는 적절한 비판일까? 중세 사회에 많은 한계가 있었던 것은 분명하지만, 봉건 제도는 고대 로마 세계가 무너져 지중해 세계가 혼란한 상황에서 유럽 인이 진대한 현실적인 사회 체제였다.

## 봉건 제도가 만들어지다

9세기의 서유럽은 프랑크 왕국이 분열되고, 북으로부터는 노르만 족, 동으로부터는 마자르 족, 남으로부터는 이슬람 세력의 침략이 이어져 매우 어지러웠다. 국왕이 외부의 침략을 막지 못하자 자신의 생명과 재산을 스스로 지켜야 했던 사람들은 성을 쌓고 힘 있는 성주에게 의지해 이민족에게 맞섰다. 국왕은 여전히 모든 토지에 대한 형식상의 지배권을 가졌지만, 실제로는 일부 지역만 다스렸을 뿐 대부분의 지역은 각각

● 봉건적
구체제를 비판할 때 흔히 '봉건적'이라는 표현을 쓴다. 틀린 말은 아니나 적절한 용어라 할 수 없다. '봉건적'이라는 용어는 프랑스 혁명을 전후해서 널리 사용되었으며, 혁명 과정에서 이전 체제를 비판하고 시민 중심의 새로운 사회 질서를 아름답게 꾸미려고 만들어졌기 때문이다.

주종 관계
주군에게 충성을 맹세하는 기사와 그를 가신으로 임명하는 주군의 모습이다. 이때 주군은 땅에 한 줌의 흙을 뿌렸는데, 이는 가신에게 주는 봉토를 상징했다. 14세기에 그려진 장식화로 현재 파리 국립 미술관에 전시돼 있다.

의 성주가 지배하는 지방 분권 체제인 봉건 제도가 이때 만들어졌다.

이즈음 프랑크 왕국에서는 이슬람 세력에게 지중해를 빼앗기는 바람에 상공업이 쇠퇴하고 화폐 유통도 원활하지 않았다. 토지가 중요한 재산이 됐고, 농업은 살아남기 위한 유일한 수단이었다. 이런 상황에서 9~12세기 서유럽에 주종 관계가 유행했는데, 이는 게르만 족의 종사 제도와 로마의 은대지 제도에서 비롯했다. 옛 게르만 사회의 전통인 종사 제도는, 주군은 신하를 보호하고 신하는 주군을 위해 싸우는 주군과 신하의 관계였다. 은대지 제도는 서로마 제국의 국왕이 신하와 교회에 충성을 요구하면서 토지 사용권 등을 주었던 것이다. 주종 관계는 토지를 매개로 한 일종의 계약 관계였다. 토지를 주는 사람을 주군, 토지를 받는 사람을 가신, 이때의 토지를 봉토라고 했다.

이 계약으로 계약자들 사이에 권리와 의무가 생겼는데, 둘 사이에 의무가 지켜지는 한 관계는 이어졌다. 가신의 가장 중요한 임무는 주군을 위해 싸우는 것이었다. 이외에 주군이 포로로 잡혔을 때 몸값을 지불하고, 주군의 가문에서 결혼식이 있을 때 축의금을 내는 등 경제적인 의무가 있었으며, 장원 경영에 참여하고, 주군이 여는 법정에도 참석해야 했다. 주군 역시 가신에 대한 의무를 졌다. 주군은 가신에게 봉토를 줘야 했고, 가신이 명예를 지킬 수 있도록 도왔으며, 법정에서 가신을 변호하기도 했다.

국왕과 영주, 국왕과 주교, 영주와 영주, 주교와 주교, 영주와 기사, 주교와 기사, 기사와 기사 사이에서 계약이 맺어졌다. 한 사람의 가신이 여러 명의 주군과 계약을 맺을 수 있었기에 국왕에서 기사에 이르는

**마상 시합 중인 기사들**
갑옷을 입고 중무장을 한 채 말에 올라 싸우는 기사들의 모습이다. 기사도가 뿌리내리면서 명성을 얻고 명예를 드높이려는 기사들 사이에서 마상 시합이 유행했다.

● 불입권
국왕이나 국왕이 보낸 관리가
영주의 장원에 함부로 드나들
지 못하도록 한 영주의 권리
이다.

지배 계급이 피라미드형의 계층 구조를 형성하고 있었다. 영주는 자신의 봉토에서 국왕이 세금 징수에 간섭하지 못하도록 하는 불입권*을 갖고 있었으며, 독자적으로 재판을 할 권리도 가졌다.

## 봉건 제도가 장원 위에 뿌리내리다

이민족의 침입으로 사회가 혼란스럽고 농업이 중요해진 상황에서 전쟁에 참여한 기사와 대토지를 가진 영주는 지배 계층으로 군림했다. 영주와 기사의 보호 없이 살기 힘들었던 농민은 그들에게 의지해 농사를 지을 수밖에 없었다. 봉건 사회에서 이들이 맺은 주종 관계에 따르면 주군은 대부분 장원의 영주였고, 가신이 받는 봉토는 장원이었으며, 그 장원에서는 농민이 일했다. 봉건 제도는 장원 제도에 의해 뒷받침되고 있었다.

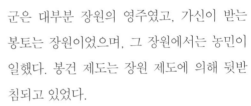

장원은 7~8세기에 만들어지기 시작했다. 유력한 제후나 교회, 수도원 등이 영주로 군림하며 주변 농민을 지배했는데, 12세기에 농업 기술이 발달하면서 장원은 농촌 공동체로 성장했다. 장원의 중심부에는 영주의 성이, 그 근처에는 교회, 농민이 사는 마을과 제분소, 대장간, 창고 등이 있었다. 토지의 종류로는 농민의 노동으로 경작되는 영주의 땅, 농민 가족의 생계를 책임지는 농민의 땅, 목초지, 황무지, 산림지 등이 있었는데, 지속적인 생산을 위해 땅을 3등분하여 돌아가면서 농사를 지었다. 농민의 땅은 흩어져 있었고, 제대로 된 농기구를 갖추지 못해 협동 작

장원의 구조
프랑스 베리 공작의 주문으로
1410년경에 제작된 《매우 호화
로운 기도서》 중 3월의 달력
그림이다. 중심부에는 영주의
성이 우뚝 서 있고, 그 주변 농
토에서 농민들이 일하고 있다.

업이 많았다. 이런 이유로 땅에 울타리를 치지 않는 개방 경작제가
발달했다.

장원의 농민 중에는 자유민과 농노 두 부류가 있었다. 자유민은
토지 소유권을 가진 자영농으로, 영주에게 납세, 군역, 재판의
의무를 졌다. 농노는 거주 및 신체의 자유를 갖지 못했고, 1주
일에 3~4일은 영주의 땅에서 일했으며, 여러 가지 부역에 시달
렸다. 이외에도 소작료, 집세, 가축세 등을 바쳐야 했으며, 영주의
시설물 사용료와 영주의 영지 순례 비용까지 부담했다. 결혼도 영주
의 허락이 있어야 했고, 딸을 시집보낼 때에는 결혼세를 바쳐야 했는
데, 농노의 딸은 결혼 첫날밤을 신랑 대신 영주와 보내야 하는 경우도
있었다.

봉건 사회에는 세 개의 신분이 있었다. 기도하는 사람, 싸우는 사람,
일하는 사람이 그들인데, 각각 성직자, 기사, 농민을 가리킨다. 중세의

밀을 추수 중인 농노
'반은 농민, 반은 노예' 또는
'농업 노예'라는 뜻이다. 14세
기에 영국에서 만들어진 《퀸 메
리의 시편》에 실린 8월 달력
그림으로, 밀밭에서 농노들이
일하고 있다.

중세의 세 신분
봉건 사회를 대표하는 세 신분
이다. 왼쪽의 영주가 성을, 가
운데 농민은 오두막을, 오른쪽
성직자는 교회를 들고 있다.

농민, 그중에서도 농민의 대다수인 농노는 장원에서 영주와 성직자,
그리고 기사를 먹여 살리기 위해 비참하게 생활하며 노예와 비슷한 삶
을 살았다. 고대 노예와 달리 매매나 양도의 대상이 아니었고, 크리스
트교도로서 영혼을 가진 존재이며, 소작권을 가진 존재로 인정받았다
는 것이 그나마 농노가 가질 수 있었던 위안이었다.

# 04

# 크리스트교 세계의 팽창

중세 시대에 크리스트교는 유럽 인의 정신을 지배하는 사상이었고, 크리스트교 교회는 많은 땅을 가지고 농민을 지배하는 현실적인 권력이었다. 크리스트교가 부패하자 새로운 교회와는 수도원 운동이 일어났고 이런 권력 싸움으로 교회와 교황이 대립의 구도, 펼쳐나, 크리스트교 교회는 중세 말까지 절대적인 권위를 유지했다.

## 로마 가톨릭교회가 서유럽 세계를 제패하다

로마 제국 말기에 교회는 알렉산드리아, 예루살렘, 안티오크, 로마, 콘스탄티노플 5개 지역을 주요 교구로 갖고 있었으나 이슬람 세력의 영토가 넓어지면서 로마와 콘스탄티노플 교구만 남게 됐다. 로마 교구는 로마 제국의 오랜 수도일 뿐만 아니라 베드로와 바울 같은 순교자를 배출한 곳이라서 전체 교회의 중심이었다. 서로마 제국이 멸망한 뒤 로마 교회가 게르만 족에게 크리스트교를 전파해 서유럽 일대에 크리스

● 성상
크리스트나 성모 또는 성자의
그림, 조각 등을 말한다.

트교가 널리 퍼졌는데, 프랑크 왕국의 국왕이 교황에게 많은 땅을 기부하면서 교회의 영향력이 더 커졌다. 로마 교회의 주교는 다른 주교와 구분해 교황이라 불렸으며, 이후 서방 크리스트교 세계의 대표자가 됐다.

로마 교회는 게르만 족에게 크리스트교를 효과적으로 전하기 위해 성상●을 사용했다. 그러다가 726년에 콘스탄티노플 교회를 대표하는 비잔티움 제국의 황제 레오 3세가 "내 앞에 다른 신을 두지 말라."는 십계명 제1조를 들어 성상 숭배 금지령을 선포하면서 두 교회가 대립하기 시작했다. 1054년에 두 교회가 관계를 끊기에 이르렀고, 크리스트교 교회는 로마 교황을 수장으로 하는 로마 가톨릭교회와 동로마 황제를 수장으로 하는 그리스 정교회로 분열됐다.

성 아르눌프 성당 봉헌도
수도원장 바리아누스가 교황 레오 9세에게 수도원을 바치고 있다. 11세기에 그려진 사본으로 스위스 베른 미술관에 소장돼 있다. 로마 교회은 크리스트교의 대표자일 뿐만 아니라 중세 최대의 부를 가진 영주이자 가장 강력한 정치권력을 가진 실권자였음을 알 수 있다.

로마 가톨릭교회는 교황청을 중심으로 한 대주교, 주교, 사제라는 피라미드형 위계질서를 통해 서유럽 크리스트교 세계를 관리했다. 로마 교황청이 통일적인 교회 조직을 갖고 있었던 데 비하여 서유럽 여러 나라는 왕권이 약해 국왕과 제후의 차이가 거의 없었고, 주군과 신하의 관계는 절대적이지 않아 언제나 정치적 분쟁과 전쟁의 위험이 있었다. 교황은 교회 의식을 통한 영혼 구제라는 종교적 역할을 수행했고, 현실 정치에서도 가장 강력한 권위를 가졌다. 유력한 교회와 수도원은 프랑크 왕국 시절부터 많은 토지를 기증받았는데, 피라미드의 가장 위에 있는 로마 교황청은 서유럽 전체 영지의 4분의 1을 가지고 있었으며, 교회와 수도원에서 거두어들이는 수입, 성직 서임료 등으로 막대한 부를 누렸다.

## 교회의 세속화에 반대해 수도원 운동이 일어나다

교회는 신앙을 강조해 정신적 권위를 강화했고, 기증과 개간 활동으로 넓은 땅을 갖게 됐다. 교회의 권위가 높아지고 부가 늘자, 성직자는 사치와 낭비에 빠져 초기 크리스트교의 구원 정신을 잃고 세속화돼 갔다. 이를 비판하면서 수도원 운동이 일어났다.

수도원은 본래 오리엔트에서 박해받던 신자가 모여 신앙생활을 하던 곳이었는데, 이후 엄격한 고행을 하며 금욕적으로 생활하는 성직자의 수도 장소가 됐다. 4세기 무렵 수도원 문화가 서유럽으로 전해진 뒤에 성 베네딕트가 그 기초를 닦았다. 그는 로마에 수도원을 세우고, 가난하게 사는 청빈, 결혼을 하지 않는 정결, 크리스트의 명령에 따르는 복종을 수도사에게 맹세하게 했다. 또한, 노동을 하느님에 대한 성스러운 봉사라 여겨 중시했다.

성 베네딕트는 수도사에게 학문을 연구하게 했다. 수도사의 학문 연구는 게르만 족의 이동과 서로마 제국의 멸망으로 사라질 위기에 처한 로마의 고전 문화를 보전했다. 학문의 중심지인 수도원에 부속된 학교를 스콜라라고 불렀는데, 중세 철학을 대표하는 스콜라 철학이 여기에

성 베네딕트 회칙
성 베네딕트는 수도사들이 엄격한 규율을 지키며 기도하고 노동할 것을 강조해 유럽 수도원 생활의 지침을 마련했다. 15세기에 그려진 장식화 사본으로, 현재 이탈리아 암브로시아나 미술관에 전시돼 있다.

서 나왔다. 수도사는 곡물, 야채, 과수를 키웠고, 생활에 필요한 물품을 얻기 위해 수공업에도 종사했다. 수도사의 노동은 세속의 사람들에게 모범이 되었으며, 토지 개발과 산업 발전에도 이바지했다.

수도원의 사회·경제적 지위가 높아지자 수도원도 교회처럼 세속화돼 갔다. 이에 초기 성 베네딕트의 계율로 돌아가자는 수도원 개혁 운동이 일어났다. 성직 매매 금지와 세속 군주에 의한 수도원장 임명을 거부한 10~11세기의 클루니 수도원, 금욕을 다시 주창한 12세기의 성 베르나르, 청빈을 강조하고 가난한 사람들을 돌보면서 민중 교회를 만들고자 한 13세기의 도미니쿠스 수도회와 프란체스코 수도회의 탁발승단 등이 대표적이다.

### 교황은 태양이며, 황제는 그 빛을 빌려 반짝이는 달이다

교황의 세속적인 권위가 높아지면서 교황과 황제가 대립하게 됐다. 직접적인 계기는 황제의 성직자 임명권을 둘러싼 다툼이었다. 황제가 도

클루니 수도원
1095년에 교황 우르바노 2세가
개최한 클루니 수도원 축성식
장면이다. 클루니 수도원은 수
도원 개혁 운동의 선구적 역할
을 했다.

덕성이 부족한 측근을 성직에 임명하는 일이 많아지자 교회의 부패가
심각해졌다. 그러자 교황 그레고리오 7세는 성직자 임명은 교황만이
할 수 있다고 발표해 황제의 성직자 임명권을 빼앗았다. 신성 로마 제
국의 황제 하인리히 4세는 왕권도 신이 내린 신성한 지위이므로 교황
이 성직자 임명권을 독점할 수 없다고 반발했고, 국제회의를 열어 교황
그레고리오 7세를 폐위한다는 결의안을 통과시켰다. 화가 난 교황은
하인리히 4세를 파문하여 크리스트교 세계에서 완전히 추방했다. 모든
크리스트교도는 황제를 불경한 자로 여겼고, 황제의 반대편에 있던
독일의 성직자와 제후는 이를 기회삼아 황제 퇴위를 주장했다.
결국, 하인리히 4세는 이탈리아에 있는 교황을 찾아가 눈 속에
서 무릎을 꿇은 채 3일 밤낮을 빌어야 했다. 그 유명한 카노사의
굴욕이다.

    교황과 황제의 다툼은 계속됐다. 1080년에는 그레고리오 7세
가 하인리히 4세의 역습을 받고 로마에서 쫓겨났으나 국내 통일이

카노사의 굴욕
하인리히 4세가 교황이 있는
카노사 성으로 찾아가 무릎을
꿇고 용서를 구하고 있다.

이루어지지 않은 상황에서 황제가 우위를 지키기는 어려웠다. 결국, 1122년에 황제 하인리히 5세와 교황 갈리스토 2세의 대타협으로 보름스 협약이 맺어졌다. 보름스 협약에는 '성직자 임명권은 교황에게, 정치적 권리는 황제에게 있다.'는 내용이 담겼다. 프랑크 왕국 이래로 이어지던 황제의 성직자 임명권이 박탈됐고, 교황이 황제보다 우위에 있음을 명확히 했다.

이후 200여 년간은 교황권의 전성 시대였다. 교황 인노첸시오 3세는 독일의 왕위 계승 문제와 프랑스 필리프 2세의 이혼 문제에 개입해 자신의 뜻을 관철했다. 이밖에도 영국의 존 왕을 굴복시켜 많은 땅을 교황청에 바치게 했으며, 아라곤, 불가리아, 포르투갈, 덴마크, 헝가리의 왕을 가신으로 삼았다. '교황은 태양이며, 황제는 그 빛을 빌려 반짝이는 달이다.'는 말로 세속 군주에 대한 교황의 우월함을 과시했다. 신과 크리스트교의 대리자인 교황은 신 아래에 있으나 인간보다 높은 존재이며 세속 군주의 심판자로 여겨졌다.

# 05

# 중세 유럽의 종말

중세 서유럽 세계는 봉건 제도와 로마 가톨릭교회에 힘입어 안정을 이루었다. 11세기 말에는 십자군 전쟁을 통해 직극적인 대외 팽창을 시도했으나 실패하면서 위상을 이룬 로마 가톨릭교회의 교황권이 약해졌다. 또한, 도시를 중심으로 상공업이 발달해 중세 봉건 사회의 경제적 바탕인 장원 제도가 무너졌다.

### 신의 이름을 빌린 욕망의 드라마, 십자군 전쟁

서유럽 크리스트교 세계에는 예수의 무덤이 있는 성스러운 땅 예루살렘을 순례하는 풍습이 있었다. 그런데 이슬람 세력인 셀주크 튀르크가 예루살렘을 차지한 데 이어 비잔티움 제국의 땅인 소아시아까지 공격하자, 비잔티움 제국의 황제는 교회의 분열 이후 대립해 왔던 로마 교황에게 도움을 요청했다. 당시 로마 교황이었던 우르바노 2세는 클레르몽 공의회에서 예루살렘을 되찾기 위해 군대를 보낼 것을 제안했다.

십자군을 요청하는 교황
비잔티움 제국 황제의 구원 요
청을 받은 교황 우르바노 2세
가 프랑스의 클레르몽에서 종
교 회의를 열어 십자군 전쟁을
제안하고 있다.

곧이어 위로는 교황, 국왕, 제후, 기사, 아래로는 상인, 농민 들로 십자
군*이 조직되었다.

　예루살렘을 되찾으려는 데는 종교적인 이유보다 저마다의 현실적인
요구가 더 크게 작용했다. 교황은 동서 교회를 통일해 비잔티움 제국의
황제를 굴복시키려 했고, 왕과 제후는 더 넓은 영지를 가지려 했으며,
기사는 용맹성과 전투 정신을 드러내 땅에 떨어진 자신의 위상을 되찾
고자 했다. 상인은 동방 무역의 근거지를 확보하려 했고, 농민은 장원
에서 벗어나 새로운 일을 찾으려 했다. 십자군 전쟁은 성지 탈환을 위
한 종교적 목적보다는 안정기에 접어든 서유럽 세계의 대외적인 팽창
이라는 성격이 짙었다.

● 십자군
군인들이 로마 교황에 대한
맹세의 표시로 가슴에 십자표
를 달아서 붙은 이름이다.

로마 가톨릭교회 세력권
그리스 정교 세력권
이슬람교 세력권
→ 1차 십자군 전쟁
→ 4차 십자군 전쟁

잉글랜드 왕국

모스크바 대공국

신성 로마 제국    폴란드 왕국

레겐스부르크

대서양

프랑스 왕국

헝가리 왕국

클레르몽 • 리옹

베네치아

불가리아 왕국

흑해

포르투갈  카스티야  아라곤 왕국
왕국      왕국

로마

콘스탄티노플

셀주크 튀르크

비잔티움 제국

후 옴미아드 왕조

안티오크

지중해

예루살렘 왕국 • 예루살렘

• 알렉산드리아

**십자군 전쟁 경로**
1096년부터 1272년까지 서유럽에서 성지 예루살렘을 향해 십자군을 여덟 번이나 보냈으나 1차 십자군이 예루살렘을 잠깐 차지한 것을 제외하고는 특별한 성과가 없었다. 4차 십자군은 같은 크리스트교를 믿는 비잔티움 제국의 수도를 약탈해 십자군 전쟁의 목적이 단순한 성지 회복이 아님을 증명했다.

이 점은 전쟁 과정에서 확실하게 드러났다. 십자군 전쟁은 200여 년에 걸쳐 여덟 차례나 일어났는데, 십자군은 예루살렘을 점령해 라틴 국가인 예루살렘 왕국을 세웠던 1차 전쟁을 제외하고는 무자비한 약탈과 살상을 저질렀다. 4차 전쟁에서는 같은 크리스트교 국가인 비잔티움 제국의 수도 콘스탄티노플을 공격하기도 했다. 심지어 1212년에는 프랑스와 독일 소년으로 이루어진 십자군이 마르세유 상인에 의해 이집트의 알렉산드리아로 끌려가 노예로 팔린 일도 있었다.

십자군 전쟁은 시작부터 종교적 열망과는 거리가 멀었기에 성지 회복이라는 형식적인 구호를 끝내 이루지 못했다. 그러나 유럽의 정치, 경제, 문화에 큰 영향을 주어 봉건 사회가 무너지는 데 중요한 역할을 했다. 정치적으로는 로마 교황의 권위가 약해졌고, 전쟁에 적극적으로 참여한 제후와 기사가 몰락한 반면, 전쟁을 구실로 많은 세금을 거둔 국왕은 이를 이용해 자신에게 권력을 집중했다.

경제적으로는 동방 무역이 활기를 띠면서 화폐 경제와 도시가 발달해 장원 제도가 흔들리게 됐다. 문화적으로는 비잔티움 제국과 이슬람 세계의 영향으로 서유럽 문화가 한층 풍성해져 훗날 르네상스가 일어나는 바탕이 만들어졌다.

**십자군의 약탈**
십자군이 예루살렘을 점령하고 약탈과 살인을 저지르고 있는 모습을 기록한 그림으로 1440년경에 그려졌다.

## 도시의 공기는 자유를 준다

중세 유럽은 장원을 기반으로 한 폐쇄적이고 자급자족적인 농업 경제 체제였다. 그러나 인구의 증가와 농업 생산력의 발달로 잉여 생산물이 생기자, 11세기 무렵부터 상업이 활기를 띠기 시작했고, 화폐가 유통되면서 교통과 상업의 중심지에 도시가 만들어졌다. 처음에 교역은 비교적 좁은 범위에서 이루어졌으나 십자군 전쟁 이후 동방과의 원거리 무역이 늘어났다.

북부 이탈리아의 도시들은 아시아와 유럽의 특산물을 교환하는

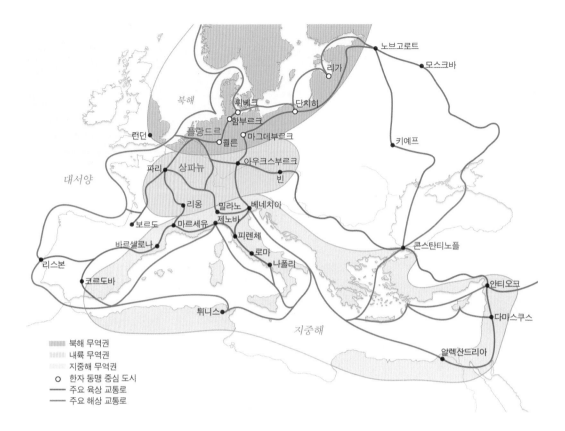

북해 무역권
내륙 무역권
지중해 무역권
○ 한자 동맹 중심 도시
━ 주요 육상 교통로
━ 주요 해상 교통로

**중세 도시와 교통로**
이탈리아 도시들은 10세기 들어 콘스탄티노플을 통해 이슬람 세계와 교류하면서 아시아의 향료와 비단 등을 서유럽으로 들여와 큰 이익을 남겼다. 점차 교역이 활발해지면서 14세기 서유럽에는 이탈리아 도시들이 중심이 된 지중해 무역권, 독일 북부의 한자 동맹이 중심이 된 북해 무역권 그리고 이 둘을 연결해 주는 내륙 무역권 이렇게 3개의 무역권이 만들어졌다.

지중해 무역으로 번영했다. 발트 해와 북해를 이용한 무역으로 북부 독일과 프랑스에도 도시가 들어섰다. 두 지역이 만나는 다뉴브 강 상류와 독일 남부의 라인 강 주변에도 많은 도시가 발달했다. 북부 독일의 도시들은 한자 동맹*을 만들어 200년 동안 북유럽의 무역을 이끌었다.

도시는 영주와 맺은 봉건 계약으로 인해 자유로운 공간이 아니었다. 영주는 도시를 자기 뜻대로 운영했고, 도시민을 재판할 수 있었으며, 이들에게 부역을 강제하기도 했다. 또한, 화폐를 찍어낼 수 있는 특권을 가졌고, 도시를 여러 개로 나누거나 다른 이에게 넘길 수도 있었다.

도시민은 자치권을 얻기 위해 싸웠다. 대부분의 도시는 영주에게 일정한 돈을 주고 특권을 인정받아 도시를 운영했으나 몇몇 도시는 영주

와 무력 대결을 벌여 자치권을 얻기도 했다. 12세기 들어 서유럽 대부분의 도시가 영주의 간섭에서 벗어났는데, 이 과정에서 농노도 1년 1일만 도시에서 지내면 자유인으로 인정받는 관습이 만들어졌다. '도시의 공기는 자유를 준다.'는 말이 여기서 생겼다.

자치권을 얻은 도시는 같은 직종에 종사하는 사람들의 공동 조합인 길드에 의해 운영됐다. 길드를 통해 대상인이 도시의 운영권을 장악하자 그 밑에 있던 수공업자도 직종별로 장인 길드를 만들었다. 길드는 고용, 생산품 가격, 임금 등을 규제하며 장인, 직인, 도제의 엄격한 질서를 강조했다. 길드는 자급자족의 장원 경제를 무너뜨렸으나 길드에 속하지 않은 상인이나 수공업자의 활동을 통제해 자유로운 경쟁을 방

**중세 도시와 길드**
그림의 오른쪽 하단을 보면 길드 모임을 마친 상인들이 거리로 나서고 있다. 길드를 중심으로 운영된 도시의 활기찬 모습을 엿볼 수 있다.

**● 한자 동맹**
14세기 초에 플랑드르 지역의 힘이 강해지자 이를 경계한 북부 독일의 상인들이 만든 동맹이다. 한자(Hansa)는 독일어로 조합, 동료라는 뜻이다.

해했다. 몇몇 상인이 국왕이나 영주와 손잡고 특정 상품을 독점해 생산력의 발전을 가로막기도 했다.

## 장원 제도가 무너지다

13세기 서유럽에서 상공업이 활기를 띠면서 화폐 경제가 발달하자 봉건 제도의 바탕인 장원 제도도 변화하기 시작했다. 화폐 경제가 발전하면서 영주는 이전까지 받던 노동 지대● 대신 생산물 지대 또는 화폐 지대를 받았다. 영주에게 지불해야 하는 대가가 일정액의 생산물이나 화폐로 고정되자 농노는 더 많이 일하는 만큼 자기 몫을 늘리는 것은 물론이고 영주의 간섭이나 감시에서 벗어날 수도 있었다. 물가가 올라 화폐 가치가 떨어지자 화폐 지대는 생산물을 가진 농노에게 더 유리하게 작용했다. 일부 농노는 사치와 향락에 빠져 화폐가 부족한 영주에게 해방금을 지불하고 자유민이 됐다. 영주와 농노의 관계는 지배와 예속 관계에서 토지를 둘러싼 계약 관계로 변해 갔다.

14세기 초, 발전을 거듭하던 유럽 사회에 가뭄과 홍수가 덮쳤다. 굶주림에 시달리던 사람들 사이에서 흑사병이라는 전염병까지 유행하면서 유럽 전체 인구의 3분의 1 이상이 죽었다. 불결하고 비위생적인 환경이 흑사병의 발병 원인 중 하나였다. 이런 와중에 유대 인이 흑사병을 옮겼다는 소문이 돌면서 많은 유대 인이 살해되는 일이 일어나 사회가 더욱 어지러워졌다.

인구와 식량 소비가 크게 줄자, 임금은 오르고 식량 가격은 떨어졌다. 토지는 남아돌았고, 일할 사람을 구하기가 어려워진 영주는 노동력을 확보하기 위해 농민에게 더 나은 대우를 해 줄 수밖에 없었다. 몇몇 영주는 위기에서 벗어나기 위해 농노 해방을 멈추고 농민에게

● 지대
땅을 빌린 대가이다. 노동 지대는 부역이라는 노동력으로, 생산물 지대는 수확물로, 화폐 지대는 돈으로 대가를 지불하는 것을 말한다.

죽음의 승리
흑사병은 폐에 병균이 침입해 생기는 전염병이다. 흑사병에 걸리면 피를 토하는 고통을 겪다가 며칠 안에 죽는데, 온몸의 피부가 검푸르게 변하기 때문에 흑사병이라고 한다. 16세기에 그려진 이 그림을 통해 흑사병의 공포를 짐작할 수 있다.

다시 봉건적 부담을 강요하기도 했다. 이와 같은 조치는 대규모 농민 저항을 불러일으켰는데, 프랑스 자크리의 난과 영국 와트 타일러의 난이 대표적이다. 농민의 저항은 도시 노동자에게 영향을 미쳐 임금 인상에 반대하는 정부나 길드에 반기를 들게 했다. 이러한 봉기는 모두 진압되었으나 봉건 영주 세력을 약화시키는 결정적 계기가 됐고, 15세기 말에는 유럽 대부분의 지역에서 장원 제도가 무너졌다.

자크리의 난
흑사병과 백년 전쟁으로 생활이 어려워진 상황에서 귀족에 대한 반감이 폭발하면서 농민 반란이 일어났다. 자크리의 난이 잔인 하게 진압되는 모습을 담은 이 그림은 14세기에 프랑스 작가 장 프로이사르가 쓴 《연대기》의 삽화이다.

## 교회의 대분열과 함께 중세가 몰락하다

장원 제도를 바탕으로 최고의 권위를 자랑하던 로마 교황도 힘을 잃기 시작했다. 권력이 흩어져 있던 봉건 사회에서는 교황의 초국가적인 권위가 국왕을 압도할 수 있었지만, 한층 강해진 힘으로 중앙 집권화에 나선 국왕에게 교황은 더 이상 절대적인 존재가 아니었다. 국왕은 교회의 간섭에서 벗어나기 위해 교황과 날카롭게 대립했다.

1303년에는 영국과 프랑스의 국왕이 성직자에 대한 과세권을 놓고 교황 보니파시오 8세와 싸웠다. 이 싸움에서 프랑스의 필리프 4세가 교황을 무력으로 굴복시킨 결과, 1309년에 교황청이 로마에서 프랑스의 아비뇽으로 옮겨졌고 교황이 프랑스 국왕의 꼭두각시 노릇을 하게 되는 아비뇽 유수 사건이 벌어졌다. 사실을 받아들일 수 없었던 로마에서는 서둘러 새로운 교황을 뽑았다. 아비뇽과 로마에 있는 각각의 교황이

아비뇽 유수
프랑스 왕 필리프 4세가 교황 보니파시오 8세를 붙잡는 장면이다. 유수는 '잡아서 가둔다.'는 뜻이다.

정통성을 주장하면서 교회의 대분열이 일어났고, 이로 인해 교황의 권위는 땅에 떨어졌다.

종교 문제에 대해 논증이나 설득보다는 독선이나 억압으로 대처하는 종교적 무질서 현상도 나타났다. 이에 교회의 부패를 비판하며 본래의 크리스트교 정신으로 돌아가자는 개혁 운동이 유럽 곳곳에서 일어났는데, 영국의 위클리프와 보헤미아의 후스가 유명하다. 위클리프는 교회의 세속화가 신앙을 황폐화시키는 주요 원인이라고 지적했고, 성서를 영어로 번역해 훗날 영어 성서 출간의 밑거름을 마련했다. 후스는 위클리프의 사상을 이어받아 성직자의 토지 소유와 로마 교회의 타락을 비판했고, 신성 로마 제국의 지배를 받던 체코 인의 민족 감정을 자극해 종교 개혁에 선구자적 역할을 했으며, 사회 개혁을 주장해 동유럽에도 큰 영향을 미쳤다.

교회의 대분열 시기의 교황 땅에 떨어진 교황의 권위를 풍자하는 그림이다. 왼쪽에 교황 보니파시오 9세가 앉아 있고, 그 앞에 충성스런 개들이 선거를 하고 있다.

화형 위기에 처한 얀 후스
후스는 교회 개혁을 주장하다
가 이단으로 몰려 화형에 처해
졌다. 1485년에 디볼트 쉴링이
쓴 《슈피츠 연대기》에 실린 그
림이다.

　　교회 안에서도 크리스트교 혁신과 부흥을 도모하는 개혁 운동이 일
어났다. 신성 로마 제국의 황제가 주최한 콘스탄츠 공의회에서는 로마
교황을 정통으로 인정해 교회의 대분열을 끝냈고, 끝까지 개종을 받아
들이지 않은 후스를 화형했다. 하지만 교회의 부패는 계속됐고 종교 개
혁 주장이 끊이지 않았다.

# 06

# 중앙 집권 국가의 출현

13세기 말에 이르러 교황과 영주의 힘이 약해지자 국왕은 실정업자●의 경제적 지원을 얻어 권력을 강화해 나갔다. 이에 보다 높은 신분제와 봉기 귀족 등이 시민과 함께 신분제 의회를 만들어 국왕을 견제했다. 그러나 신분제 의회는 점차 힘을 잃었고 국왕의 권력은 강화되어 15세기 말 서유럽 곳곳에 중앙 집권 국가가 나타났다.

## 영국과 프랑스가 국민 국가 만들기에 앞장서다

11세기 초에 노르망디 공 윌리엄은 잉글랜드 왕국을 세운 뒤 강한 왕권을 바탕으로 중앙 집권을 이루었다. 하지만 13세기에 존 왕은 프랑스와 싸워 많은 땅을 빼앗겼고 교황과 충돌해 파문당했으며 빈번하게 세금을 거두었다. 거듭되는 존 왕의 실정에 반발한 귀족과 시민은 존 왕에게 요구 조항 63개를 제출하여 승인받았는데, 이것이 대헌장●이다. 대헌장은 봉건 귀족의 특권을 국왕이 인정한 것으로, 피통치자의 생명과

●상공업자
이들은 상비군과 관료제 유지에 필요한 돈을 대고 그 대가로 국왕에게 상권을 보호받았다. 자유롭고 안정적인 경제 활동을 위해서는 지역 단위의 봉건 체제보다 통일 국가가 유리했기 때문이다.

●대헌장
존 왕이 귀족의 특권을 인정한 문서로, 훗날 의회가 왕과 대립할 때 의회의 주장을 뒷받침하는 근거로 사용됐으며, 근대 헌법의 밑바탕이 되었다. 라틴어로 '마그나 카르타'라고 한다.

● 모범 의회
에드워드 1세가 귀족, 성직
자, 기사, 평민 등 영국 모든
계층의 대표들을 소집해서 구
성한 신분제 의회다. 훗날 의
회 구성의 모범이 됐다고 해서
이렇게 부른다.

백년 전쟁
장 프로이사르의 《연대기》에 나
오는 그림으로, 1415년에 헨리
5세가 지휘하는 영국군이 샤를
6세가 이끄는 프랑스 군을 물
리치고 있다. 왼쪽의 영국군이
긴 활로 프랑스군을 겨냥하고
있다.

재산을 보호하는 내용을 담고 있어 입헌 정치의 기초가 됐다고 평가받
고 있다. 이후 에드워드 1세는 프랑스와의 전쟁 자금을 확보하기 위해
모범 의회●를 소집했다. 14세기 후반에는 상원과 하원으로 이루어진
양원제 의회 제도가 자리 잡았다.

프랑스는 영국보다 먼저 왕권 강화 작업을 끝내고 국민 국가를 완성
했다. 프랑스 내 대부분의 땅을 영국이 가지고 있어 프랑스 왕실의
힘이 약했으나, 12세기 말에 필리프 2세가 영국에 빼앗긴 지역의
대부분을 되찾고 도시의 자치권을 인정해 시민의 지지를 얻으
면서 왕권을 튼튼하게 다졌다. 필리프 4세는 모직물 공업이
발달한 플랑드르 지방에 진출해 경제적 기초를 다졌고, 성직자에
대한 과세 문제를 놓고 교황 보니파시오 8세와 싸워서 교회를 국
가의 감독 아래 두었다. 이 과정에서 국민에게 세금을 거두기 위해
성직자, 귀족, 평민 대표로 이루어진 삼부회가 만들어졌다. 삼부회는
처음에 왕권을 견제했으나 나중에는 왕의 제안에 동의하는 기능만을
하면서 왕권을 더욱 강화했다.

영국과 프랑스가 중앙 집권적인 국민 국가로 발전한 결정적인 계기
는 백년 전쟁이었다. 프랑스에서 카페 왕조가 끊기고 발루아가의 필리

잔 다르크
잔 다르크가 백년 전쟁을 승리로 이끌고 돌아오는 모습이다. 그녀는 국민 의식을 자극해 프랑스의 승리에 기여했으나 전쟁이 끝나고 마녀로 낙인찍혀 화형에 처해졌다.

프 6세가 즉위하자, 영국 왕 에드워드 3세가 왕위 상속권을 주장하면서 프랑스에 침입해 전쟁이 일어났다. 그러나 이는 구실이었을 뿐이고 실제로는 모직물 공업의 중심지인 플랑드르 지방과 유명한 포도주 생산지인 귀엔 지방을 차지하려는 속셈이 숨어 있었다. 영국은 크레시 전투와 푸아티에 전투에서 이겨 유리한 고지를 선점했으나 영국에서 흑사병이 유행하고 16세의 프랑스 소녀 잔 다르크가 등장하면서 전세가 역전됐다. 잔 다르크의 활약으로 사기가 오른 프랑스 군은 이후 연전연승을 거두면서 칼레를 제외한 프랑스 전역에서 영국 세력을 쫓아냈다.

이후 영국에서는 요크가와 랭커스터가가 국내 정치 주도권을 놓고 둘로 갈라져 귀족 세력이 30년 동안 싸운 장미 전쟁●이 일어났다. 랭커

●장미 전쟁
요크가와 랭커스터가를 상징하는 문장이 각각 흰 장미와 붉은 장미였기에 이렇게 부른다. 흰 장미와 붉은 장미를 합하여 튜더 로즈라는 새로운 문장이 만들어졌는데 지금까지도 영국 왕가의 문장으로 쓰이고 있다.

스터가의 일파인 튜더가의 헨리 7세가 왕위에 오르면서 전쟁이 끝났다. 장미 전쟁 이후에 영주와 기사 계급이 몰락해 봉건 사회가 빠르게 무너지는 한편, 중앙 집권화가 이루어져 왕권은 더욱 강해졌다. 이로써 통일 왕국을 건설한 프랑스와 영국 두 나라는 일찌감치 해외 팽창에 나설 수 있었다.

## 에스파냐와 포르투갈이 이슬람 세력을 몰아내다

8세기 초에 이슬람 세력이 게르만 족의 서고트 왕국을 멸망시키고 이베리아 반도를 점령해 옴미아드 왕조를 세운 이후 이베리아 반도는 계속해서 이슬람의 지배를 받아 왔다. 이 지역의 크리스트교도는 이슬람 세력과 끊임없이 싸운 끝에 15세기 중반에 이르러 카스티야, 아라곤, 포르투갈이라는 세 개의 크리스트교 왕국을 세울 수 있었다.

1479년에 카스티야 여왕 이사벨과 그녀의 남편인 아라곤 왕이 두 나라를 합해 에스파냐 왕국을 만들었다. 1492년에는 에스파냐의 왕 페르난도 2세가 이슬람 세력의 마지막 근거지인 그라나다를 점령했다. 이후 종교 재판을 통해 이교도를 억누르고 귀족 세력을 약화시켜 왕권을 강화했다.

이사벨과 페르난도 2세
페르난도 2세가 이슬람 세력을 쫓아내고 부인 이사벨 여왕과 함께 그라나다로 들어오는 장면이다. 그라나다 알람브라 궁전의 조각이다.

포르투갈은 한때 카스티야에 속해 있다가 12세기 말에 독립했고, 15세기 후반에는 존 2세가 제후를 억눌러 중앙 집권을 강화했다.

이베리아 반도의 여러 나라는 이슬람 세력과 오랫동안 싸웠기에 왕과 귀족 사이에는 다투기보다 힘을 합치려는 경향이 강했다. 이에 지방 분권 체제가 그리 오래 지속되지 않았으며 다른 나라보다 내부 분쟁도 적어 왕권이 일찍부터 강력했다. 그 결과, 유럽에서 가장 먼저 해외 팽창에 뛰어들 수 있었지만 국내 산업이 성숙하지

프랑스 왕국

나바라 왕국

카스티야 왕국

바르셀로나●

아라곤 왕국

포르투갈 왕국

●리스본

●톨레도

지중해

●그라나다

그라나다 왕국
(1492, 멸망)

▦▦▦ 에스파냐 왕국의 영토(1492)

이베리아 반도의 여러 나라
8세기 무렵부터 이베리아 반도 대부분의 나라들이 이슬람 세력의 지배를 받게 됐다. 11세기 들어 크리스트교 세력이 힘을 얻으면서 이슬람 세력이 점차 남쪽으로 밀렸다. 1492년에 카스티야와 아라곤이 힘을 합해 만든 에스파냐 왕국이 이슬람 세력의 마지막 근거지인 그라나다를 점령했다.

않은 상황에서 식민지를 약탈해 꾸려 가는 경제 체제로는 번영을 이어 갈 수 없었다.

## 독일·이탈리아·스위스가 지방 분권 체제를 이어가다

신성 로마 제국의 영향을 강하게 받았던 독일 지역은 중앙 집권을 이루지 못하고 여러 나라로 나뉘어 있었다. 로마 제국의 계승자라는 자부심을 가진 신성 로마 제국의 황제가 합스부르크가의 영지를 늘리고 옛 로마 제국의 수도를 차지하기 위해 끊임없이 이탈리아에 간섭한 반면, 상대적으로 제국 내부 문제에는 소홀했기 때문이다. 이에 독일 제후들은 독자적인 권력을 행사할 수 있었고, 한때 19년 동안 황제가 없는 대공위 시대가 계속되기도 했다.

〈황금문서〉가 보여주듯이 독일에서도 권력 집중 움직임이 있긴 했지만 민족이 아니라 지역 단위로 추진됐기에 집중도가 약했다. 그 결과, 신성 로마 제국의 황제는 상징적인 존재에 머물렀고 봉건 영주가 이끄는 지역 단위의 수많은 연방 국가가 나타났다.

황금문서
신성 로마 제국의 카를 4세가 '교황의 승인 없이 7인의 제후가 황제를 선출한다.'는 내용을 담아 제국 의회에 제출한 법안이다. 금색 인장이 찍혀 있어 황금문서로 불린다.

**스위스 연합군의 활약**
부르고뉴 공작 샤를 돌진공이 신성 로마 제국과 프랑스에 맞서면서 전투가 시작됐는데, 이들의 동맹이었던 스위스 연방도 참전하게 됐다. 그림은 1476년에 모라에서 스위스 연합군이 샤를 돌진공의 군대를 격파하는 모습으로, 베른 시립 미술관에 전시돼 있다.

이탈리아도 독일과 비슷한 상황이었다. 이탈리아는 교황령과 밀라노 공국, 나폴리 왕국 등의 제후국, 그리고 도시 국가로 나눠져 있었다. 신성 로마 제국의 간섭은 이탈리아 통일에 중요한 걸림돌이었다. 이탈리아 도시들은 십자군 전쟁 이래로 중계 무역을 통해 경제적인 번영을 누렸으나 오랫동안 분열 상태를 벗어나지 못했다.

스위스는 13세기부터 합스부르크가의 지배를 받았다. 그러다가 1291년에 스위스 중부의 우리 주, 슈비츠 주, 운터발덴 주가 동맹을 맺었고, 1315년에 오스트리아 황제군을 격파했다. 합스부르크가는 세 개 주의 독립을 인정하지 않았으나 1353년에 여덟 개 주로 동맹이 늘어났고, 1499년에 이들이 신성 로마 제국의 침략을 물리쳐 독립이 인정됐다. 이 과정에서 스위스 농민의 용기가 유럽 여러 나라에 알려진 뒤로 스위스 인은 곳곳에서 용병으로 활약하게 됐다.

# 07

# 중세 유럽의 문화

중세 문화는 크리스트교 교리와 사제단의 지배를 받았다. 모든 것은 신이 규정한다는 믿음 때문에 인간과 자연에 대한 자유로운 해석이 허락되지 않았고, 인간성에 대한 이해나 개성에서 나오는 창조력에 대해서도 무관심했다. 철학 대신 신학이 최고의 학문이 됐고, 교육, 건축, 미술, 문학 등도 크리스트교의 발전과 전개를 뒷으며 발전했다.

## 철학은 신학의 시녀

중세 크리스트교 사회에서 최고의 학문은 신학이었다. 학문의 왕으로 군림하던 철학도 신학을 설명하는 도구에 머물게 되어 '철학은 신학의 시녀'라는 말까지 만들어졌다.

로마 교회가 이교도에게 크리스트교를 전하기 위해 교리를 정리하는 과정에서 만들어진 것이 교부 철학●이다. 교부 철학자들은 플라톤의 이데아론에 기초한 초월적인 세계관을 가지고 세속보다 교회가 우월함

● 교부 철학
초기 크리스트교 교회에서 교리 연구에 매진하며 모범적인 신앙 생활을 한 지도자를 교부(敎父)라고 불렀다. 이들이 주도해 정리한 교리를 교부 철학이라고 한다.

**아우구스티누스(왼쪽)**
아우구스티누스가 기도서를 읽고 있다. 1480년경에 산드로 보티첼리가 그린 프레스코화로 피렌체 오니산티 성당에 있다.

**토마스 아퀴나스(오른쪽)**
스콜라 철학의 대표 학자인 토마스 아퀴나스가 성서를 펼쳐 이단자를 제압하는 모습이다. 피렌체 산타 마리아 노벨라 성당에 있는 프레스코화이다.

● 스콜라 철학
수도원 부속 학교인 스콜라의 교사가 가르쳐서 스콜라 철학이라고 불렀다.

을 주장하면서 크리스트교의 교리와 권위를 확립해 갔다. 교부 철학의 대부 아우구스티누스는《신국론》에서 인간의 역사는 신의 나라와 지상의 나라의 대립이며, 지상의 나라는 신의 나라를 실현하기 위한 수단에 불과하기 때문에 교회는 세속의 정치 기관보다 우월하다고 주장했다. 또한, 인간은 신에게 절대적으로 복종해야 하며, 교회는 신의 구원을 받을 수 있는 유일한 기관이라고 했다.

11세기 이후, 비잔티움 제국이 지켜 왔던 아리스토텔레스의 철학이 이슬람 세계를 거쳐 유럽에 소개되면서 스콜라 철학●이 만들어졌다. 스콜라 철학의 주제는 신앙과 이성, 실재론과 명목론의 사상적 대립 문제였다. '이성보다는 신의 존재에 대한 신앙이 우선한다.'는 실재론을 주장하는 사람이 있는 반면, '맹목적인 신앙을 배격하고 이성을 중시해야 한다.'는 명목론을 주장하는 사람도 있었다. 이를 정리해 신앙과 이성의 조화를 꾀한 인물이 토마스 아퀴나스였다. 그는 《신학대전》에서 진리와 진리는 모순되지 않는다고 주장해 크리스트교 교리를 철학적으로 이해하고 크리스트교 신앙을 이성과 조화시켜 신학의 과학성을 강조했다.

중세 말기에 베이컨, 오컴 등의 신학자는 스콜라 철학에 반발해 이성에 의한 과학적 인식을 주장하면서 신앙과 이성의 분리를 시도했다. 특히, 베이컨은 '추리만으로는 아무것도 증명할 수 없다', '모든 것은 경험에 의존한다'는 말로 실험과 경험의 중요성을 강조해 자연 과학의 새로운 길을 열었다. 신학적 논증 대신 감정과 직관을 통해 신의 존재를 체험하고 지각하려고 하는 신비주의도 나타났다.

## 대학은 중세 문화의 꽃

중세 초기의 지식인 대부분은 크리스트교 성직자로, 이들만이 고전 문화를 연구할 수 있었다. 교회와 수도원은 신앙 시설이자 학문 연구 기관이었고 세속의 교육에서 중심적인 역할을 했다. 중세 후반에는 아라비아로부터 수학과 기하학이 전해졌고, 상품 화폐 경제가 활기를 되찾아 교류가 활발해졌다. 제후나 왕을 보좌할 관리가 필요해지자 교회와 수도원만으로는 학문 연구와 교육을 전담하기가 어려워져 곳곳에 대학*이 만들어졌다.

12세기 후반부터 13세기 초반에 일종의 길드인 교수 조합과 학생 조합으로부터 대학이 시작됐다. 이들은 세속 군주나 교회의 통제에서 벗어나기 위해 자치권을 얻으려고 치열하게 싸운 결과 주교의 간섭에서 벗어나는 것은 물론이고, 병역이나 사법적 의무로부

● 대학
대학을 의미하는 영어 유니버시티(university)는 라틴어 우니베르시타스(universitas)에서 유래했는데, '공동 목적을 위해 협동하는 조합'이라는 뜻이다. 대학은 교육을 위한 길드였다.

중세의 대학
1540년경에 그려진 그림으로 파리 대학의 박사들이 회의하는 모습이다. 파리 국립 도서관에 소장돼 있다.

소르본 대학
1253년에 파리 대학의 일부로 출발했으며 신학 연구로 유명했다. 빅토르 위고, 루이 파스퇴르, 프랜시스 베이컨이 모두 이곳을 졸업했다.

터도 자유로워졌다. 오늘날 대학에서 말하는 학문과 사상의 자유나 자치는 이런 전통에서 나왔다.

귀족과 성직자는 물론이고, 일반인도 대학을 다녔다. 처음에는 도서관, 강의실, 책상 같은 시설이 부족해 주로 교회에서 수업을 했고, 인쇄술이 발달하지 않아 손으로 일일이 써서 책을 만들었다. 대부분의 학생은 쉽게 구할 수도 없고 값도 비싼 책을 살 엄두를 내지 못하고 필기에 의존해 어렵게 공부했다. 대학에서는 공식 언어로 라틴어를 사용했다.

유럽의 대학은 중세 말에 약 80개로 늘었다. 볼로냐 대학은 법학, 파리 대학은 신학, 살레르노 대학은 의학으로 유명했다. 대학은 교회와 수도원을 제치고 학문의 중심지로 떠올라 중세 문화 발전에 크게 이바지했다. 오늘날 대학 모습과 운영 방식의 상당 부분이 이때 만들어졌다. 유명한 학자는 대부분 대학에서 강의했고, 이들의 수업을 들은 졸업생은 교사, 법률가, 관리, 고위 성직자 등 전문적인 직업을 가졌다. 대학은 중세 문화의 꽃으로 불렸으며, 자유정신을 드높여 게르만 족의 침입 이후 침체된 중세 문화를 다시 일으키는 구심점이 됐다.

## 크리스트교 정신이 담긴 로마네스크 양식과 고딕 양식

크리스트교는 중세 건축과 미술에도 영향을 줬다. 10~12세기에 유럽 남부의 교회 건축은 당시 유행하던 로마식 아치를 사용한 웅장한 로마네스크 양식●으로 만들어졌다. 바깥에 별다른 장식이 없고 반원형의 돌로 만든 천장이 특징이다. 천장을 떠받치기 위해 큰 기둥을 세우고 벽을 두껍게 했으며 창문은 되도록 작게 만들었다. 창문이 작아서 내부는 어두웠으나 겉으로는 묵직하면서도 안정감이 있어 보였기에 신의 세계의 장엄함이 잘 표현됐다. 비스듬히 기울어진 피사의 사탑으로 유명한 피사 두오모 성당이 대표적이다.

13~15세기 유럽 북부에서는 고딕 양식●이 발달했다. 기둥이 가늘고, 높은 지붕 위에 뾰족한 탑을 만들었으며, 벽을 얇게 하고, 창문을 많이 만들어 화려한 색의 그림으로 장식했다. 고딕 양식은 로마네스크 양식과 달리 밝고 명랑한 인상을 주었다. 유리창을 화려하게 장식한 스테인드글라스는 어두컴컴한 교회 내부를 환한 빛으로 비췄다. 천장에서 하늘로 높이 솟은 뾰족한 탑은 당시 경제적 발전상이 반영된 것으로, 천국에 좀 더 가까이 가고자 했던 중세인의 염원이 담겼다. 노트르담 성당, 쾰른 성당 등이 대표적인 건축물이다.

● 로마네스크 양식
'로마 인의 양식'이라는 뜻이다. 중세 초기 회화, 조각, 건축의 특징이다.

● 고딕 양식
게르만 족의 일파인 '고트 족의 양식'이란 뜻이다.

**피사 두오모 성당과 사탑**
중세 이탈리아의 상업 도시였던 피사에 있는 성당이다. 로마네스크 양식으로 지어진 두오모 성당은 두꺼운 벽과 작은 창이 특징이다.

**노트르담 성당(왼쪽)**
프랑스 파리 센 강의 시테 섬에 있는 성당이다. 높이가 35미터나 되는 높은 첨탑과 화려한 스테인드글라스에서 고딕 양식의 특징을 엿볼 수 있다.

**노트르담 성당의 스테인드글라스(오른쪽)**
고딕 건축의 벽에 있는 큰 유리창에 화려한 그림으로 장식하는 것을 스테인드글라스라고 한다. 이는 사람들의 신앙심을 한층 더 높여 준다.

## 중세 기사, 노래 속 주인공이 되다

중세 문학은 라틴 어 작품과 속어 작품으로 나눌 수 있다. 라틴 어는 상류 사회의 언어로, 성직자의 설교, 교회의 역사 서술 및 기록물 작성, 대학 강의나 저술 활동 등 주로 공식적인 분야에서 이용됐다. 문학에서도 쓰였으나 라틴 어의 영향력은 전반적으로 크지 않았다.

　속어 문학은 평민이 사용하는 지방어로 쓰인 작품이다. 주제가 다양하고 당시 생활 풍습을 담은 것이 많아 대중에게 호소력이 컸다. 대표적인 것이 기사 문학인데, 원시 게르만 족의 고유한 전설을 담은 〈니벨룽겐의 노래〉, 카롤루스 대제의 군사적 업적을 찬미한 〈롤랑의 노래〉, 기사의 충성심과 영웅담을 담은 〈아서 왕 이야기〉 등이 있다.

　아름다운 여인과의 사랑을 노래한 서정시도 있다. 프랑스, 독일의 서정시인들은 이전의 기사 문학과 달리 감상적이고 낭만적인 내용을 담아 중세 문학을 한층 더 풍부하게 만들었다.

**롤랑의 노래(왼쪽)**
프랑크 왕국의 카롤루스 대제가 이슬람 세력을 물리친다는 내용의 서사시를 한 장의 그림에 담았다. 13~15세기에 프랑스 왕실에서 펴낸 《프랑스 연대기》에 실려 있다.

**서정시(오른쪽)**
주로 기사와 귀부인의 사랑 이야기가 담겨 있어 사람들 사이에서 큰 인기를 얻었다.

# 4부

# 근대 사회

# 01

# 르네상스,
# 근대의 숨결을 불어넣다

르네상스●는 인간 중심의 고대 그리스 문화와 로마 문화를 되살려 신 중심의 중세적 세계관에서 벗어나려는 운동이었다. 14세기 초 이탈리아에서 시작되어 독일, 프랑스, 영국 등으로 퍼져 나간 르네상스의 영향으로 인간의 개성을 중시하는 분위기가 형성되었다. 이는 개인주의, 세속주의, 합리주의를 특징으로 하는 유럽 근대 문화의 바탕이 되었다.

### 이탈리아에서 르네상스가 시작되다

르네상스는 14세기 이탈리아에서 시작됐다. 왜 하필 이탈리아였을까? 이탈리아는 로마 제국의 옛 터전으로 로마 유적이 많았고, 로마 인의 세속적이고 개인주의적인 생활 방식에 대한 이해도 깊었다. 또한, 지중해를 통한 동방 무역의 중심지로 경제적으로 풍요로웠고, 시민 계급이 성장하여 자유로운 인간 정신을 존중했으며, 비잔티움이나 이슬람 세력과의 접촉으로 국제 문화에 대한 이해가 높았다. 권력자가 자신의 권

● 르네상스
재생 또는 부활이라는 뜻이다. 중세를 인간성이 사라진 야만의 시대로 보고 고대의 사상, 문학, 미술, 건축 등을 되살리려고 한 운동이다.

단테와 신곡
'신의 노래'라는 뜻의 〈신곡〉은 지옥 편, 연옥 편, 천국 편으로 나누어져 있다. 각각 33편이고 여기에 서곡을 더해 총 100곡으로 이루어져 있다. 도메니코 디 미켈리노가 1465년에 단테 탄생 200주년을 맞아 그린 이 그림은 피렌체의 산타마리아 델 피오레 성당에 있다. 〈신곡〉을 든 단테의 뒤쪽에 연옥으로 가는 문이 보인다.

위를 높이기 위해 학문과 예술을 적극적으로 후원한 점도 영향을 미쳤다.

르네상스기에는 신을 내세워 세속적 가치를 낮게 평가하는 크리스트교 세계관에서 벗어나 인간을 중심으로 세계를 이해하려는 경향이 강해졌다. 감정을 중요하게 여기고, 생활의 풍족함을 추구했으며, 크리스트교의 권위와 인습에서 벗어나 인간 해방을 희망했다.

르네상스의 모범은 고대 그리스와 로마의 문화였다. 고대 그리스와 로마의 고전은 이성적이면서도 풍부한 감성을 가진 이상적인 인간상을 잘 담고 있어 이를 통해 인간의 감성과 이성을 탐구할 수 있었다. 이러한 학문적 경향을 인문주의* 또는 휴머니즘이라고 한다.

13세기에 활동한 시인 단테는 르네상스의 선구자였다. 그의 서사시 〈신곡〉은 중년을 지나서도 방황하던 단테가 고대 로마의 시인 베르길리우스와 이상의 여인인 베아트리체를 따라 천국으로 간다는 내용이다. 고대 로마의 문학가 베르길리우스가 등장하고 개인의 감정을 담아

사람이 중심이어야지.

● 인문주의
본래는 고대 그리스와 로마의 고전을 연구하고 가르치는 학문적 경향을 뜻했다. 인간 중심적이고 현세적인 고대 문학의 영향을 받아 인간의 개성과 능력, 덕성과 존엄성을 강조하는 사상으로 발전했다.

**아담의 탄생**
미켈란젤로가 바티칸 시국 시스티나 예배당 천장에 그린 벽화 〈천지창조〉의 일부이다. 제우스를 닮은 하느님이 최초의 인간 아담에게 생명을 불어넣고 있다.

**모나리자**
피렌체 상인 부인의 초상화로 알려져 있다. 색의 깊이, 명암, 부드러운 미소 등으로 유명한 이 그림은 루브르 박물관에 전시돼 있다.

낸 데서 인문주의의 특징을 찾을 수 있다. 더욱이 〈신곡〉은 중세 공용어였던 라틴 어 대신 이탈리아 지방의 언어로 쓰여 국민 문학을 이끈 작품이라 평가받고 있다. 최초의 인문주의자로 불리는 페트라르카는 모국어인 이탈리아 어로 자연의 아름다움과 인간의 사랑을 주제로 한 서정시를 썼다. 그와 함께 활약한 보카치오는 소설집 《데카메론》에서 전통적 도덕과 신앙을 비판하고 인간의 욕망을 섬세하게 묘사했다.

르네상스기 사람들의 현세적이고 인간 중심적인 태도는 예술에서 뚜렷하게 나타났다. 르네상스기의 미술은 독특한 발전을 이룩했다. 크리스트교의 영향에서 아직 완전히 벗어나지는 못했으나 인간과 자연의 아름다움을 담았고 개성적인 표현 방법이 나타났다. 레오나르도 다 빈치의 〈모나리자〉, 〈최후의 만찬〉, 보티첼리의 〈비너스의 탄생〉, 미켈란젤로의 〈천지창조〉, 〈다비드〉 등이 대표작이다. 건축에서는 중세의 고딕 양식에 고대 그리스와 로마의 양식을 결합한 르네상스 양식이 나타났다. 로마의 성 베드로 대성당이 유명하다.

이탈리아의 르네상스는 권력자나 부유한 상인의 후원에 힘입어 발달했기에 점차 시민적 기풍이 사라지고 귀족적인 성격이 강해졌다. 여러

성 베드로 대성당
베드로의 무덤 위에 만든 성당
이라고 해서 그의 이름이 붙었
다. 바티칸 시국에 있어서 바티
칸 대성당이라고도 한다. 크리
스트교 교회 가운데 가장 웅장
하다.

나라로 나누어진 상황에서 외세가 쳐들어오고 새로운 항로의 개척으로 무역의 중심지가 지중해에서 대서양으로 이동하자 이탈리아의 르네상스도 주춤해졌다.

## 사회 개혁적인 알프스 이북의 르네상스

16세기 이후에 르네상스 운동은 알프스 이북으로 퍼져 나갔다. 알프스 이북의 르네상스는 각 나라의 상황을 반영하여 독자적으로 발전했다. 고대 그리스와 로마의 문화적 전통이 강해 화려한 예술이 발달한 이탈리아와 달리, 알프스 이북의 르네상스는 현실 사회의 모순과 전통적 권위를 비판하는 개혁적 성격이 강했다.

알프스 이북에서는 모직물 공업이 발달해 경제적으로 번영한 네덜란드에서 가장 먼저 르네상스가 일어났다. 16세기를 대표하는 인문주의자인 에라스무스는 가톨릭에서 사용하는 라틴 어 성서의 정확성에 의문을 제기하며 신약성서를 그리스 어로 번역했고, 《우신예찬》을 통해 교회의 부패와 성직자의 타락을 비판했다. 미술에서는 자연을 담은 그

아르놀피니 부부의 초상
반 에이크 형제는 있는 그대로
의 모습을 세밀하게 그린 사실
주의 대표 화가이다. 동생 얀
반 에이크가 이탈리아 상인 아
르놀피니의 결혼식을 그린 그
림으로 런던 국립 미술관에 전
시돼 있다.

유토피아(왼쪽)
영국의 정치가이자 대법관이었던 토마스 모어는 헨리 8세가 영국 국교회의 수장이 되는 것에 반대하다가 처형됐다. 유토피아는 그리스 어로 '아무데도 없는 곳'이라는 말로 현실에 존재하지 않는 이상 세계를 뜻한다. 그림은 《유토피아》에 나오는 삽화이다.

셰익스피어(오른쪽)
영국 르네상스의 대표 예술가이다. 4대 비극인 《햄릿》, 《오셀로》, 《맥베스》, 《리어 왕》을 포함해 37편의 희곡을 남겼다. 등장인물의 성격이 다양한 데다 섬세한 표현력 등이 뛰어나 세계 최고의 극작가로 평가받는다.

림이나 시민의 일상생활을 소재로 풍속화를 그린 반 에이크 형제가 유명하다.

독일에서는 상공업이 발달한 남부 도시를 중심으로 르네상스 운동이 일어났는데, 비판적인 인문주의자가 많이 등장했다. 로이힐린은 성서 원전을 연구해 가톨릭교회의 성서 해석에 도전했는데, 이는 훗날 종교 개혁을 이끈 루터에게 큰 영향을 미쳤다.

프랑스에서는 왕실을 중심으로 르네상스 운동이 펼쳐졌는데, 문학과 철학 중심으로 발전했다. 라블레는 소설 《가르강튀아와 팡타그뤼엘》에서 미신과 스콜라 철학을 비판하고 인간의 자유정신을 표현했다. 몽테뉴는 《수상록》에서 교리의 다양성과 진리의 상대성을 주장했고 구원으로 이르는 유일한 길은 믿음이 아니라 의심을 품는 것이라고 했다.

영국의 르네상스 운동은 권력 남용을 막아 개인의 자유를 보호하려는 혁신적인 성격이 강했다. 영국을 대표하는 인문주의자 토마스 모어는 《유토피아》에서 사회 불평등을 고발하고 초기의 기독교 공산 사

돈키호테의 만찬
에스파냐의 사회상을 중세 기사 문화에 빗대어 풍자한 소설 《돈키호테》를 바탕으로 크리스토발 발레로가 그린 그림이다.

회로 돌아갈 것을 주장했다. 문학에서는 제프리 초서가 영국 국민 문학의 출발점이 된《캔터베리 이야기》를 14세기 초에 발표했고, 엘리자베스 1세 시기에는 셰익스피어가《햄릿》등 인간의 다양한 감정을 묘사한 작품을 내놓았다.

에스파냐는 신대륙 정복으로 16세기 유럽에서 가장 강력한 나라로 떠올랐으나 르네상스 운동에서는 주도적인 역할을 못했다. 그러나 문학에서는 몰락하는 봉건 제도와 기사의 위선을 풍자한 세르반테스의 《돈키호테》같은 작품이 나오기도 했다.

르네상스는 지역과 시기에 따라 다양하게 전개됐고, 각 나라마다 미술, 문학, 철학 등 발달 분야도 달랐다. 르네상스는 신 중심의 중세적 세계관을 부정하는 데까지는 나아가지 못했지만, 개인주의·세속주의·합리주의 등 근대 의식의 형성을 자극해 이후 근대 유럽 문화의 바탕이 됐다.

# 02

# 종교 개혁과 근대의 씨앗

종교 개혁은 중세 유럽 인을 지배했던 가톨릭교회와 로마 교황의 권위를 부정하고 성서의 우월함을 외치하는 운동이었다. 가톨릭교회의 부정부패에 대한 일부 성직위의 비판에 국왕과 민중이 동참하면서 현실 개혁 운동으로 발전했다. 르네상스와 함께 중세에 작별을 고하고 근대의 문을 연 중대한 사건이었다.

### 루터가 종교 개혁을 이끌다

로마 교회의 절대적인 권위가 약해지자 영국, 프랑스 등 중앙 집권 국가의 군주가 성직자 임명권을 놓고 로마 교황과 대립했다. 로마 교황은 여러 나라로 갈라져 있어 충분한 힘을 갖지 못했던 독일에서 집중적으로 세금을 거두었다. '로마 교황의 암소'라고 불릴 정도로 수모를 당한 끝에 독일에서 종교 개혁이 가장 먼저 일어났다.

독일의 종교 개혁은 로마 교황청이 성 베드로 대성당의 증축 비용을

마련하기 위해 면죄부를 판매한 사건이 발단이 됐다. 1517년에 비텐베르크 대학의 신학 교수인 마르틴 루터가 면죄부의 부당함을 지적하는 95개 조항의 반박문을 발표하고 나선 것이다. 그는 《독일 크리스트교 귀족에게 고함》에서 성직자의 부정부패를 비판하고, 교황의 사제 임명과 세금 징수 권한에 반대했으며, 인간의 구원은 화려하고 엄격한 예배 의식이 아니라 개인의 내면적인 믿음에 의해 결정된다고 주장했다.

로마 교황은 루터를 파면했고 황제 카를 5세를 압박해 루터를 체포하도록 했다. 그러나 루터는 카를 5세의 권력 강화에 반대하는 제후들의 보호를 받았고, 독일에 독립적인 교회를 만들고자 노력했다. 이를 위해 교황과 주교 대신 국가에서 교회를 관리하도록 하고, 라틴 어로 된 성서를 모국어인 독일어로 번역해 모두가 성경을 읽을 수 있도록 했다.

루터의 활약은 봉건 제도에 대한 하층민의 항쟁을 불러일으켰다. 토마스 뮌처가 이끈 농민 전쟁이 대표적이다. 뮌처는 십일조 폐지 같은 경제적 요구를 비롯해 신분제 철폐, 교회와 국가의 분리 등 정치적 요구까지 내세우며 사제와 영주의 성을 습격했다. 이 소식을 들은 루터는 농민을 폭도로 규정하고 모두 죽여야 한다고 했다. 합법적 권력 이외의 무력은 질서를 파괴하는 행위라고 믿었기 때문이다. 결국, 농민 봉기는 황제와 제후의 군대에 처참하게 진압

면죄부 판매(왼쪽)
면죄부는 가톨릭교회가 신자에게 기부금을 받고 교황의 이름으로 죄를 없애주겠다고 하는 증명서이다. 성직자와 은행의 대리인이 면죄부를 파는 그림으로 1530년경에 독일 화가 예르크 브로이가 그렸다.

마르틴 루터(오른쪽)
루터가 교회 문에 면죄부 판매를 비판하는 글을 쓰는 모습이다. 이는 종교 개혁의 출발점이 됐다.

됐는데, 이 과정에서 10만 명이 넘는 농민이 죽었다.

그 후 독일 제후들은 가톨릭과 루터 파로 갈라져 싸웠다. 이 기회에 로마 가톨릭교회의 정치·경제적인 간섭을 막고 로마 교회의 재산을 몰수하고자 했던 루터 파 제후는 힘을 합쳐 대항했다. 신교도를 가리키는 말로, 저항하는 사람이라는 뜻의 '프로테스탄트'가 여기서 비롯했다. 가톨릭과 루터 파의 갈등은 전쟁으로 이어졌으나 1555년에 열린 아우크스부르크 종교 화의에서 타협이 이루어졌다. 통치자가 자신이 다스리는 지역의 종교를 선택할 수 있게 된 것이다. 개인이나, 루터 파 이외의 다른 신교에까지 신앙의 자유를 보장해 주지는 않았으나 로마 가톨릭교회 말고도 루터 파가 인정받았다는 점에서 의미 있는 일이었다.

### 칼뱅이 종교 개혁을 이어 가다

종교의 자유를 얻은 루터 파 교회는 독일 제후의 보호 아래 유럽 곳곳으로 빠르게 퍼져나갔다. 특히, 스위스에서는 루터의 영향이 매우 컸

**성서의 권위**
성서가 성직자의 권위를 넘어선다는 것을 표현한 그림이다. 베른 주립 도서관에 소장돼 있다.

다. 수백 년 동안 독립 전쟁이 계속되면서 자유정신이 싹텄고, 중세 상공업의 중심지였던 덕분에 도시가 발달했으며, 교회의 부정부패가 심각했기 때문이다.

스위스의 종교 개혁은 16세기에 츠빙글리가 시작했다. 그는 에라스무스와 루터의 영향을 받아 교회 의식과 교황의 권위를 부정하고 성서만이 유일한 신앙의 기준이라고 주장하면서 신교 세력을 키웠다. 하지만 개혁의 꿈을 이루지 못한 채 반대파와의 싸움에서 죽고 말았다.

이후 스위스 종교 개혁을 이끈 인물이 프랑스 출신인 장 칼뱅이었다. 그는 먼저 교회 의식을 간소화하고 장로 제도를 도입해 신도가 교회를 자율적으로 운영하게 했다. 근면, 정직, 절약 같은 미덕을 실

장 칼뱅
프랑스의 신학자이자 법률가이다. 신교 복음주의 운동을 하다가 박해를 받아 스위스로 망명해 활동했다. 성서 중심주의와 예정설로 유명하다.

천하게 했으며, 신도 대표들이 이끄는 정치를 이상적이라 여겼다. 칼뱅은 '인간의 구원은 신에 의해 이미 결정돼 있다.'는 예정설을 주장했다. 또한, 모든 시민은 구원받을 것임을 확신하고 자신의 직업에 충실하면서 검소하게 살아야 한다고 주장했다. 이는 부자는 천국에 가지 못한다는 중세적 세계관을 부정하는 것으로, 부의 축적을 정당화했다. 칼뱅의 주장은 당시 성장하고 있던 상공업자 계층에게 생활 윤리로 받아들여졌고 근대 자본주의 발전에 기여했다.

이런 측면에서 보면, 상공업이 발달해 르네상스의 꽃을 피운 네덜란드에서 가장 먼저 칼뱅 파를 받아들인 것은 자연스러운 일이었다. 자본주의가 먼저 발전했던 영국과 프랑스에서도 칼뱅의 주장이 널리 퍼졌다. 잉글랜드의 청교도, 스코틀랜드의 장로교, 프랑스의 위그노는 모두 칼뱅 파를 가리키는 말이다.

● 수장령
영국 국왕을 국교회의 최고 수
장으로 삼는다는 법령이다. 이
로써 영국 국왕은 세속적으로
도, 종교적으로도 최고의 자리
에 오르게 됐다.

● 트리엔트 공의회
1545년부터 1563년까지 이탈
리아 트리엔트에서 3회에 걸
쳐 진행된 종교 회의이다. 이
회의에서 정통 교리와 더불어
교황권이 지상 최고의 권위를
가졌음을 다시 한 번 확인해
가톨릭 세력이 부흥하는 계기
가 됐다.

헨리 8세
로마 가톨릭교회와 결별하고
영국 국교회를 만들었다.

## 영국, 가톨릭교회와 결별하다

유럽 대륙의 종교 개혁은 종교 지도자들이 이끌었으나 영국에서는 열
렬한 가톨릭 신자였던 국왕 헨리 8세가 중심에 섰다. 영국의 종교 개혁
은 종교가 아니라 정치적·경제적인 원인에서 시작됐기 때문이다. 루터
의 종교 개혁을 앞장서서 비판해 한때 교황에게 신앙의 옹호자라고 칭
송받던 헨리 8세였지만, 아들을 낳지 못한다는 이유로 아라곤 왕국 출
신의 왕비 캐서린과 이혼하려 했을 때 교황이 교리를 내세워 허락하지
않으면서 갈등이 생겼다.

헨리 8세는 수장령●을 발표해 가톨릭교회와 관계를 끊고 영국 국교
회라는 독립된 교회를 만들었다. 이어 수도원을 해산했으며, 영국 영토
의 3분의 1에 이르는 수도원 영지를 빼앗아 로마 교황청에 압력을 가했
다. 헨리 8세와 캐서린 사이에서 태어난 딸 메리 1세는 가톨릭교회에
힘을 실어 주었으나, 그녀의 배 다른 동생 엘리자베스 1세는 국왕이 종
교와 세속 양면에서 절대적 존재임을 의회에서 다시 확인했다. 이로써
영국 국교회는 더욱 힘을 얻었고 교리도 정리됐다.

영국의 종교 개혁은 국왕 개인의 문제에서 비롯했기에 국교회의 교
리는 프로테스탄트의 교리를 일부만 받아들였을 뿐 가톨릭 교리와 큰
차이가 없었다. 교회 체계도 국왕이 교황을 대신해 최고의 자리에
올라 그 아래 주교를 임명하는 점만 달라졌고 성직 계급은 그대로
유지됐다. 영국의 종교 개혁은 이렇듯 형식적인 면이 강했기에
이후 등장한 청교도가 철저한 교회 개혁을 요구했다.

### 가톨릭교회가 시대의 흐름을 거스르다

프로테스탄트의 종교 개혁이 점점 힘을 얻자 가톨릭교회도 가만히
있을 수만은 없었다. 로마와 에스파냐를 중심으로 신학 연구를 강화
하고, 트리엔트 공의회●를 열어 기존 교리를 다시 확인했으며, 종교

재판을 강화하고 도서 검열제를 도입하여 신교의 확산을 견제했다. 이러한 가톨릭의 움직임은 시대의 흐름을 거스르는 보수적 성격이 강했기에 반동 종교 개혁이라고 불린다.

이 과정에서 가장 큰 역할을 한 것이 에스파냐의 로욜라가 창시한 예수회였다. 예수의 군대라고 불렸던 예수회는 교황과 상급자에 대한 절대 복종과 엄격한 규율을 강조하고, 가톨릭을 확산하기 위해 세계 곳곳에서 선교 활동과 교육 사업을 적극적으로 벌였다.

프로테스탄트와 가톨릭교회의 대립은 프랑스의 위그노 전쟁, 네덜란드의 독립 전쟁, 독일의 30년 전쟁 등 종교 전쟁으로 이어졌다. 종교적 갈등에서 비롯한 전쟁들이지만 실제로는 정치적·경제적 이권을 둘러싼 싸움이었기에 모두 국제전 양상을 띠었다. 수많은 사람이 죽은 종교

예수회 교회
종교 개혁 운동이 힘을 얻자 로마 가톨릭교회도 세계 각지에서 적극적인 포교 활동을 벌였다. 사진은 예수회가 1733년에 페루 쿠스코에 세운 교회이다.

가톨릭
루터파
영국 국교회
칼뱅파
신성 로마 제국

스웨덴 왕국

덴마크 - 노르게 왕국

스코틀랜드

북해

아일랜드

잉글랜드 왕국

비텐베르크 ●

폴란드 - 리투아니아 연방

네덜란드 연방 공화국

대서양

독일 왕국

오스트리아

프랑스 왕국

스위스 연방 공화국
● 제네바

● 트리엔트

헝가리 왕국

교황령

포르투갈 왕국

에스파냐 왕국

지중해

**유럽의 종교 분포도**
종교 개혁 이후, 구교와 신교는 서로 대립하며 여러 차례 종교 전쟁을 벌였다. 유럽 남부에서는 가톨릭이, 북부에서는 프로테스탄트 교파가 우세해졌다.

전쟁의 결과, 17세기 말 유럽 남부에서는 가톨릭교회가, 북부에서는 프로테스탄트 교파들이 우세해졌다.

종교 개혁은 크리스트교 세계를 종교에 따라 신교와 구교로 나눈 것만이 아니었다. 경제적으로는 시민 계급이 성장해 근대 자본주의가 발전하는 계기가 됐고, 정치적으로는 프로테스탄트가 성장해 이후 시민 혁명이 일어나는 원동력이 됐다.

# 03

# 신항로의 개척

일찍부터 많은 사람들이 미지의 세계에 대한 탐험을 시도했으나 대양으로 본격적으로 나아간 이들은 15세기 초의 유럽 인이었다. 그 결과, 각기 독자적인 길을 가던 여러 지역이 활발히 교류하게 되어 진정한 세계사가 시작됐으나, 이는 비유럽 지역의 여러 나라가 유럽의 식민지로 전락하는 출발점이 되기도 했다.

## 유럽 인은 어떻게 신항로를 개척했을까

15세기 초 유럽 인이 목숨을 걸고 새로운 항로를 찾아 나선 이유는 무엇일까? 몇몇 사람의 호기심이나 탐험 정신 때문만은 아니었다. 무엇보다 당시 유럽 인이 동방과의 무역을 통해 경제적 부를 얻고자 했다는 점이 가장 중요하다. 유럽에서는 중세 말기부터 비단, 향료*와 같은 동방 물품이 비싸게 팔렸는데, 이탈리아의 도시와 아라비아 상인이 이를 독점하다시피 했다. 15세기에 튀르크 족이 흑해로 진출하자 동방

* 향료
육류를 주로 먹던 유럽 인이 냄새를 없애고 고기가 썩는 것을 막기 위해 사용했던 후추, 생강, 계피 등을 말한다. 향료의 대부분이 동방에서 들어왔는데, 향료 무역을 통한 경제적 이익은 상상할 수 없을 정도로 컸다.

**동방견문록**
13세기에 동양을 방문한 이탈리아 인 마르코 폴로의 경험을 담은 기행문이다. 미지의 세계에 대한 유럽 인의 호기심을 자극하는 내용이 가득하다.

과의 직접 무역이 어려워진 유럽 인은 새로운 항로를 더 적극적으로 찾으려 했다.

미지의 세계에 살고 있는 사람들에게 크리스트교를 퍼트리려는 종교적 열망도 빼놓을 수 없다. 마르코 폴로의 《동방견문록》을 통해 아시아에 크리스트교를 믿는 대국이 존재한다는 소문이 퍼지자, 유럽 인은 이 나라와 힘을 합해 이슬람 세력을 공격하려 했다.

유럽 군주들이 탐험가를 적극적으로 지원한 것도 큰 몫을 했다. 당시 유럽에서는 중앙 집권 국가로 성장한 여러 나라가 절대 왕정을 세우기 위해 치열하게 경쟁했는데, 각국의 국왕들은 여기에 필요한 엄청난 비용을 해외 무역과 새로운 시장 개척을 통해 마련하려 했다.

이외에도 유럽에서는 조선술의 발달, 나침반의 사용, 정확한 해도의 제작, 그리고 천문학의 발달로 인한 지구 구체설의 부활 등 새로운 항로를 찾을 수 있는 여러 조건이 갖추어져 있었다.

**지구 구체설**
중세까지 많은 사람들이 지구가 평면이라고 생각했으나 이후 갈릴레이, 코페르니쿠스 등 위대한 과학자들의 활약으로 지구가 둥글다는 주장이 힘을 얻었다.

## 신항로 개척의 주역들

신항로 개척에 가장 먼저 뛰어든 나라는 포르투갈이었다. 포르투갈은 자원이 부족한 데다가 동방과의 무역에서 소외됐으며, 오랫동안 이슬람 세력과 싸워 왔던 터라 내부 단합이 잘 이루어졌다. 포르투갈은 15세기 초반부터 국가 차원에서 적극적으로 해외 식민지 개척에 나섰다.

1445년에 엔히크 왕자●는 아프리카 서해안을 따라 항해하다가 베르데 곶에 도달했다. 1487년에 아프리카 남단에 도착한 바르톨로뮤 디아스는 이곳에 희망봉이라는 이름을 붙였다. 1498년에는 바스쿠 다 가마가 희망봉을 거쳐 인도 서해안의 캘리컷에 도착하여 인도로 가는 항로를 열었다.

대서양에 인접해 있는 에스파냐는 아프리카를 거치지 않고 동양으로 가는 항로를 찾고 있었다. 이탈리아 출신의 콜럼버스는 지구가 둥글다는 굳은 믿음을 갖고, 서쪽으로 대서양을 가로질러 가는 것이 아프리카 남단을 돌아가는 것보다 인도에 빨리 갈 수 있는 방법이라고 확신했다. 콜럼버스는 1492년에 에스파냐 이사벨라 여왕의 후원으로 대서양을 가로질러 지금의 서인도 제도에 도착했다. 그는 이후 세 차례의 항해를 더 하여 서인도 제도를 거쳐 중남미 대륙에 도착했으나 죽을 때까지 그곳을 인도라고 생각했다.

● 엔히크 왕자
아프리카를 돌아 아시아로 나가는 항로 개척을 지원해 '항해 왕자'라고 불렸다. 이를 바탕으로 포르투갈은 대항해 시대를 맞이했다.

바스쿠 다 가마(왼쪽)
포르투갈의 인도 원정 대장으로, 인도 항로를 개척했다.

콜럼버스(가운데)
유럽 인에게 알려지지 않았던 아메리카 대륙을 발견했으나 죽을 때까지 그곳을 인도라고 믿었다.

마젤란(오른쪽)
최초의 세계 일주 항해에 성공한 포르투갈 원정대 대장이다.

● 신대륙
콜럼버스가 이곳에 도착하기
훨씬 전부터 원주민은 문명을
꽃피우며 살았다. 이들은 자신
이 사는 대륙의 이름을 가지고
있었을 것이다. 그러나 유럽
인이 도착해서는 신대륙이라
는 용어를 썼고, 이후에는 아
메리카라고 일방적으로 이름
붙였다.

**콜럼버스의 신대륙 도착**
콜럼버스와 100여 명의 선원은
산타마리아 호 등 세 척의 배를
나누어 타고 두 달이 넘는 긴
항해 끝에 대서양을 가로질러
미지의 땅에 도착했다. 19세기
후반에 루이스 프랑 앤드 컴퍼
니에서 펴낸 책에 실린 그림으
로, 워싱턴 의회 도서관에 소장
돼 있다.

16세기 초에 이탈리아의 아메리고 베스푸치는 그곳이 인도가 아니라는 사실을 밝혔다. 이에 신대륙*은 그의 이름을 따서 아메리카라 불리게 됐다. 1521년에는 에스파냐의 지원을 받은 포르투갈 인 마젤란이 대서양을 가로지르고 아메리카의 남단을 거쳐 태평양을 항해해 필리핀에 도착했다. 마젤란은 필리핀 원주민과 싸우다 죽었으나 살아남은 선원들은 인도양을 건너고 희망봉을 도는 3년의 긴 항해 끝에 에스파냐로 돌아왔다. 마젤란과 그의 선원들이 한 최초의 세계 일주를 통해 지구가 둥글다는 것이 입증됐다.

콜럼버스가 신대륙에 도착하자 이에 자극을 받은 서유럽 여러 나라는 경쟁적으로 신대륙 탐험에 나섰다. 영국은 1498년에 이탈리아 인 캐벗 부자를 고용해 북아메리카 동해안에, 프랑스에서는 16세기 초 카르티에가 캐나다 동부에, 네덜란드는 독립 전쟁 후 허드슨의 활약으로 북아메리카의 허드슨 강 유역에 진출했다.

포르투갈
리스본
에스파냐
세비야
오스만 제국
무굴 제국
캘리컷
태평양
필리핀
동인도 제도
아즈텍 제국
산살바도르 섬
서인도 제도
베르데 곶
대서양
인도양
희망봉
마젤란 해협

→ 콜럼버스가 개척한 신대륙 항로
→ 바스쿠 다 가마가 개척한 인도 항로
→ 마젤란의 세계 일주 항로
▨ 에스파냐 식민지
▨ 포르투갈 식민지

## 신항로 개척의 빛과 그림자

이탈리아와 독일 북부의 도시가 쇠퇴하자 포르투갈과 에스파냐가 상업의 주도권을 차지했다. 이어 영국, 프랑스, 네덜란드 등 대서양 근처에 위치한 여러 나라가 경제적 이익을 얻었다. 그에 따라 무역의 중심지가 지중해에서 대서양으로 이동했다.

생활 방식에서도 큰 변화가 있었다. 아시아로부터 향료, 도자기, 차, 견직물 등이 들어오고, 아메리카 대륙으로부터는 담배, 감자, 옥수수, 코코아 등이 전해졌다. 특히, 아메리카 대륙에서 들어오는 엄청난 양의 금과 은은 가격 혁명*을 일으켰다. 이는 고정된 화폐 지대를 받는 봉건 영주에게 불리하게 작용해 영주와 기사가 대거 몰락하는 계기가 됐다.

신항로 개척
15세기 말부터 16세기 초에 걸쳐 포르투갈과 에스파냐는 인도와 아메리카로 가는 새로운 뱃길을 찾았다. 포르투갈과 에스파냐는 인도양의 향료 무역을 독차지하고 아메리카를 정복해 번영을 누렸다. 그 과정에서 유럽 해양 무역의 중심이 지중해에서 대서양으로 이동했다.

●가격 혁명
아메리카 대륙으로부터 은이 많이 들어와 은값이 크게 떨어지고 물가가 큰 폭으로 오른 현상을 말한다.

●상업 혁명
신대륙 발견과 신항로 개척
으로 유럽 여러 나라의 사회
와 경제가 크게 변한 것을 말
한다.

또한, 아시아와 아메리카라는 광대한 시장은 유럽의 상공업과 금융업을 자극했다. 그 결과, 유럽에서는 자본주의가 빠르게 발전해 상업 혁명●이 일어났고 시민 계급의 성장도 더욱 빨라졌다.

신항로 개척은 독립적으로 발전하던 세계 여러 지역과 문명이 활발하게 교류하는 계기가 되었다. 그러나 새로운 항로가 개척되면서 아즈텍, 잉카 등 원주민 고유의 문명이 대부분 파괴됐고, 수많은 원주민이 무차별 살상을 당했으며, 이후 식민지의 길을 걷게 되었다.

마추픽추
페루 지역에 있던 잉카 문명의 도시 유적으로 해발 2,400미터의 고지에 위치해 있다. 마추픽추는 잉카 인의 언어인 케추아 어로 '오래된 봉우리'라는 뜻이다.

# 04
# 근대로 가는 과도기,
# 절대주의 시대

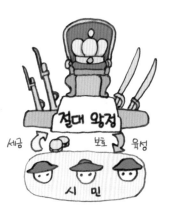

16~18세기 사이에 유럽 각국에서 군주의 권력이 누구도 도전할 수 없을 만큼 강했던 때를 절대주의 시대, 그 정치 체제를 절대 왕정 또는 절대 군주제라 부른다. 절대 왕정의 바탕에는 상비군, 관료제, 중상주의, 왕권신수설이 있었다. 절대 왕정은 봉건 사회가 시민 사회로 발전하는 과정에서 국왕과 시민 계급이 결합하여 나타난 과도기적 정치 형태였다.

## 관료제와 상비군이 절대 왕정을 뒷받침하다

중세 말부터 봉건 제후의 힘이 약해지자 유럽 각국의 군주들이 16~18세기에 걸쳐 강력한 중앙 집권적 통치 체제를 확립했는데, 이 시기를 절대주의 시대*라고 한다.

절대 군주는 넓은 국토를 효율적으로 다스리기 위해 자신을 보좌할 관료 조직과 상비군을 만들었다. 관료제와 상비군을 유지하는 데 드는 막대한 비용은 상공업에 종사하는 시민 계층이 부담했다. 중세 말기부

● 절대주의 시대
절대 왕정은 고대 동방의 전제 군주제와 다르다. 국왕의 권력이 영주권에 의해 제약을 받았던 이전과 비교해 절대적으로 강해진 시대였다.

● 중상주의 정책
정부가 적극적으로 나서서 국가 전체의 경제적 부를 늘리려는 정책이다.

터 나라 곳곳을 누비고 다닌 대상인, 금융업자 등은 대외 무역을 활성화하기 위해 국왕의 보호가 필요했다. 상공 시민이 세금을 내서 국왕의 중앙 집권에 필요한 비용을 대고, 국왕은 상공 시민의 경제 활동을 지원하는 중상주의 정책●을 펴면서 양자 간의 결합이 이루어졌다.

국왕은 수단과 방법을 가리지 않고 더 많은 금과 은을 얻으려 했다. 이즈음 이루어진 신항로 개척도 같은 맥락에서 이해할 수 있다. 그러나 금과 은은 매장량에 한계가 있기 때문에, 외국 상품에 많은 세금을 붙여 수입을 줄이고 수출을 적극 장려하는 중상주의 정책을 통해서도 국가의 재정을 늘리려고 했다. 절대 왕정은 국내 산업을 보호 및 육성했고, 외국 기술을 도입했으며, 식민지 획득에 열을 올렸다.

혹자는 절대 왕정에 대해 특정 계급이 아닌 전 국민의 이익을 위한 정치 형태이므로 근대 국민 국가의 출발점이라며 긍정적으로 평가한다. 하지만 절대 왕정의 상비군과 관료제는 국가와 국민을 위한 것이라기보다는 절대 군주를 위한 측면이 강했다. 훗날 절대 군주가 시민 혁명으로 쫓겨났다는 사실은 절대 왕정이 근대적인 국가 형태가 아니라 봉건 사회 말기의 정치 체제 또는 봉건 사회가 시민 사회로 넘어가는 시기에 나타난 과도기적 정치 형태라는 점을 잘 보여 준다.

무적의 함대

### 절대 왕정의 선두 주자 에스파냐

에스파냐는 이슬람 세력과 오랫동안 싸우는 과정에서 왕과 제후 세력이 자연스럽게 힘을 합쳐 유럽에서 가장 먼저 중앙 집권 국가가 됐다. 에스파냐 왕실은 신성 로마 제국 황제의 자리를 이어받던 오스트리아의 합스부르크가와 혈연관계를 맺어 외교적으로도 중요한 위치였다. 1519년에 신성 로마 제국 황제로 선출된 카를 5세는 오스트리아를 중심으로 한 넓은 땅을 갖게 됐다. 카를 5세는 1556년에 신성 로마 제국 황제 자리를 동생 페르디난트 1세에게 줬고, 에스파냐 왕위는 네덜란

● 매뉴팩처
산업 혁명이 일어나 기계제 공업이 확립되기 전의 공업 형태로, 공장제 수공업이라고도 한다.

드 등 여러 식민지와 함께 아들 펠리페 2세에게 물려줬다.

에스파냐는 펠리페 2세 때 전성기를 맞이했다. 유럽 최강의 함대를 가진 에스파냐는 강력한 해군력을 바탕으로 1571년에 오스만 제국 함대를 레판토 해전에서 격파해 지중해의 해상권을 장악했고, 1580년에는 포르투갈을 병합해 유럽 최강국이 됐다.

에스파냐의 번영은 모직물 등 직물 공업과 신대륙에서 들어오는 엄청난 귀금속 덕분이었다. 하지만 매뉴팩처<sup>●</sup> 방식이던 에스파냐 직물 공업은 곧 네덜란드와 영국에 밀렸고, 신대륙에서 들어온 귀금속도 생산에 투자되기보다 관료제 유지, 궁중의 사치와 향락, 끊임없는 대외 전쟁으로 소모됐다. 가톨릭을 강요하는 통치 방식은 신교도의 반발을 불러와 신교도가 많았던 네덜란드의 독립으로 이어졌다. 아라곤의 공주이자 헨리 8세의 부인이던 캐서린이 이혼을 당하자 에스파냐와 영국 사이가 느슨해졌다. 그러던 중 영국의 해적질이 심해지자 에스파냐가 이를 응징하기 위해 영국 원정을 갔으나 영국 해군과의 싸움에서 패해 제해권마저 빼앗겼다.

펠리페 2세
에스파냐 절대 왕정의 전성기를 이끌었다. 가톨릭교회의 신봉자로 종교 개혁에 반대했다.

절대주의 시대의 유럽
유럽의 주요 왕가들은 패권을 놓고 치열하게 경쟁했다. 그 과정에서 왕위 계승권을 둘러싼 국제 전쟁이 여러 차례 일어났는데, 영토를 넓히는 것이 가장 큰 목적이었다.

- 오스트리아 합스부르크가 영토
- 프로이센 호엔촐레른가 영토
- 프랑스 부르봉가 영토
- 에스파냐 부르봉가 영토
— 신성 로마 제국

대영 제국

프로이센 왕국

러시아 제국

대서양

프랑스 왕국

오스트리아 왕국

헝가리 왕국

교황령

나폴리 왕국

오스만 제국

에스파냐 왕국

지중해

시칠리아 왕국

## 네덜란드, 독립과 번영의 두 마리 토끼를 잡다

네덜란드는 북해 및 발트 해 무역의 중심지로서 상업과 무역이 발달했고, 13세기 무렵에는 모직물 공업이 발달해 남부 도시가 번영했다. 종교 개혁 이후에는 북부에 칼뱅의 신교가 널리 퍼졌다. 그러나 에스파냐의 펠리페 2세는 종교 재판으로 네덜란드의 신교도를 억누르고 군사적으로 위협하면서 마음대로 세금을 거두었다.

네덜란드 인은 1568년에 빌럼 1세를 중심으로 하여 독립 전쟁을 일으켰다. 구교도가 많았던 플랑드르 등 남부 여러 주는 에스파냐에 복종했으나 신교도가 많았던 북부의 7주는 위트레흐트 동맹을 맺어 항쟁을 계속했다. 이들은 1581년에 네덜란드 연방 공화국을 수립하고 독립을 선언했다.

**빌럼 1세**
에스파냐에 맞서 네덜란드의 독립 전쟁을 시작했다. 1581년에 독립 선언을 한 뒤에 전쟁이 이어지다가 1609년 휴전으로 사실상 독립했다. 1648년 베스트팔렌 조약을 통해 네덜란드의 독립이 정식으로 인정됐다.

**네덜란드의 독립**
에스파냐가 계속해서 가톨릭을 강요하자 네덜란드가 마침내 독립 전쟁을 일으켰다. 구교도가 많았던 남부는 전쟁 도중에 에스파냐와 타협했지만, 신교도가 우세했던 북부는 끝까지 저항해 독립을 거머쥐었다.

독립 선언 이후 네덜란드는 국제 무역의 중심지로 번영을 누렸다. 1602년에는 무역 독점권을 가진 네덜란드 동인도 회사를 만들어 영국과 어깨를 나란히 했다. 네덜란드 동인도 회사의 활약에 힘입어 네덜란드는 포르투갈의 무역 거점을 빼앗아 아시아와의 무역을 이끌었으며, 지금의 뉴욕 맨해튼에 뉴암스테르담이라는 식민 도시를 만들었다.

17세기 후반, 영국에서 모직물 공업이 크게 성장하자 네덜란드의 모직물 공업이 경쟁력을 잃었고, 항해 조례●로 인해 네덜란드가 맡아서 하던 중계 무역도 타격을 받았다. 프랑스까지 식민지 경쟁에 뛰어들면서 네덜란드는 점차 내리막길을 걸었다.

● 항해 조례
1651년에 크롬웰이 영국의 상업과 해운업을 보호하려고 만든 법이다. 영국과 영국의 식민지 상품을 영국과 식민지, 상품 생산국의 선박으로만 운송할 수 있게 한 조치였다.

● 통일령
영국 국교회의 예배, 기도, 기타 의식에 관한 법률이다. 통일령을 따르지 않는 성직자는 물론, 이유 없이 예배를 게을리하는 국민도 처벌할 수 있었다.

## 엘리자베스 1세, 결혼 대신 영국을 택하다

영국의 절대 왕정은 15세기에 튜더 왕조를 연 헨리 7세와 함께 시작됐다. 장미 전쟁으로 봉건 귀족이 크게 약해져 있었고 국민들도 오랜 무질서에 지쳐 강력한 왕권 중심의 안정을 바라고 있었다. 헨리 7세는 봉건 귀족의 땅을 빼앗고 그들의 사병을 해산했으며, 정치범 재판소를 만들어 국왕 중심의 체제를 강화했다. 또한, 해운 산업을 보호하고 장려하는 방향으로 중상주의 정책을 추진했다.

영국의 절대 왕정은 헨리 8세 때 완성됐다. 헨리 8세는 이혼 문제로 수장령을 발표해 종교 개혁을 단행하고, 수도원을 해산한 뒤에 빼앗은 땅을 자신의 지지자에게 나누어 주어 왕권을 더욱 강화했다.

절대 왕정의 전성기는 "나는 영국과 결혼했다."는 말처럼 모든 힘을 국가에 쏟아 부은 엘리자베스 1세 때였다. 통일령●으로 영국 국교회를 확립했고, 화폐 통일과 특허 회사 설립 등 중상주의 정책으로 자본을 축적했으며, 1588년에는 에스파냐의 무적 함대를 상대로 해상권을 장악했다. 이후 영국은 동인도 회사를 만들어 아시아로 적극 진출했고, 아메리카에 버지니아 등 식민지를 건설해 해가

엘리자베스 1세
영국의 절대 왕정을 대표하는 여왕이다. 그녀의 활약으로 영국은 정치, 경제, 문화 등에서 유럽을 대표하는 나라로 성장했다.

그라블린 해전
에스파냐의 무적 함대와 영국 해군이 영국 칼레 지방의 그라블린 앞바다에서 뒤엉켜 싸우고 있다. 1588년에 영국은 에스파냐의 무적 함대를 격파한 뒤 유럽 최고의 해상 강국으로 떠올랐다.

● 위그노
프랑스의 신교도를 가리키는 말이다. 종교 개혁 과정에서 성장했으며, 칼뱅의 영향을 받았다. 위그노 중에는 변호사, 의사, 교수 등의 전문직과 농민들이 많았다.

● 위그노
프랑스의 신교도를 가리키는 말이다. 종교 개혁 과정에서 성장했으며, 칼뱅의 영향을 받았다. 위그노 중에는 변호사, 의사, 교수 등의 전문직과 농민들이 많았다.

● 낭트 칙령
프랑스 신교도에게 신앙의 자유를 인정한 법으로 알려져 있지만, 사실은 특정한 장소와 조건하에서 신교도의 예배, 집회, 관혼상제 의식 등을 제한적으로 허락한 조치다.

지지 않는 나라의 기틀을 다졌다. 그러나 영국의 상공업은 국왕에게 특권을 인정받은 대상인 중심이었기에 일반 상공업자의 반발이 거셌다.

### 루이 14세, 프랑스 절대 왕정의 전성기를 맞다

프랑스는 중앙 집권 국가로 빠르게 발전했으나 30년 넘게 위그노[●] 전쟁이 이어지면서 통일 왕국 건설이 늦어졌다. 1593년에 신교도인 부르봉가의 앙리 4세가 왕위에 올라 가톨릭으로 개종하면서 겨우 전쟁이 끝났고, 위그노에게 종교의 자유를 보장하는 낭트 칙령[●]을 1598년에 발표하면서 평화가 찾아왔다. 이후 농업을 발전시키고 견직업을 키우는 한편, 합스부르크가 황제에 대항하면서 절대 왕정의 기틀을 닦았다.

루이 13세 때에는 재상 리슐리외의 활약으로 절대주의 체제가 확립됐다. 리슐리외는 지방에 관리를 보내 귀족을 약화시켰고, 30년 전쟁에서 독일의 신교도를 지원해 합스부르크가에 대항하면서 프랑스의 이익을 늘렸다.

프랑스 절대 왕정의 전성기는 "짐이 곧 국가다."라는 말로 유명한 루이 14세의 통치기였다. 다섯 살에 왕이 된 루이 14세는 귀족들이 일으킨 프롱드의 난을 재상 마자랭의 보좌를 받아 진압하여 왕권을 강화할 수 있었다. 친정에 나선 뒤로는 중앙과 지방 행정 제도를 개편했고, 재무 장관 콜베르를 등용해 중상주의 정책을 실시했으며, 강력한 군대를 만들어 프랑스를 유럽 제일의 군사 대국으로 만들었다.

말년에는 권위를 내세워 자신을 태양왕이라 부르게 했다. 베르사유 궁전에서 사치와 향락을 일삼고 에스파냐 왕위 계승 전쟁● 등을 일으켜 국가 재정을 바닥냈기에 권력이 크게 약해졌다. 1685년에는 낭트 칙령을 폐지했는데, 이로 인해 상공업자의 대부분이던 위그노가 프랑스에서 빠져나가면서 상공업과 제조업이 쇠퇴했다.

루이 14세
'눈에 보이는 신'이라고 불릴 정도로 막강한 권력을 행사한 프랑스 절대 왕정의 대표적 왕이다.

## 프로이센과 오스트리아가 신성 로마 제국의 체면을 지키다

신성 로마 제국은 중세 이후 작은 나라들로 나누어졌다. 이런 상황에서 일어난 30년 전쟁은 제국을 더욱 분열시켜 통일에 결정적인 걸림돌이 됐다. 30년 전쟁은 신교도와 구교도 사이의 종교적인 갈등에서 비롯했으나 여러 나라가 참가하면서 유럽의 패권을 놓고 싸우는 국제 전쟁으로 번졌다.

30년 전쟁은 베스트팔렌 조약●으로 막을 내렸다. 전쟁이 끝나고 신교도는 종교의 자유를 얻었으나 이들을 도운 프랑스와 스웨덴에 많은 땅을 넘겨줘야 했다. 스위스와 네덜란드는 제국의 지배에서 벗어나 독립했으며, 수많은 제후국 역시 독립국으로 인정받으면서 제국의 통일이 더욱 어려워졌다.

제국의 중심 세력이었던 동부의 프로이센과 동남부의 오스트리아는 비교적 전쟁 피해가 적었기에 강국으로 성장할 수 있었다. 프로이센은 13세기 십자군 전쟁에 참가했던 기사단이 황제의 허락을 받고 정착해

●에스파냐 왕위 계승 전쟁
에스파냐의 카를로스 2세가 후사 없이 죽자, 그와 혈연관계에 있던 프랑스 왕과 프로이센 왕이 에스파냐의 왕위 계승권을 놓고 벌인 전쟁이다. 영국과 네덜란드가 프로이센을 돕는 바람에 프랑스가 패했다. 1713년에 맺어진 위트레흐트 조약으로 루이 14세는 에스파냐 왕위 계승권을 포기해야 했고 영국과 프로이센에 식민지 땅과 여러 가지 이권을 넘겼다.

●베스트팔렌 조약
30년 전쟁(1618~1648)을 마무리하기 위한 국제회의였다. 신성 로마 제국 내 여러 제후국의 독립을 인정해 제국의 통일이 늦어지는 계기가 됐다.

● 오스트리아 왕위 계승 전쟁
신성 로마 제국의 황제 카를 6
세의 뒤를 이어 딸 마리아 테
레지아가 오스트리아를 상속
하려 하자 프리드리히 2세가
오스트리아를 침략해 1740년
부터 1748년까지 치른 전쟁
이다.

● 7년 전쟁
오스트리아가 슐레지엔을 되
찾기 위해 프랑스, 러시아와
동맹을 맺자, 프로이센이 영
국과 동맹을 맺어 1756년에
작센 지방을 침략하면서 일어
난 전쟁으로 1763년까지 계
속되었다.

프리드리히 2세
프로이센을 강국으로 만든 절
대 군주로, '철인왕'이라 자칭했
다. 그림은 프리드리히 2세가
군대를 사열하는 모습이다.

세운 나라로, 18세기 초 프리드리히 1세 때에 중앙 집권화가 이루어져 절대 왕정 국가가 됐다.

프리드리히 2세는 프로이센을 유럽에서 손꼽히는 강국으로 성장시켰다. 그는 프랑스로부터 종교의 자유를 찾아온 위그노에게 종교적 관용 정책을 펼쳐 이들과 함께 경제 발전을 추진했다. 또한, 관료제 정비와 상비군 확장을 통해 절대 왕정을 강화했으며 고문을 없애는 등 여러 가지 계몽 정책을 실시했다. 밖으로는 오스트리아 왕위 계승 전쟁●과 7년 전쟁●에 참가해 철과 석탄이 풍부한 공업 중심지 슐레지엔을 차지했다. 그러나 프로이센의 절대 왕정은 농노제를 더욱 공고히 했고, 넓은 땅을 가진 귀족의 지배를 굳혔으며, 근대화에 반드시 필요한 신흥 상공업자의 성장을 가로막았다.

오스트리아는 신성 로마 제국의 황제 자리를 독점하던 합스부르크가가 다스린 나라였다. 게르만 인 외에 보헤미아 인, 헝가리 인 등 다양한 민족으로 구성돼 있어 통일이 되기까지 오랜 시간이 걸렸다. 마리아

테레지아는 오스트리아 왕위 계승 전쟁으로 프로이센에 슐레지엔을 빼앗겼으나, 국내 산업 육성과 농민 보호에 노력해 계몽 군주로 이름을 떨쳤다.

마리아 테레지아의 아들 요제프 2세는 더욱 적극적으로 근대화를 추진했다. 농노를 해방시켜 귀족 세력을 억누르고, 교육을 보급했으며, 고문과 사형을 폐지했다. 이는 게르만 족을 중심으로 국토를 통합해 중앙 집권을 강화하기 위한 조치였기에 봉건 귀족과 다른 민족의 반발을 불러왔다.

마리아 테레지아
합스부르크가 출신의 신성 로마 제국 여황제로, 오스트리아를 대표하는 계몽 군주이다.

**표트르 대제, 러시아의 근대화를 꿈꾸다**

러시아는 오랫동안 몽골 족의 지배를 받아 왔다. 그러다가 15세기 말에 모스크바 대공국의 이반 3세가 독립을 이루었고, 16세기에는 국가의 틀을 갖추었다. 이반 4세 때에는 지방에 관리를 파견하고 상비군을 조직해 귀족을 억누르며 스스로를 황제로 칭했다. 영토 확장에도 힘을 기울여 아시아의 카스피 해와 시베리아 지방으로 나아갔다. 그가 후사 없이 죽자 황제 자리를 둘러싼 다툼이 일어났다가 17세기 초에 미하일이 로마노프 왕조를 열어 다시 안정됐다.

표트르 대제는 러시아의 근대화를 위해 서유럽의 기술과 문화가 필요하다고 여겨 적극적인 서구화 정책을 펼쳤다. 황제 신분을 감춘 채 서유럽 공장에서 직공으로 일하기도 했다. 그는 서유럽으로 나아가기 위해 발트 해 연안의 스웨덴을 공격해 스칸디나비아 반도로 쫓아내고 상트페테르부르크를 건설했다. 또한, 시베리아로 나아가 중국과 네르친스크 조약을 맺어 국경선을 다시 긋고, 동쪽으로 더 나아가 18세기 초에는 캄차카 반도를 손에 넣었다. 중앙 관제 정비, 국내 산업 육성, 상비군과 함대의 강화 등을 통해 러시아의 절대 왕정을 완성했다.

러시아 녀석, 쉬지도 않네.

오, 배는 이렇게 만드는군!

● 폴란드 분할
16세기 폴란드는 땅이 넓었으
나 왕권이 약해 주변 나라의
침입이 잦았다. 폴란드는 18
세기 말에 러시아, 프로이센,
오스트리아에 의해 분할됐는
데, 제1차 세계 대전이 끝난
뒤에야 주권을 되찾을 수 있
었다.

표트르 대제가 죽은 뒤 37년 동안 황제가 여러 차례 바뀌는 혼란이 계속됐다. 그러다가 남편을 독살하고 집권한 독일 출신의 예카테리나 2세에 의해 어지러운 상황이 정리됐다. 그녀는 안으로는 계몽 군주임을 내세워 법전을 편찬하고 학교와 병원을 설립하는 등의 개혁을 실시하고, 밖으로는 오스만 제국을 공격해 흑해 연안과 크림 반도를 차지했으며 유럽 쪽으로도 나아가 폴란드를 분할● 했다.

러시아의 절대 왕정은 황제에게 충성을 바치는 신하에게 많은 땅을 주어 귀족 세력을 키우는 한편, 농민에게서 거주 이전의 자유를 빼앗고 이들을 착취해 농노제를 강화했다. 러시아의 국가 발전은 서유럽에 뒤처질 수밖에 없었다.

상트페테르부르크
표트르 대제의 이름을 딴 도시
이다. 그는 모스크바를 버리고
이곳을 새로운 수도로 삼았다.

# 05

# 근대를 만든 새로운 생각들

문화는 사회를 반영하는 거울이다. 절대 왕정의 전성기인 17세기에는 화려하고 웅장한 왕실 문화가, 시민 사회가 발전한 18세기에는 개인의 사상을 자유롭게 표현하는 문화가 발달했다. 하지만 문화가 사회를 그저 반영하기만 하는 것은 아니다. 17~18세기의 문화는 혁명의 시대를 여는 역할을 했다.

## 절대주의 궁정 예술에서 근대 시민 문학으로

절대 왕정의 전성기인 17세기에는 왕실 중심의 궁정 문화가 발달했다. 건축에서는 베르사유 궁전으로 대표되는 바로크 양식이 유행했는데, 군주의 권위를 보여 주기 위해 되도록 크고 화려하게 지었다.

회화 분야도 왕실의 지원을 받는 궁정 화가가 이끌었는데, 에스파냐의 벨라스케스와 플랑드르의 루벤스가 대표적이다. 벨라스케스는 펠리페 4세의 가족을 그린 〈시녀들〉로 유명하다. 풍경화와 서민의 생활상을

베르사유 궁전의 거울의 방
길이 73미터, 너비 10.4미터, 높이 13미터에 달하는 거울의 방에 들어가면 바로크 건축의 특징인 웅장함과 자유로움이 느껴진다.

시녀들
왕실의 지원을 받는 궁정 화가였던 벨라스케스는 뛰어난 관찰력을 바탕으로 초상화를 주로 그렸다. 이 작품은 프라도 미술관에 전시돼 있다.

평화의 축복에 대한 일레고리
궁정 화가였던 루벤스가 그린 그림으로 런던 국립 미술관에 전시돼 있다. 그는 그림을 통해 궁정의 화려한 문화를 강조하고 권력을 아름답게 표현했다.

담은 작품들도 많이 그렸다. 루벤스는 화려한 그림으로 이름을 날렸는데, 특히 여성의 육체에서 느껴지는 아름다움을 잘 표현했다. 바로크 미술은 인간의 욕망과 감정을 자유분방하게 담았다는 점에서 단정하고 조화로운 르네상스 시대의 미술보다 한층 더 발전했다.

18세기에는 절대 왕정의 퇴폐적인 분위기가 반영된 매우 섬세하고 우아한 로코코 양식이 유행했다. 프로이센의 프리드리히 2세가 포츠담에 지은 상수시 궁전이 대표적이다.

나라마다 개성 넘치는 문학 작품도 창작되었다. 프랑스에서는 루이 14세 때 화려한 궁정 생활에 어울리는 우아하고 세련된 희곡이 발달했다. 프랑스 고전주의◆를 대표하는 3대 극작가 코르네유, 몰리에르, 라신이 유명하다. 엘리자베스 1세의 황금기를 거쳐 왕권과 민권의 싸움이 심각해진 영국에서는 중산층 독자를 대상으로 한 근대 소설이 유행

**상수시 궁전**
섬세하고 우아한 곡선을 사용한 장식이 많은 것이 로코코 양식의 특징이다. 곡선을 많이 사용해 여성적인 아름다움이 느껴지는 상수시 궁전에서 로코코 양식의 영향을 엿볼 수 있다.

●고전주의
고대 그리스와 로마의 고전을 모범으로 삼은 문학 흐름을 말한다.

**걸리버 여행기**
의사 걸리버가 배를 타고 여러 나라를 방문해 겪는 이야기이다. 인간의 욕망과 제도를 풍자했는데, 그림은 소인국에 간 걸리버의 모습이다.

했다. 디포의 《로빈슨 크루소》, 스위프트의 《걸리버 여행기》, 밀턴의 《실락원》이 이 시기에 소개되었다. 민권의 성장이 더뎠던 독일에서는 18세기 말에 이르러서야 인간의 감정을 격동적으로 표현한 문학이 나타났다. 괴테*의 《젊은 베르테르의 슬픔》, 실러*의 《군도》 등이 대표작이다.

## 과학 혁명으로 합리주의 시대가 열리다

위대한 과학자가 많이 나온 17세기를 '천재의 세기'라고도 부르는데, 이때 이루어진 과학적 업적을 통틀어 과학 혁명이라 한다. 과학 혁명은 르네상스 이래 이어진 과학 발전의 결과이자 절대주의 국가가 중상주의 정책을 추진하면서 과학 연구를 후원한 결실이었다.

17세기 과학 혁명의 진수는 영국 왕립 협회의 후원으로 발간된 뉴턴의 《자연 철학의 수학적 원리》였다. 뉴턴은 이 책에서 데카르트의 연역법에 실험을 조화시켜 우주의 모든 현상을 수학 공식으로 설명했다. 그는 "우주는 신의 섭리가 아니라 만유인력이라는 질서와 법칙에 의해 움직인다."고 주장해 신 중심의 우주관에 종말을 고했다. 혈액 순환의 원리를 밝혀낸 생리학자 하비, 기체의 압력과 부피의 관계를 설명한 보일, 해석 기하학을 창시한 데카르트, 미적분학을 개척한 라이프니츠 등도 유명하다.

'이성의 세기'라고 불리는 18세기에는 화학, 생물학, 의학 등 자연 과학이 발달했다. 화학에서는 프랑스의 라부아지에가 산소를 발견하고 질량 보존의 법칙을 정리해 근대 화학의 기초를 닦았다. 생물학에서는 프랑스의 뷔퐁이 생물 진화에 관한 견해를 밝혔고, 라마르크가 이를 발전시켜 용불용설을 주장했으며, 스웨덴의 린네는 식물 분류학을 창시했다. 의학에서는 영국의 제너가 면역력을 높이기 위한 종두법을 고안해 천연두로 인한 어린이 사망률을 크게 낮추었다.

* **괴테**
《젊은 베르테르의 슬픔》, 《파우스트》 등을 통해 독일 고전주의 문학을 완성했다.

* **실러**
정치적 억압에 대한 항의, 인습에 사로잡힌 중산 계급의 나약함에 대한 분노 등을 표현한 작가이다.

갈릴레이(왼쪽)
이탈리아의 철학자이자 과학자, 물리학자, 천문학자이다. 망원경을 개량했고, 태양계의 중심이 지구가 아니라 태양이라고 주장했다. 이로써 사람들은 세계를 새로운 눈으로 보게 됐다.

뉴턴(오른쪽)
영국의 물리학자이자 수학자이다. 17세기 과학 혁명의 상징적인 인물로 광학, 역학, 수학 등에서 뛰어난 업적을 남겼다.

17~18세기의 과학 혁명으로 근대 과학이 확립됐고 사람들의 생각에도 변화가 생겼다. 우주가 움직이는 법칙을 발견할 수 있다는 자신감이 높아졌고, 과학 법칙과 과학적 학문 방법을 인간의 문제를 해결하는 데도 적용해야 한다고 생각하게 됐다. 과학 혁명의 영향을 받아 인간 사회의 움직임을 설명하는 법칙을 발견하려는 사람이 나타났는데, 이는 합리주의 시대의 시작을 알리는 신호였다.

## 경험론과 합리론, 지식을 주체적으로 이해하다

17세기에는 영국의 경험론과 유럽 대륙의 합리론이 등장해 근대 철학의 바탕이 만들어졌다. 영국에서는 경험주의 철학이 발달했는데, 베이컨이 대표적이다. 그는 지식을 얻는 과정에서 선입관을 버리고 관찰과 실험의 방법을 사용할 것을 주장했고, 개별 현상으로부터 일반 원리를 이끌어 내는 귀납적인 학문 방법을 제시했다. 프랑스에서는 데카르트가 합리주의 철학을 발전시켰다. 지식을 얻기 위해 모든 것을 의심할 것과 정확한 지식을 얻기 위해 연역적인 수학적 방법론을 철학에 적용할 것을 주장했다. 베이컨과 데카르트의 학문 방법은 기존의 권위와 편

데카르트(왼쪽)
프랑스의 수학자, 과학자, 철학자이다. "나는 생각한다. 고로 나는 존재한다."는 말로 유명한데, 이는 진리 탐구에 있어 인간 이성의 역할을 강조한 것이다. 근대 철학의 아버지로 불린다.

칸트(오른쪽)
독일 출신으로 세계에서 가장 뛰어난 철학자로 손꼽힌다. 영국의 경험론과 유럽 대륙의 합리론을 통합해 이후 철학 발전의 기초를 닦았다.

견에서 벗어나 인간이 지식을 주체적으로 이해하려는 시도였다는 점에서 의의가 있다.

베이컨의 경험주의 철학은 로크에게 이어졌다. 로크는 인간의 모든 인식이 감각과 경험을 통해 생기는 것이라고 강조해 경험주의 철학을 확립했다. 그러나 로크의 주장은 지각을 초월하는 객관적 실재를 부인하는 결과를 낳아 흄에 의해 회의론*에 빠졌다. 대륙에서는 데카르트 이후에 스피노자와 라이프니츠 등이 활약했다. 이들은 자연이 곧 신이라는 범신론에 빠지거나 자연에 신의 의도가 반영돼 있다는 자연관을 극복하지 못했다.

인간의 이성에 대한 설명이 한계에 다다르자 독일의 칸트가 영국의 경험론과 유럽 대륙의 합리론을 관념론으로 통합했다. 칸트는 모든 경험을 진리로 인식하는 경험론의 산만함과 경험에 근거하지 않은 합리론의 공허함을 비판했다. 그는 인간의 이성이 가진 객관적 인식 능력에 대해 가능성과 한계를 밝혔고, 허무한 논리에 치우친 철학을 비판하며 "철학은 인간의 삶에 관계된 것이어야 한다."고 목소리를 높였다. 그의 주장은 "이성은 신의 존재를 증명하거나 부인할 능력이 없으니 공허한

● 회의론
개별적인 감각과 경험을 제외한 모든 지식에 의문을 제기하는 이론이다. 회의론에 따르면, 인식은 경험적 습관에 따른 신념에 지나지 않으므로 모든 지식은 불확실해지고 만다.

말장난은 그만두고 이성이 요구하는 도덕적 삶을 사는 것이 철학이 존재하는 목적이다."라는 말에 잘 담겨 있다.

## 혁신적 사상이 시민 혁명을 정당화하다

절대 왕정의 전성기였던 17세기에는 왕권을 뒷받침하는 왕권신수설● 이 유행했으나 시민 사회가 빨리 성숙한 영국에서는 사회 계약설● 이 등장했다. 사회 계약설은 자연계에 법칙과 원리가 있듯이 인간 사회에도 시대와 공간을 초월한 보편적이고 타당한 법이 있다는 자연법사상에 기반을 뒀다. 중세 이래 보편적이고 올바른 자연법은 신의 법이었으나 합리적인 사고방식이 발전하면서 인간 이성을 따르는 법이 바람직한 것으로 받아들여졌다. 이런 분위기에서 이상적인 자연법사상을 바탕으로 한 사회 계약설이 등장했다.

사회 계약설을 처음 제기한 사람은 영국의 홉스였다. 그는 《리바이어던》에서 "자연 상태에서 인간은 약육강식 사회로부터 벗어나기 위해 이성적 판단에 따라 군주에게 자연권을 맡기는 계약을 맺어 정부를 세

● 왕권신수설
신이 부여한 신성한 왕권에 국민이 절대 복종해야 한다는 사상이다.

● 사회 계약설
국가와 사회의 성립이 그 구성원 간의 계약에 의해 이루어진다는 주장이다.

리바이어던(왼쪽)
왕권신수설을 비판하는 사회 계약설을 담은 책이다. 표지 그림에서 왕의 몸이 무수히 많은 국민으로 이루어져 있다.

로크(오른쪽)
영국의 철학자, 정치 사상가이다. 사회 계약설과 인민 주권론을 근거로 의회 민주주의를 주장했다.

있다."고 했다. 또한, 무질서 상태로 다시 돌아가지 않기 위해서는 군주에게 힘을 모아 주어야 하기에 주권자의 권력은 절대적이어야 한다고 주장했다. 이는 질서 유지를 위해 왕권의 절대성을 인정하는 말이었지만, 계급 사회를 당연하게 생각하는 왕권신수설과 달리 자연 상태에서 만인의 평등을 전제로 했다는 점에서 혁명적이었다.

로크는 홉스의 사상을 더욱 발전시켰다. 그는 홉스와 달리《시민 정부론》에서 "자연 상태의 인간은 모두 자유롭고 평등했으며, 인간이 계약을 통해 국가의 통치자에게 권리를 맡긴 것은 자연권을 더욱 확실히 누리기 위해서이다."라고 주장했다. 또한, 통치자인 군주가 사회 구성원의 자연권을 짓밟는다면 인민은 혁명적인 행동으로 계약을 깰 수 있다고 생각했다. 이는 영국의 명예혁명을 정당화하는 논리였으며, 프랑스의 사상계에도 큰 영향을 주었다.

자연법사상에 영향을 받은 네덜란드의 그로티우스는《전쟁과 평화의 법》에서 "한 사회에서 그 구성원이 지켜야 할 이상적인 법이 있는 것과 마찬가지로 국제 사회에도 각국이 지켜야 할 국제법이 있어야 한다."고 주장해 국제법의 아버지라 불린다.

## 계몽사상, 이성에 의한 발전을 확신하다

17세기 후반부터 18세기 사이에 서유럽에서는 계몽사상*이 유행했다. 계몽사상은 과학 혁명의 영향으로 등장한 합리주의 사상과 절대 왕정의 정치적 모순이라는 배경을 갖고 있었다. 계몽사상가는 자연적인 질서가 지배하는 사회가 이상적이고 인간 이성에 힘입어 역사가 진보할 것이라 굳게 믿었다.

계몽사상의 중심지는 프랑스였다. 볼테르는 "광신을 타도하라."는 구호로 미신을 비판했다. 재치 넘치는 풍자 작품을 통해 가톨릭교회의 부패를 지적했으며, 언론·출판·신앙의 자유를 주장했다.

몽테스키외는 《법의 정신》에서 프랑스 절대 왕정을 비판하고 영국처럼 입법권·사법권·행정권을 분리할 것을 주장했다. 그는 정치 제도와 법률은 각국의 상황에 따라 서로 다르나 정부의 권력이 나뉘어 상호 견제와 균형을 이루는 것이 자연스럽다고 생각했다.

계몽사상의 대미는 루소가 장식했다. 그는 문명을 자연 상태로부터의 타락이라고 생각해 자연 상태로 돌아갈 것을 주장했다. "자연으로 돌아가라."는 말이 여기서 나왔다. 《인간 불평등 기원론》에서는 사회적

● 계몽사상
사람들을 깨우쳐 인류 발전을 꾀하려 한 사상으로 인간 이성의 힘을 강조했다. 그 때문에 계몽사상가들은 무지와 미신, 신이나 교회의 권위에 비판적이었다.

볼테르(왼쪽)
프랑스의 대표적인 계몽사상가로, 유럽의 전제 정치와 가톨릭교회에 대한 맹신을 비판했다.

몽테스키외(가운데)
프랑스의 철학자이다. 그가 주장한 입법권·사법권·행정권의 분리는 오늘날까지 민주주의의 기본 원리로 받아들여지고 있다.

루소(오른쪽)
프랑스의 철학자이다. 주권이 국민에게 있음을 강조한 '주권재민'으로 유명하다.

**백과전서**
새로운 과학 지식과 계몽사상을
담은 책으로, 절대 왕정과 가톨
릭교회의 권위에 비판적이었다.

불평등을 낳는 악의 근원이 사유 재산 제도에 있다며 계급 제도를 비판하고, 부자와 가난한 자의 격차를 최소화해야 한다는 논지를 밝혔다. 루소 사상의 핵심은 로크의 사상을 이어받은 주권재민설이다. 그는 《사회 계약론》에서 국가는 전체 구성원 간의 계약을 통해 만들어지며, 사회 안에 모든 개인은 구성원 전체 의사에 의해 통치돼야 한다고 주장했다. 그는 공동의 선과 이익을 추구하는 사회 구성원의 전체 의사를 '일반 의지'라 불렀고, 일반 의지의 표현이 법이며, 주권은 전체 일반 의지의 행사라고 여겼다. 그의 주장에 따르면, 인민이 가진 주권은 양도될 수 없으며 정부는 이를 집행하는 역할을 할 뿐이다.

디드로와 달랑베르 등 백과전서파는 새로운 과학 지식과 계몽사상을 널리 알리고자 이를 정리해 《백과전서》를 펴냈는데, 단순한 지식 정리 차원을 넘어서 불합리한 사회를 과감하게 비판한다는 의미가 담긴 합리주의의 선언이었다.

계몽사상의 영향을 받은 계몽 전제 군주가 등장해 위로부터의 개혁을 시도하기도 했다. 프로이센의 프리드리히 2세가 대표적이다. 그러나 계몽 전제 군주의 개혁은 절대주의 전제 정치의 한계를 벗어나지 못했고, 결국 사회 개혁 과제는 시민 계급의 손으로 넘어갔다.

## 자연법사상이 자유방임적 경제 정책을 낳다

영국의 크롬웰, 프랑스의 콜베르, 프로이센의 프리드리히 2세 등 절대주의 시대의 지도자들은 중상주의 정책을 통해 국내 산업을 보호했다. 그러나 18세기가 되자 중상주의 정책은 국민의 자유로운 경제 활동을 가로막아 산업 발전의 걸림돌이 되었다.

이에 절대 왕정의 중상주의를 비판하는 새로운 경제 사상인 중농주의가 등장했다. 프랑스의 케네를 비롯한 중농주의자들은 국가

부의 원천은 금이나 화폐가 아니라 토지와 농업이라고 보았다. 인간의 노동이 부를 창조한다는 주장은 획기적이었다. 또한, 이들은 계몽주의의 자연법사상을 경제 정책에도 적용해 국가가 통제하고 간섭하는 경제 정책이 자연 질서에 어긋난다고 비판하면서 자유방임적 경제 정책을 주장했다.

프랑스의 자유방임주의*는 영국의 애덤 스미스에 의해 더욱 체계화됐다. 그는 《국부론》에서 개인이 자유로운 경제 활동을 할 수 있도록 가능한 한 정부가 간섭을 줄여야 하고, 국가의 부를 증진하는 길은 노동 생산력의 발달에 있으며, 이를 위한 최상의 방법은 분업이라고 했다. 또한, 정부의 기능은 국민의 재산을 보호하고 계약을 이행하는 데 한정해야 하며, 개인이 이익을 추구하도록 내버려 두면 보이지 않는 손이 저절로 움직여 사회 전체의 복지와 경제 발전이 이루어진다고 주장했다. 애덤 스미스의 사상은 고전 경제학의 기초가 되었으며 자유주의 이념의 형성에도 크게 이바지했다.

애덤 스미스
영국의 경제학자, 철학자이다. 중상주의 보호 정책을 비판하고, 자유 경쟁이 사회 진보의 기본임을 강조했다.

● 자유방임주의
개인이 능력을 발휘할 수 있는 경제 활동의 장을 최대한 보장하고, 국가의 개입을 줄이려는 경제 사상을 말한다.

# 06

# 산업 혁명이 시작되다

산업 혁명●은 18세기 영국에서 새로운 기계가 발명되고 생산력이 폭발적으로 증가해 자본주의 사회가 만들어진 산업상의 커다란 변화를 말한다. 산업 혁명은 가난에서 벗어나 경제적인 풍요를 누리게 될 것이라는 희망을 안겨 주었지만 부의 공평한 분배라는 또 다른 과제를 불러왔다.

●산업 혁명
혁명은 '아주 큰 정치적 변화'
라는 뜻으로 정치학에서 주로
사용하는 용어이다. 18세기에
일어난 산업상의 큰 변화가
사회, 경제에 막대한 영향을
주었기에 산업 혁명이라고 부
른다.

●인클로저 운동
지주가 양을 키우기 위해 마을
의 공동 소유지, 황무지 등에
말뚝을 박거나 울타리를 쳐서
다른 사람이 사용하지 못하게
했던 움직임이다. 이때 지주가
농민 땅을 빼앗기도 해 적지
않은 농민이 땅에서 쫓겨났다.
인클로저는 영어로 울타리, 담
이라는 뜻이다.

## 산업 혁명은 왜 영국에서 시작됐을까

모든 역사적 사건이 그렇듯이 산업 혁명도 갑자기 일어나지는 않았다. 16세기 이후 유럽에서 발전한 중상주의와 식민주의가 그 배경이 됐다. 민족 국가의 출현 같은 정치적 요인, 신교도의 근면성 강조 같은 종교적 요인, 과학 혁명과 계몽사상에 의한 합리적 사고방식의 확산 같은 정신적 요인 등도 산업 혁명이 일어나게 된 중요한 이유였다.

　산업 혁명은 영국에서 시작됐는데, 여기에는 그럴만한 이유가 있었다. 일찍부터 면직물 공업이 발달했던 영국에는 새로운 기술 개발에 필요한 자본이 축적돼 있었고, 17세기 명예혁명 이후 상품 구매 능력을 가진 시민이 성장해 있었다. 18세기에는 프랑스와의 해상권 쟁탈전에서 이겨 많은 식민지를 차지했는데, 식민지는 자본을 늘리는 데 도움이 됐음은 물론이고, 원료를 싼 값에 제공하고 상품을 구매하는 시장이기도 했다. 또한, 지주가 벌인 인클로저 운동●으로 많은 농민이 땅에서 쫓겨나 산업화에 필요한 값싼 노동력도 풍부했다.

영국은 산업화를 위해 반드시 필요했던 넉넉한 자본, 국내외 넓은 소비 시장, 값싸고 충분한 노동력이라는 세 가지 조건을 모두 갖추고 있었던 것이다. 그뿐만 아니라 철, 석탄 등 지하자원이 많았고, 정치와 사회가 안정되어 자본가의 투자 의욕도 높았으며, 르네상스 이후 자연 과학도 발달했다.

## 산업 혁명의 원동력

산업 혁명은 동력 기계 발명에서 비롯했는데, 기계 공업의 중심에는 면직물 공업이 있었다. 영국에서는 일찍부터 모직물 공업이 발달했지만, 높은 가격 때문에 부자만 모직물을 살 수 있었다. 인구가 늘고 경제적으로 여유가 생기자 모직물보다 더 싸면서도 빨래가 쉬운 면직물 소비가 크게 늘어났다. 그러나 신항로 개척 이후 값싸고 질 좋은 인도 면직물이 많이 들어오자 영국의 면직물 공업은 경쟁력을 잃어 갔다. 이에 영국에서는 생산비를 줄이기 위해 대량 생산이 가능한 기계를 만들려고 노력했다.

기계에 의한 면직물 공업의 능률화는 1733년에 존 케이가 개발한 '나는 북●'에서 시작됐다. 직물 생산이 늘어나면서 실 공급이 상대적으로 부족해지자 하그리브스가 제니 방적기를, 아크라이트가 수력 방적기를 발명했으며, 크럼프턴은 두 기계의 장점을 결합해 뮬 방적

아크라이트의 수력 방적기
면직물 산업에서 필요로 했던 동력 기계가 발명되면서 산업 혁명이 시작됐다.

● 나는 북
재봉틀의 밑실이 들어 있는 북의 일종이다. 영어로 플라잉 셔틀(flying shuttle)이라고 한다.

기를 만들었다. 그러자 이번에는 직물 생산이 실 생산을 따라가지 못하게 됐다. 1784년에 카트라이트가 증기를 동력으로 쓰는 방직기를 만들면서 면직물 공업은 빠르게 발전했다.

면직물 공업의 기계화와 더불어 석탄과 제철 공업도 발전했다. 석탄은 증기 기관과 제철 공업, 가정용 연료로 널리 사용됐다. 제철 공업에서는 쇠를 녹이는 용광로의 개량, 높은 화력을 내는 코크스의 사용 등 제련 기술의 혁신이 일어났다.

원료와 상품을 빠르게 운반하기 위한 교통 수단도 발달했다. 1807년에 미국의 풀턴이 선박에 증기 기관을 부착한 증기선을 만든 이후 1840년대에는 영국과 미국을 오가는 증기선의 정기 항로가 생겼다. 영국의 스티븐슨이 만든 증기 기관차가 1830년대에 실용화되면서 1840년대에는 영국을 비롯한 유럽 여러 나라에 철도 건설 붐이 일어났다. 교통 수단의 발달은 시장을 세계적으로 확대해 공업 발달을 더욱 자극했다.

19세기 중반에는 통신 수단도 변했다. 1840년 영국에서는 1페니짜리 우표만 붙이면 전국 어디로든 편지를 보낼 수 있었고, 1844년에는 미국인 모스가 유선 전신을 발명한 이후 영국과 프랑스 사이의 도버 해협과 대서양에 전신선이 깔렸으며, 1876년에는 미국의 벨이 전화를 발명했다.

산업 혁명은 세계로 퍼져나갔다. 19세기 중반에는 프랑스와 독일과 미국으로, 19세기 말에는 러시아와 일본으로, 20세기에는 비유럽 국가로도 퍼져나가 세계 곳곳에 산업화가 이루어졌다.

### 산업 혁명이 남긴 것

산업 혁명은 그때까지 인류가 경험한 모든 변화를 넘어섰다. 가장 큰 변화는 공장제 기계 공업의 도입으로 생산력이 눈에 띄게 발전했다는

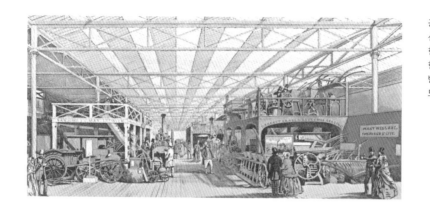

공장제 기계 공업
산업 혁명을 가장 단순하게 표현하면 공장제 기계 공업의 출현이라 할 수 있다. 19세기 후반, 농업용 기계 제조 공장의 모습이다.

점이다. 유럽 주요 나라는 전통적인 농업 중심 사회에서 벗어나 도시 중심의 산업 사회로 바뀌어 갔다. 자본가가 더 많은 부를 축적하여 자본주의가 확립됐고, 재산과 교양을 두루 갖춘 중산층이 형성되면서 근대적인 시민 정신이 널리 퍼졌다. 사람들은 산업 혁명이 인류의 오랜 과제였던 가난과 굶주림에 종말을 고하고 인류의 풍요로운 미래를 보장할 것이라고 생각했다.

　새로운 문제도 생겼다. 자본가와 노동자●, 두 사회 계급이 대립하기 시작했다. 자본가는 수단과 방법을 가리지 않고 부를 모았다. 노동자는 겨우 한 끼를 해결하기 위해 하루 17~18시간씩 장시간 노동을 해야 했다. 여성 노동자와 어린아이의 경우는 더 심각했다. 어린아이들은 밤새도록 일해야 했는데, 심지어 그중에는 다섯 살이 채 안된 유아도 있

● 자본가와 노동자
대토지와 공장 등 생산 수단을 가지고 있던 사람들은 회사 경영자와 투자자 등 자본가로 자리 잡았고, 노동력 외에 어떤 생산 수단도 가지지 못한 사람들은 임금 노동자가 됐다.

방직 공장의 소녀
어린 소녀가 방직 공장에서 일하는 모습이다. 자본가는 임금을 아끼기 위해 부녀자와 어린아이 등에게 장시간 노동을 강요했다.

었다. 오랜 노동에 지친 아이에게 채찍질을 하는 등 비인간적인 행위가 공공연하게 이루어졌다. 당시 어린 노동자의 평균 수명이 17세 미만이었다는 사실은 이들에 대한 노동 착취가 얼마나 심했는 지를 잘 보여 준다.

공장의 작업 환경 또한 심각했다. 공장에서 사용하는 납같이 인체에 치명적인 물질에 대해 기본적인 사용 기준이 없었고, 위험한 기계를 무 분별하게 사용해 수시로 사고가 일어났으며, 일할 수 없을 정도로 다 친 노동자가 아무런 보상을 받지 못한 채 쫓겨나는 상황이 당연하게 받아들여지는 분위기였다.

산업 혁명으로 인구가 빠르게 늘고 사람들이 도시로 모여들자 여러 가지 도시 문제가 나타났다. 실업과 범죄는 흔한 일이었고, 집과 화장 실도 턱없이 부족했으며, 상하수도 시설이 없어 콜레라나 이질 등 전염 병이 퍼졌다.

**카를 마르크스(왼쪽)**
대표적인 사회주의 학자이다. 그는 《자본론》과 《공산당 선언》 에서 "자본가와 노동자의 계급 투쟁으로 자본주의가 멸망하고, 노동자가 주인이 되는 사회주의 사회가 만들어질 것"이라고 주장했다.

**런던의 뒷골목(오른쪽)**
귀스타브 도레가 런던의 빈민가 를 판화로 표현했다. 자본주의의 눈부신 발전 뒤에 숨어 있는 노 동자의 가난을 담았다.

영국에서는 삶이 비참한 이유를 기계 탓으로 돌린 노동자들이 기계를 부수는 운동이 일어나기도 했다. 이후에 이들은 더 많은 임금과 더 나은 노동 조건을 위해 노동조합을 만들어 자본가와 싸웠고, 정치 참여 기회를 요구하며 선거법 개정 운동을 벌였다. 빈부 격차, 저임금 및 실업, 생산과 소비의 불균형 등 자본주의의 문제점이 심각해지자, 개인이 생산 수단을 가지는 것을 인정하지 않고 사회에 넘겨 평등한 사회를 만들려는 사회주의 운동이 유행하기도 했다.

# 07

# 영국 혁명으로
# 입헌 군주제가 마련되다

부르주아 계급이 왕을 몰아내고 공화정을 세운 청교도 혁명과 그 후 복고된 왕정을 다시 폐지하고 입헌 군주제를 확립한 명예혁명을 통틀어 영국 혁명이라 한다. 두 혁명으로 영국에서는 억압적인 전제 정치가 사라졌고 법에 따른 통치와 개인의 자유를 존중하는 풍토가 만들어졌다.

**● 젠트리**
부유한 농민과 상인, 전문직 종사자 등으로 이루어진 영국의 중간 계층으로 향신이라고도 불린다.

### 전제 왕권과 의회가 치열하게 대립하다

엘리자베스 1세를 끝으로 튜더 왕조의 대가 끊기고 스코틀랜드의 제임스 6세가 왕위를 계승하여 제임스 1세가 되면서 스튜어트 왕조가 시작됐다. 그는 왕권신수설을 신봉하여 억압적인 전제 정치를 했다. 부족한 왕실 재정을 채우기 위해 귀족과 대상인에게 특권을 주었고, 폐지됐던 각종 조세를 부활했으며, 모든 이에게 국교를 강요했다. 의회의 젠트리●, 시민 계급, 청교도가 이에 반발하며 국왕과 자주 부딪쳤다.

찰스 1세(왼쪽)
제임스 1세의 아들이다. 아버지와 마찬가지로 전제 정치를 고수해 의회와 사사건건 충돌했다.

영국 의회(오른쪽)
찰스 1세 때 의회의 모습이다. 귀족 대표인 상원과 서민을 대표하는 하원으로 나누어져 있다.

　제임스 1세의 뒤를 이은 찰스 1세는 전제 정치를 한층 더 강화해 의회와 심각하게 대립했다. 1628년에 찰스 1세가 의회에 새로운 세금을 승인할 것을 요구하자 의회는 이를 거부하고 〈권리 청원〉*을 제출했다. 여기에는 "의회의 동의 없이 국왕이 국민에게 헌금이나 세금을 강제할 수 없으며, 불법으로 국민을 체포하거나 가두어서는 안 된다."는 내용이 담겨 있었다. 찰스 1세가 〈권리 청원〉을 승인하면서 더는 국왕이 자기 뜻대로만 나라를 다스릴 수 없게 됐고, 이는 국민이 자신의 권리를 깨닫는 계기가 되었다.

　찰스 1세는 어쩔 수 없이 〈권리 청원〉을 받아들였으나 다음 해에 의회를 해산하고 11년 동안 의회를 소집하지 않았다. 이어 청교도를 더 심하게 억압했고, 또다시 의회의 동의 없이 세금을 부과했다. 많은 청교도가 신앙의 자유를 찾아 북아메리카로 떠났고, 곳곳에서 국왕의 전제 정치에 반발했다. 1640년에 스코틀랜드의 청교도인 장로교도가 국교회 강요에 맞서 반란을 일으키자 찰스 1세는 진압 비용을 마련하기 위해 의회를 소집했다.

● 권리 청원
의회가 찰스 1세에게 제출해 권리를 인정받은 청원서이다. 〈대헌장〉과 더불어 영국 입헌주의와 자유주의의 전통을 보여 주는 문서로 평가받는다.

## 청교도 혁명으로 부르주아 공화정이 만들어지다

의회는 찰스 1세의 요구를 거부하며 소리 높여 그를 비판했다. 찰스 1세는 의회를 해산했으나 스코틀랜드와의 전투에서 패한 뒤 다시 의회를 소집할 수밖에 없었다. 새로 소집된 의회는 왕권을 부정하는 일까지는 못했지만 그 대신 여러 가지 개혁적인 법안을 통과시켰다. 선박세 등 부당한 세금을 없앴고, 국교회를 강요하지 못하게 했으며, 국왕의 소집이 없더라도 3년에 한 번씩 의회를 열도록 했다.

화가 난 찰스 1세는 무력을 동원하여 의회 지도자들을 체포했다. 의회 지도자들 역시 군대를 만들어 대응하면서 1642년에 국왕과 의회 사이에 내전이 일어났다. 의회는 왕당파와 의회파로 갈라져 있었는데, 왕당파는 봉건 귀족과 고위 성직자, 대상인, 보수적인 농민이 중심이 됐다. 의회파는 진보적인 귀족과 도시의 중소 상공업자, 자영 농민이 많았다. 처음에는 왕당파가 우세한 듯했으나 크롬웰이 이끄는 청교도 철기병의 활약으로 의회파가 승리했다. 찰스 1세는 스코틀랜드로 도망갔으나 스코틀랜드가 40만 파운드를 받고 그를 의회파에게 넘겼다.

의회파와 왕당파의 갈등
찰스 1세를 지지하는 왕당파의 집을 크롬웰이 이끄는 의회파가 습격한 모습이다.

찰스 1세의 처형
제임스 1세의 아들 찰스 1세는 아버지의 뒤를 이어 절대 군주가 되려고 했으나 청교도 혁명으로 처형됐다. 찰스 1세의 처형 장면을 담은 판화로, 영국 국립 초상화 미술관에 전시돼 있다.

이후 의회파는 장로파와 독립파, 수평파로 갈라졌다. 지주 귀족과 상층 시민이 중심이 된 장로파는 장로제의 확립과 입헌 군주제를 주장했으나 산업 자본가와 중소 상인이 많았던 독립파는 신앙의 자유와 간접 선거에 의한 공화정을 주장했다. 가난한 농민, 수공업자 등으로 이루어진 수평파는 경제 민주화, 보통 선거에 의한 공화정 등을 주장했다. 의회파 내부의 분열을 틈타고 찰스 1세가 스코틀랜드로 빠져나가 장로파와 손잡고 반혁명군을 조직해서 반란을 일으켰으나 독립파 크롬웰에게 격파당한 뒤 다시 붙잡혔다. 크롬웰은 의회를 습격하면서 장로파를 쫓아내고 남은 의원으로 의회를 새롭게 꾸렸다. 1649년에 의회는 특별 재판을 열어 찰스 1세를 사형시키고 부르주아 공화제 정부를 만들었는데, 이것이 청교도 혁명이다.

공화제를 수립한다! 크롬웰

찰스 1세

## 왕은 군림하나 통치하지 않는다

청교도 혁명으로 만들어진 공화정은 이름뿐이었고 실제로는 크롬웰을 중심으로 한 독립파가 군사 독재를 했다. 스코틀랜드에서 장로파가 찰스 1세의 아들을 앞세워 반란을 일으켰고, 아일랜드에서는 가톨릭교도가 들고 일어났다. 크롬웰은 아일랜드 반란을 억누르고 스코틀랜드의 난을 진정시킨 뒤 찰스 1세의 아들을 프랑스로 쫓아냈다.

무역 분야에서 강력한 경쟁국인 네덜란드를 견제하기 위해 항해 조례를 발표했는데, 이를 계기로 영국과 네덜란드 사이에 전쟁이 일어났다. 여기에 수평파의 도전과 흉년, 전염병의 유행으로 사회가 점점 더 불안해졌다. 크롬웰은 1653년에 의회를 강제로 해산하고 종신 호국경이 되어 군사 독재를 강화하면서 청교도로서의 금욕적인 삶을 강조했다. 일련의 조치들로 사회가 안정을 되찾은 듯 보였다.

크롬웰이 죽은 뒤 그의 아들이 호국경 지위를 이어받았으나 사람들 사이에서는 계속되는 금욕적 청교도 정치에 대한 불만이 커졌다. 이에 힘을 얻은 왕당파가 찰스 1세의 아들을 왕에 추대했다. 1660년에 찰스 2세가 프랑스에서 영국으로 돌아와 왕위에 오르면서 왕정으로 돌아갔

**크롬웰(왼쪽)**
청교도 혁명 때 의회군 지도자로, 찰스 1세를 처형하고 공화정을 실시했다. 이후 반혁명 세력에 맞서 호국경이 되어 독재 정치를 했다.

**제임스 2세(오른쪽)**
가톨릭을 부활하고 전제 정치를 하려다 의회와 부딪쳐 명예혁명이 일어나는 계기를 제공했다.

다. 찰스 2세는 의회 존중, 신앙의 자유 등을 약속했으나 말과 달리 실제로는 반대파를 처형해 전제 정치를 강화하고 가톨릭을 부활하려 했다. 의회는 공직자 중 국교도가 아닌 사람들을 쫓아내는 심사령을 만들어 가톨릭의 부활을 막았고, 절차를 무시한 채 국민을 체포하거나 구금하는 것을 금지하는 인신 보호령을 제정해 왕권을 견제했다.

명예혁명
피 한 방울 흘리지 않고 명예롭게 혁명이 이루어졌다고 해서 붙은 이름이다. 입헌 군주제를 승인한 메리 2세와 윌리엄 3세를 기념하기 위해 17세기 후반에 새겨진 판화이다.

찰스 2세에 이어 동생 제임스 2세가 왕이 됐다. 역시 전제 정치를 꿈꾸는 가톨릭교도였던 제임스 2세에게서 왕위 계승권을 빼앗기 위한 법안이 의회에 제출됐다. 의회는 제임스 2세를 지지하는 보수적 성향의 토리당과 그를 배척하는 진보 성향의 휘그당●으로 나뉘었는데, 결국 토리당이 승리해 제임스 2세가 왕으로 인정받았다. 그는 상비군을 조직해 반대파를 제거하고, 가톨릭교도를 관리로 뽑았으며, 왕에게 저항하는 국교회 주교를 가두는 등 전제 정치를 펼쳤다. 이에 반발한 토리당과 휘그당이 힘을 합해 1688년에 제임스 2세의 딸인 신교도 메리 2세와 그 남편인 네덜란드 총독 윌리엄 3세를 공동 왕으로 추대했는데, 이것이 명예혁명이다.

메리 2세와 윌리엄 3세는 즉위식에서 의회가 제출한 권리 선언을 승인했고, 같은 해 말에 〈권리 장전〉으로 법률화했다. 〈권리 장전〉은 의회의 입법권, 의회의 승인 없는 과세 금지, 의회에서 발언의 자유, 법의 공정한 적용 등의 내용을 담고 있는데, 청교도 혁명 때 획득한 의회의 권한을 다시 확인한 문서였다. 이렇게 영국에서는 절대 왕정이 무너지고

피를 흘릴 필요는 없지.

●토리당과 휘그당
토리당은 귀족과 지주가, 휘그당은 시민이 주요 구성원이었다. 19세기에 각각 보수당과 자유당으로 바뀌는데, 제1차 세계 대전이 끝나고 노동당이 나올 때까지 영국을 대표하는 양대 정당이었다.

● 하노버 왕조
지금의 영국 왕실도 하노버 왕
조이다. 제1차 세계 대전 중에
독일식 이름에 대한 거부감으
로 인해 윈저 궁의 이름을 따
서 윈저 왕가로 바꾸었다.

입헌 정치가 시작됐다. 의회는 〈권리 장전〉을 보완하는 몇 가지 조치를
더했다. 의회에 군대 통수권을 부여했고, 신교도에게 예배의 자유를 허
용했으며, 3년마다 의회 소집을 정례화했고, 검열 제도를 폐지했다.

메리 2세의 뒤를 이어 동생 앤이 왕이 됐다. 앤 여왕은 스코틀랜드
를 점령하고, 두 의회를 하나로 합쳐 1707년에 대영 제국을 만들었으
나 그녀 역시 자식이 없었다. 의회가 제임스 1세의 증손자였던 독일의
제후 하노버 공을 왕으로 맞이하면서 하노버 왕조●가 시작됐다. 조지
1세는 영어를 전혀 못했기에 정치는 의회의 다수당 지도자가 맡았다.
내각을 의회 다수당이 구성하고, 내각이 국왕 대신 의회에 책임을 지는
내각 책임제가 이때 만들어졌다. '왕은 군림하나 통치하지 않는다.'는
영국의 전통은 이렇게 생겨났다.

# 08

# 미국 혁명이
# 민주주의 시대를 열다

미국 혁명은 북아메리카 13개 식민주가 영국 정부와 치른 전쟁 및 이 과정에서 이룬 사회 개혁을 말한다. 이는 식민지의 반란이자 민주주의 혁명이었다. 미국 혁명은 법이 지배하는 새로운 시대를 열었고, 더 이상 왕이 권리을 행사하거나 다른 나라의 지배를 받는 유럽과 라틴 아메리카 여러 나라에 큰 영향을 주었다.

**북아메리카 13개 식민주가 반기를 들다**

콜럼버스의 항해 후 유럽 인들이 아메리카로 건너왔다. 17세기 초반에 신앙의 자유를 찾아 나선 청교도와 국왕의 특허장을 받은 대상인 등 아메리카로 진출한 영국인은 18세기 초 북아메리카의 동북부 해안가에 뉴잉글랜드, 버지니아, 펜실베이니아 등 13개 식민지를 만들었다. 영국 중앙 정부는 13개 식민지에 총독을 보냈는데, 이들은 본국에 손해를 끼치지 않는 범위 안에서 식민지인으로 구성된 식민지 의회에 폭넓은 자

**인디언과의 펜 조약**
필라델피아를 만든 윌리엄 펜
이 원주민과 대화하는 모습이
다. 미국 화가 벤저민 웨스트가
1772년에 완성한 그림으로 펜
실베이니아 미술 아카데미에
소장돼 있다.

● **인지세법**
국가의 공문서와 신문 등 각
종 인쇄물에 반드시 수입 인
지를 붙이도록 한 법이다.

치권을 주었다.

7년 전쟁으로 아메리카 대륙에서 프랑스를 몰아낸 영국은 본국 중심의 중상주의 정책을 실시해 식민지 통제를 강화했다. 본국 정부가 서부를 직접 관리하기 위해 식민지에 있는 영국인이 인디언과 무역을 하거나 서쪽으로 이주하는 것을 금지했다. 또한, 본국의 군대가 식민지에서 쓰는 비용을 식민지 주민에게 내도록 했으며 본국의 경제적 어려움을 해결하기 위해 인지세법●을 만들어 인지세를 부과했다.

식민지 주민은 본국 의회에 대표를 보낸 적이 없으니 세금을 낼 수 없다며 영국 상품 불매 운동을 벌였다. 그러나 본국 정부는 세금 부과 권한이 식민지 의회가 아니라 자신에게 있음을 밝히고, 영국 동인도 회사가 식민지에서 관세 없이 차를 독점 판매할 수 있도록 했

보스턴 차 사건
인디언 복장을 한 식민지의 상
인이 본국의 배를 습격해 차를
바다에 내던지고 있다. 1789년
런던에서 발표된 판화이다.

다. 이 조치는 식민지 주민을 결정적으로 자극했고, 결국 보스턴에 정
박해 있던 영국 동인도 회사의 배가 불타고 배에 실려 있던 차가 바다
에 버려지는 보스턴 차 사건이 일어났다. 본국 정부는 보스턴 항을 닫
고 매사추세츠 주의 자치권을 정지시키는 등 식민지를 더욱 억눌렀다.

## 자유가 아니면 죽음을 달라

본국 정부에 대응하기 위해 식민지 대표들이 필라델피아에 모여 대륙
회의를 열었다. 이들은 식민지 주민의 권리를 선언하고 본국 정부에 식
민지 탄압을 멈출 것을 요구했다. 그러나 보스턴 외각의 렉싱턴에서 본
국 병사와 식민지 민병이 무력 충돌한 사건을 계기로 독립 전쟁이 시작
됐다. 식민지 대표는 대륙 회의를 열어 조지 워싱턴을 총사령관으로 삼
았다. 식민지에는 해군이 전혀 없었고, 병사 대부분이 거의 훈련을 받

●독립 선언서
천부인권, 자유, 평등 등 민주주의의 핵심 사상을 담은 최초의 문서로 평가받는다.

지 못했으며, 식민지 주민의 3분의 1 정도가 본국 편을 들었다. 조지 워싱턴은 힘겨운 전투를 이어갈 수밖에 없었다.

그러다가 패트릭 헨리가 "자유가 아니면 죽음을 달라."는 명연설을 하고, 토마스 페인이 아메리카로 건너와 《상식》을 출간하여 군주제를 비판한 뒤 분위기가 달라졌다. 독립 의지가 널리 퍼졌고, 1776년에는 토마스 제퍼슨이 기초한 〈독립 선언서〉가 발표됐다. 영국 계몽 사상의 영향을 받은 〈독립 선언서〉에는 '개인은 생명, 자유, 행복을 추구할 권리를 지키기 위해 정부를 만들었다. 만약 그 정부가 국민의 권리를 침해할 때에는 국민이 그 정부를 무너트릴 수 있다.'는 내용이 담겼다.

영국의 세력이 약해지기를 원했던 유럽 나라들은 식민지를 적극적으로 도왔다. 프랑스와 에스파냐는 독립군과 동맹을 맺어 군대를 보냈고, 영국의 해상 봉쇄 강화에 불만을 품은 러시아 등의 중립국은 영국의 선박 단속에 대항했다. 식민지 주민의 독립 의식이 높아지고 있는 상황에서 여러 나라의 지원이 이어지자 전쟁이 독립군에게 유리해졌다. 1781년에 프랑스 군과 손잡은 독립군이 요크타운 전투에서 영국군의 항복을 받으면서 독립 전쟁이 끝났고, 1783년에 식민지와

**렉싱턴 전투**
영국 정부군이 식민지 민병대의 화약고를 습격해 일어난 렉싱턴 전투는 미국 독립 전쟁의 시작이었다.

**미국의 독립**
북아메리카 동부에 있던 13개
식민주는 영국과의 독립 전쟁에
서 승리한 다음 1783년에 각각
의 나라로 독립했다. 4년 뒤, 13
개 나라는 강력한 통일 국가의
필요성에 공감해 나라를 합쳐서
아메리카 합중국을 만들었다.

메인
버몬트
뉴햄프셔
뉴욕
보스턴
매사추세츠
코네티컷
로드아일랜드
펜실베이니아
뉴저지
델라웨어
메릴랜드
버지니아
요크타운
대서양
노스캐롤라이나
사우스캐롤라이나
조지아

1776년에 독립을 선언한 13개 주
1783년 파리 평화 조약 이후 독립한 지역
1791년에 연방 가입한 주
1677~1820년 매사추세츠 주 소속

영국이 파리 평화 조약*을 맺어 독립이 인정됐다. 독립군의 동맹국은
영국과 베르사유 조약을 맺었는데, 이 과정에서 프랑스가 세네갈과 서
인도 제도의 일부를, 에스파냐가 플로리다 반도 등을 차지했다.

●파리 평화 조약
이 조약으로 식민지는 영국으
로부터 독립을 확인받았고,
캐나다와 플로리다를 제외한
미시시피 강도 넘겨받았다.

**영국군의 항복**
영국의 콘월리스 장군이 백기를
들고 독립군에게 항복하고 있
다. 존 트럼불이 1820년에 그
린 이 그림은 미국 국회 의사당
에 전시돼 있다.

조지 워싱턴
독립 전쟁의 영웅으로 아메리
카 합중국의 초대 대통령이 됐
다. 미국의 수도 워싱턴은 그의
이름에서 따온 것이다.

## 아메리카 합중국이 탄생하다

독립 전쟁 중 대륙 회의에서 연방 규약이 만들어졌으나 원래 제각각이
었던 13개 주는 독립 이후 각기 다른 헌법을 가진 신생 공화국이 되었
다. 자치주들은 독립 전쟁 중에 화폐를 너무 많이 찍어낸 데다 시장마
저 침체되면서 경제적으로 어려움을 겪었다. 공화국 안의 의견 대립으
로 사회적 혼란도 심했고 더는 영국의 보호를 받을 수 없으므로 다른
나라와 치열하게 경쟁해야 했다.

　강력한 통일 국가의 필요성을 느끼던 자치주들은 마침내 1787년에
필라델피아에서 제헌 회의를 열어 새로운 연방 헌법을 만들었다. 새로
운 헌법에서는 주권이 국민에게 있음을 밝히고, 언론·출판·집회·신
앙의 자유를 보장했으며, 입법부·행정부·사법부의 권력 분립을 규정
했다. 또한, 각 주의 주권을 인정하면서도 국방, 외교, 재정 등에 대해
서는 연방 정부가 결정권을 행사한다는 내용을 담았다. 역사상 최초의
공화주의 헌법이었다. 새 연방 헌법에 따라 1789년에 연방 의회가 만
들어졌는데, 각 주에서 뽑힌 선거인의 투표로 조지 워싱턴이 아메리카
합중국의 초대 대통령이 됐다.

　미국 혁명은 기본적으로 본국 정부의 차별에 맞선 식민지 주민의 권
리 수호 운동이자 독립 운동이었다. 그러나 아메리카 합중국이라는 공
화국의 탄생은 미국 혁명이 민주주의 혁명이라는 성격도 가지고 있음을
보여 준다. 여러 평가가 있겠지만, 분명한 사실은 미국 혁명으로 세계는
인간에 의한 자의적인 통치에서 벗어나 성문 헌법이 지배하는 보다
합리적인 시대로 접어들었다는 것이다. 미국 혁명은 절대 왕정이
나 다른 나라에 억압받고 있는 유럽과 라틴 아메리카 식민지 주민
에게 큰 영향을 끼친 세계사적인 사건이었다.

부럽다...

# 09

# 프랑스 혁명으로
# 시민이 우뚝 서다

프랑스 혁명은 1789년에 프랑스 시민이 자유와 평등을 찾기 위해 일으킨
혁명으로 1794년까지 계속됐다. 프랑스 혁명 이후, 정치적으로는 절대 왕
권을 대신해 시민 계급이 권력을 차지했고, 신분적으로는 제3 신분이 갖
은 귀족의 특권이 사라졌으며, 사회적으로는 봉건적인 불평등이 없어
졌다. 이로써 유럽 근대 시민 사회의 기초가 만들어졌다.

## 구제도의 모순이 혁명의 씨앗이었다

프랑스 혁명의 근본적인 원인은 구제도의 모순이었다. 혁명 전의
프랑스에서는 제1 신분은 성직자, 제2 신분은 귀족, 제3 신분은
평민으로 구분한 신분 제도가 계속되고 있었다. 프랑스 전체 인구의
2퍼센트도 안되는 성직자와 귀족은 특권 계급으로서 중요한 자리를
독차지하고 전체 땅의 40퍼센트를 가졌지만 세금을 내지 않았다.

　평민 대부분은 농민이었다. 이들은 국가에서 거둬들이는 세금의

대부분을 내고, 교회에 십일조를 바치고, 봉건적인 부역 의무까지 졌지만, 정치에 참여할 수 없었다. 평민 가운데는 귀족 못지않은 경제력을 갖춘 시민 계급*이 있었으나 이들 역시 경제력에 걸맞은 정치적 권리나 사회적 지위를 갖지 못했다. 시민 계급은 도시의 소상인, 수공업자, 농촌의 가난한 농민과 더불어 불만이 많은 계층일 수밖에 없었다.

이즈음 계몽사상가의 활약으로 혁명 사상이 널리 퍼졌는데, 여기에 미국 혁명 소식이 전해지면서 절대 왕정에 반대하는 목소리가 더욱 커졌다. 1780년대에 이르러서는 혁명의 분위기가 무르익었다.

**구제도의 모순**
구제도란 프랑스 혁명 이전의 프랑스 사회 제도를 말한다. 성직자와 귀족이 농민의 등에 올라 타 있는 이 그림은 프랑스 혁명 전 농민의 처지를 풍자했다.

● 시민 계급
시민 계급은 장원 중심의 농업 경제가 자본주의 경제로 바뀌면서 성장한 도시의 금융업자, 대상인, 제조업자, 농촌의 부유한 농민 등이다. 이들은 구제도에 불만을 가진 세력으로, 프랑스 혁명에서 중심 역할을 했다.

● 삼부회
성직자, 귀족, 평민의 세 신분으로 구성된 프랑스 국회였다. 1614년 이래로 프랑스 혁명 전까지는 한 번도 소집되지 않았다.

## 왕실 재정의 위기가 혁명을 불러오다

혁명의 직접적인 원인은 왕실의 재정 위기였다. 프랑스 왕실은 루이 14세 말년부터 경제적으로 어려움을 겪고 있었다. 계속된 전쟁, 사치스러운 궁정 생활, 면세를 받는 특권 계급 때문이었다. 루이 16세는 재정난을 해결하기 위해 신분에 관계없이 모든 토지에 세금을 부과하겠다고 발표했다. 그러자 귀족은 삼부회*만이 새로운 세금을 부과할 권한이 있다며 삼부회 소집을 요구했다. 여기에 평민까지 합세하자 루이 16세는 한발 물러섰다. 루이 16세가 삼부회 소집을 결정하면서 1789년 2월에 삼부회 선거가 치러졌다.

이전까지 삼부회에 참가한 세 신분의 대표자 수는 같았지만, 각각 선출 방법도 다르고 심의 및 표결도 신분별로 나누어 진행해 왔다. 평민은 전체 평민 수에 비해 자신들의 대표자 수가 적다는 문제를 제기해 평민 대표자를 두 배로 늘렸으나 심의 및 표결 방식까지 바꾸지는 못했고, 세 신분은 5월에 열린 삼부회에서 또다시 충돌했다. 평민 대표들은 국민 의회를 결성하고 궁정의 테니스 코트에 모여 '새 헌법을 만들 때

테니스 코트의 서약
의장 바이어를 포함한 1,200
여 명의 제3 신분 대표가 왕의
위협을 피해 베르사유의 테니
스 코트에 모여 의지를 다지고
있다. 자크 루이 다비드의 그림
으로 프랑스 카르나발레 박물
관에 전시돼 있다.

까지 절대로 해산하지 않겠다.'는 테니스 코트의 서약을 발표했다. 진
보 성향의 성직자와 귀족이 여기에 힘을 보태자 루이 16세는 이를 인정
하지 않을 수 없었다.

국민 의회에서 헌법을 만들기 시작하자 루이 16세는 이를 힘으로 억
누르며 시민의 지지를 받던 재무 장관 네케르도 쫓아냈다. 이에 분노한
파리 시민이 들고 일어나 전제 정치의 상징인 바스티유 감옥을 습격했
다. 파리 시민은 국민 의회의 승인 아래 자치를 실시하고 국민군을 결
성했다. 파리 소식을 들은 지방 도시들도 하나둘씩 자치제에 동참했다.
수확이 적은데도 많은 세금을 내야 했던 농민들은 영주의 집을 습격해
봉건 문서를 불태우고 고리대 상인과 관리를 공격했다.

국민 의회는 8월에 봉건적 특권의 폐지를 선언한 데 이어 〈인권 선
언〉을 채택했다. 자연권 사상과 계몽사상이 반영된 〈인권 선언〉은 인간

바스티유 감옥 습격
파리 시민들이 바스티유 감옥을 습격하는 장면이다. 장 피에르 우엘이 그린 이 그림은 프랑스 국립 도서관에서 소장하고 있다.

인권 선언
정식 명칭은 〈인간과 시민의 권리 선언〉으로 자유와 평등 등의 가치를 담아 프랑스 혁명 과정에서 만들어졌다. 구체제를 무너뜨리고 시민 중심의 새로운 질서를 수립했다는 의미가 있다.

의 자연적 평등, 국민 주권, 언론·출판·신앙의 자유, 국민 의사에 따른 법의 제정, 재산권의 신성함 등을 천명했다. 루이 16세는 한동안 〈인권 선언〉을 승인하기를 거부했으나 높은 물가와 식량 부족에 시달리던 파리의 부녀자들이 베르사유 궁전으로 몰려가서 왕을 파리로 데려오는 10월 사건이 일어나자 이를 받아들일 수밖에 없었다. 이때 국민 의회도 파리로 옮겨 왔다. 이로써 국왕은 파리 시민의 감시를 받고, 국민 의회는 시민의 보호를 받게 됐다.

국민 의회는 개혁에 더욱 박차를 가해 교회 재산 몰수, 길드 폐지, 행정과 사법 제도 정비 등의 조치를 실시하고, 1791년 9월에는 개혁을 총 정리하는 '1791년 헌법'을 만들었다. 1791년 헌법은 권력 분립에 의한 입헌 군주제 조항을 담았으나, 일정한 재산을 가진 시민에게만 참정권을 주었고, 새로 구성할 입법 의회를 간접 선거로 뽑기로 해서 재산이 없는 이들의 불만을 샀다.

## 민중이 혁명의 불을 붙이다

1791년 10월에 새 헌법에 따라 입법 의회가 구성됐다. 입법 의회는 입헌 군주제를 원하는 푀양파와 공화정을 바라는 자코뱅파로 갈렸다. 처음에는 푀양파의 세력이 강했으나 지롱드파*에게 주도권이 넘어갔다.

오스트리아 왕과 프로이센 왕은 프랑스 혁명이 자국으로 번지는 것을 막기 위해 프랑스에 간섭하기 시작했다. 입법 의회가 이들에게 선전 포고를 하면서 전쟁이 시작됐으나 계속 패했다. 그러나 입법 의회가 '조국이 위기에 서 있다.'고 발표를 한 뒤 의용군이 조직되면서 상황이 역전됐다.

민중의 혁명 열기가 높아지자 지롱드파 대신 자코뱅파가 더욱 힘을 얻었다. 자코뱅파는 1792년 8월에 민중이 왕을 체포하게끔 만들어 왕권을 무력화했고, 보통 선거를 실시했다. 같은 해 9월에 왕정을 폐지하고 공화정 체제의 국민 공회를 만들었다. 1793년 1월에는 반역죄로 루이 16세를 단두대에서 처형했다.

이후 자코뱅파는 국민 공회에서 지롱드파를 쫓아내고 1793년에 헌

무기를 든 부녀자들의 행진
가난에 지친 파리의 부녀자들이 무기를 들고 베르사유 궁전으로 향하고 있다.

● 지롱드파
지롱드파는 상공업자와 같은 도시 부르주아가 핵심이 된 자코뱅파의 주류 세력이었다. 농민과 노동자 등이 철저한 개혁을 주장하자 이에 반대하며 자코뱅파에서 나와 독립했다.

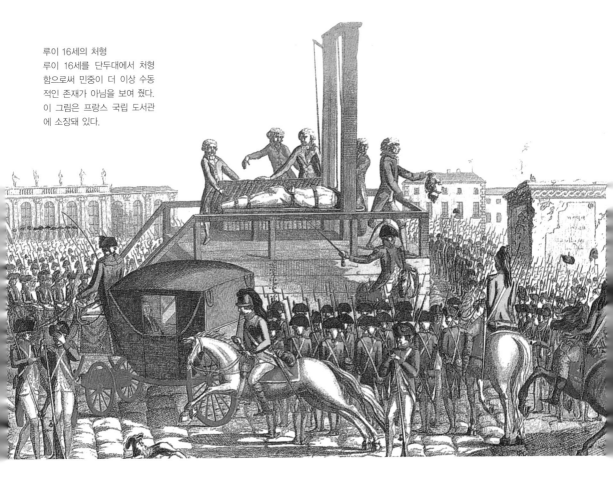

법을 만들었다. 이 헌법에는 모든 남자 시민에게 선거권을 부여하고, 노동권과 생존권을 인정하며, 실업자와 병약자를 지원하는 등 혁신적인 내용이 담겼다. 그러나 루이 16세 처형에 놀란 다른 나라 군주들이 프랑스와의 전쟁에 힘을 보태면서 상황이 불리해졌고, 높은 물가와 생필품 부족으로 경제도 어려워졌다. 왕당파의 반혁명 움직임이 프랑스 곳곳에서 나타났다.

자코뱅파의 지도자 로베스피에르는 위기에서 벗어나기 위해 헌법 시행을 뒤로 미루고 공포 정치를 실시했다. 왕비를 비롯한 반혁명 세력과 지롱드파 내부의 반대파를 숙청했고, 봉건적인 권리를 완전히 폐기했으며, 물가 안정을 위해 최고 가격제를 실시하는 등 혁명적 조치를 단행했다. 국민 개병제와 함께 물자 배급 제도도 실시했다.

더는 못 참아!

**루이 16세의 처형**
루이 16세를 단두대에서 처형함으로써 민중이 더 이상 수동적인 존재가 아님을 보여 줬다. 이 그림은 프랑스 국립 도서관에 소장돼 있다.

그 결과, 1793년 말에는 전세가 호전되면서 경제도 안정을 되찾아 갔다.

반혁명 세력이 약해지고 혁명군이 전투에서 계속 승리하자 국민은 공포 정치에 대해 반감을 보이기 시작했다. 결국, 1794년 7월에 국민 공회의 보수파 의원들에 의해 로베스피에르가 처형됐다. 로베스피에르의 공포 정치는 유혈과 폭력의 정치라고 비난받기도 하지만, 혁명 과정에서 일어난 반동과 위협을 이겨냈으며 이로 인해 절대 왕정이 무너졌다는 점에서 시민 사회의 기초를 닦은 것으로 볼 수도 있다.

## 쿠데타가 일어나고 혁명의 열기가 수그러들다

로베스피에르가 처형되자 혁명에 대한 국민적인 열기가 빠르게 식어 갔다. 국민 공회에서는 보수파가 중심이 되어 공포 정치 기구와 정책을 폐기하며 개혁을 정리했고 시민 계급 중심의 지배 체제를 되살리려 했다. 1795년 8월에는 '1795년 헌법'이 만들어졌다. 이 헌법은 보통 선거를 폐기하고 세금을 많이 내는 사람에게만 선거권을 주는 등 부르주아 공화주의 체제를 지향했다.

10월에는 부르주아만 참여한 제한 선거로 양원제의 입법부와 5명의 총재가 이끄는 총재 정부가 구성되었다. 총재 정부는 경제 회생과 외교 관계 회복에 노력하면서 부르주아의 안정적인 지배를 시도했으나, 연이은 대외 전쟁으로 재정난이 심각한 상황에서 자코뱅파와 왕당파의 저항이 곳곳에서 일어났다.

혼란이 계속되자 오랜 혁명에 지쳐 있던 시민 계급과 농민은 자신들의 기득권을 보호해 줄 지도자가 나오기를 바랐다. 1799년 들어 영국이 오스트리아, 러시아 등과 동맹을 맺고 프랑스 국경에 접근하기 시작했다. 총재 정부가 이를 제대로 막지 못하자 정부에 대한 실망이 더욱 커진 상황에서 나폴레옹이 이집트 원정군을 부하에게 맡긴 채 프랑스로 돌아왔다. 그는 11월 18일에 의회의 보수파와 손을 잡고 쿠데타*를

로베스피에르
자코뱅파의 지도자로 왕을 몰아내는 데 큰 역할을 했으나 공포 정치를 실시하다가 반대파에게 처형됐다.

● 나폴레옹의 쿠데타
나폴레옹은 이탈리아 귀족 출신으로 코르시카 섬에서 태어났다. 프랑스 육군 사관학교를 졸업하고 혁명군에 참가했다가 쿠데타를 일으켜 서른 살의 나이에 권력을 차지했다.

● 집정
1799년부터 1804년에 걸친 프랑스 제1 공화정 시기의 최고 정무관으로 국가 최고 권력자였다.

● 나폴레옹 법전
1804년에 발표된 법전이다. 사유 재산 보장, 신앙과 노동의 자유, 계약 자유의 원칙 등이 담겼으나 민중의 뜻과는 거리가 있었다. 다른 나라의 법에도 큰 영향을 주었다.

일으켜 정권을 차지했다. 이로써 부르주아를 중심으로 한 보수파가 완벽하게 힘을 되찾았고 프랑스 혁명은 종말을 고했다.

### 나폴레옹은 혁명의 열매를 빼앗은 독재자였다

쿠데타로 권력을 잡은 나폴레옹은 총재 정부를 무너뜨리고 집정● 정부를 만들었다. 나폴레옹은 제1 집정이었는데, 모든 권한을 그가 차지해 사실상 1인 독재나 마찬가지였다.

안으로는 지방에 관리를 보내 통제를 강화했고, 프랑스 은행을 만들었으며, 관세 제도를 뜯어고쳐 경제 회복을 위해 노력했다. 나폴레옹 법전●을 펴내 혁명의 성과를 뿌리내리려고도 했다. 밖으로는 교황에게 교회 토지 몰수에 대해 재확인받았고, 전쟁을 계속해 외국의 간섭으로부터 프랑스를 보호하는 한편, 혁명 정신을 유럽 곳곳에 퍼트렸다.

나폴레옹은 자신의 이름이 널리 알려지자 점차 욕심을 드러냈다. 그는 1802년에 종신 집정이 됐고, 1804년에는 국민 투표를 통해 제정을 수립하고 황제 나폴레옹 1세가 됐다. 대외 전쟁에서 연이어 승리해 7왕국, 30공국을 지배하며 유럽 대륙에서 군림했다. 그러나 섬나라 영국이 끝

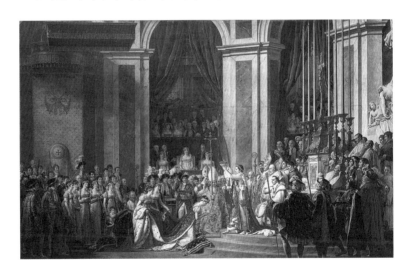

나폴레옹 1세의 대관식
프랑스 황제가 된 나폴레옹 1세가 자신의 부인 조세핀에게 금관을 씌우고 있다. 자크 루이 다비드의 그림으로 루브르 박물관에 전시돼 있다.

까지 저항을 계속하자 나폴레옹은 대륙 봉쇄령•을 발표해 경제적으로 영국을 괴롭혔다. 이는 생활필수품의 상당 부분을 영국에서 공급받는 유럽 여러 나라를 어렵게 했고, 프랑스의 산업 성장에도 걸림돌이 됐다.

1810년에 최고점을 찍은 뒤 나폴레옹은 유럽에서 조금씩 힘을 잃어 갔다. 전쟁터가 늘어나면서 프랑스 군은 혁명의 전파자가 아니라 정복자로 변해갔고 프랑스에 대항하는 민족 운동이 곳곳에서 일어났다. 나폴레옹 몰락의 결정적인 계기는 1812년의 러시아 원정이었다. 나폴레옹은 대륙 봉쇄령을 무시한 채 영국과 교역한 러시아를 응징하고자 60만 대군을 이끌고 러시아까지 직접 원정을 갔으나 엄청난 추위와 초토화 전술로 어려움을 겪었다. 그 틈을 타고 유럽 여러 나라가 동맹을 맺어 라이프치히에서 프랑스 군을 무너뜨린 뒤 1814년에 파리까지 밀고 들어왔다.

**• 대륙 봉쇄령**
1806년에 나폴레옹 1세가 영국을 경제적으로 고립시키기 위해 내린 칙령이다. 중립국이나 프랑스의 동맹국이 영국과 무역해서는 안 된다는 내용이다.

**나폴레옹 시대의 유럽**
나폴레옹이 대외 전쟁에서 연달아 승리하면서 프랑스가 유럽의 주인공이 되는 듯했으나 전쟁이 길어지고 각국에서 저항 운동이 일어나면서 좌절됐다. 영국 해군에 당한 패배와 러시아 원정의 실패는 나폴레옹 몰락의 결정적인 계기가 됐다.

워털루 전투
윌리엄 세드러의 그림으로, 나폴레옹 군이 벨기에의 워털루에서 반 프랑스 연합군에게 패하고 있는 모습이다.

엘바 섬으로 쫓겨났던 나폴레옹은 한때 섬에서 빠져나와 잠시 권력을 되찾기도 했다. 그러나 1815년에 워털루 전투에서 영국의 웰링턴이 지휘하는 연합군에게 크게 패한 다음, 다시 남대서양의 세인트헬레나 섬으로 쫓겨났고 그곳에서 죽었다.

나폴레옹은 프랑스 혁명의 진정한 계승자라기보다는 혁명의 성과를 부르주아 계급에게 몰아다 준 혁명의 찬탈자이자 군사 독재자였다. 그러나 그는 혁명과 전쟁에 지친 프랑스 인이 평화와 안정을 바라는 상황에서 나타나 혁명의 성과를 정리했고, 혁명의 이념을 유럽 곳곳에 전하기도 했다. 이는 유럽에서 싹트고 있던 자유주의와 민족주의를 더욱 퍼트리는 계기가 됐다.

# 10

# 자유주의와 민족주의 운동이
# 유럽을 휩쓸다

18~19세기 유럽에서 일어난 자유주의 운동은 개인의 자유와 독립성을 중
요하게 생각했다. 몇몇 나라에서는 절대왕조부터의 해방, 민족 통일 등과
관련하여 개인의 자유와 독립성보다 민족의 이익을 앞세우는 민족주의 운
동이 나타났다. 자유주의와 민족주의의 확산은 유럽 시민 사회가 발전하는
데 중요한 역할을 했다.

## 역사를 거꾸로 되돌린 빈 체제

나폴레옹이 몰락하자 동맹국 대표들은 프랑스 혁명과 나폴레옹 전쟁으
로 무너진 질서를 바로잡기 위해 1814년 9월에 오스트리아 빈에서 회의
를 열었다. 20여 개 나라가 참가한 이 회의에서 오스트리아의 외무 장
관 메테르니히와 러시아, 영국, 프로이센의 대표가 주도적 역할을 했다.

   이들이 만든 유럽의 새로운 질서인 빈 체제●는 복고주의와 세력 균
형이 근본 원칙이었다. 복고주의는 프랑스 혁명 전으로 모든 것을 되돌

● 빈 체제
오스트리아의 외상 메테르니
히가 이끌었기에 메테르니히
체제라고도 한다.

빈 회의(왼쪽)
나폴레옹 전쟁 이후 새로운 유럽의 질서를 만들기 위해 오스트리아 빈에서 열린 국제회의이다.

메테르니히(오른쪽)
오스트리아의 외무 장관으로 프랑스 혁명과 나폴레옹 전쟁 이후 유럽의 새로운 질서를 앞장서서 만들었다.

리겠다는 뜻이고, 세력 균형은 나폴레옹처럼 유럽의 패권을 쥘 만한 강자가 다시 나오는 것을 막겠다는 의도였다. 빈 체제로 프랑스 혁명 이전의 정부와 통치자가 권력을 되찾았다. 열강의 치열한 대립 속에서 국경선도 새로 그어졌는데, 이전과 달라진 선에 대해서는 서로 간의 양보와 그에 대한 보상이 오고갔다.

빈 회의는 1815년 6월에 끝났으나 이후 빈 체제는 더 강해졌다. 그해 9월에 러시아 알렉산드르 1세의 제안으로 러시아, 오스트리아, 프로이센이 신성 동맹을 맺었고, 11월에는 영국이 합세해 4국 동맹●이 됐다.

빈 체제는 역사 발전을 되돌리는 보수 반동적인 성격이 강했다. 평화라는 명분을 내세워 몇몇 강대국 중심의 질서를 만들려고 했던 것이다. 빈 체제는 프랑스 혁명과 나폴레옹 전쟁으로 고조된 유럽의 자유주의와 민족주의 운동이라는 새로운 변화를 철저하게 억눌렀다.

●4국 동맹
신성 동맹은 도덕적 약속 수준이어서 현실 문제를 해결하지 못했기에 이를 보완해 4국 동맹을 맺었다. 1818년에는 프랑스가 동참해 5국 동맹으로 발전했다.

## 흔들리는 빈 체제

미국 독립 혁명과 프랑스 혁명을 지켜본 에스파냐와 포르투갈의 라틴 아메리카 식민지는 나폴레옹 전쟁 때 연이어 독립을 선언했다. 빈 체제가 만들어지면서 에스파냐와 포르투갈이 식민지에 간섭을 강화했음에

멕시코
1822

쿠바
1898

아이티 도미니카
1804  1844

온두라스
1821

과테말라
1821

엘살바도르
1821

니카라과
1821

코스타리카
1821

베네수엘라
1811

콜롬비아
1819

기아나

페루
1821

브라질
1822

볼리비아
1825

파라과이
1811

칠레
1818

라플라타 연합
1816

우루과이
1828

대서양

태평양

대콜롬비아 공화국(1819~1830)

라틴 아메리카 여러 나라의 독립
에스파냐의 지배를 받던 라틴
아메리카 여러 나라는 나폴레
옹이 에스파냐를 공격한 틈을
타고 독립 운동을 벌여 19세기
초 에스파냐의 식민 지배에서
벗어날 수 있었다.

도 불구하고 이들은 더욱 적극적으로 독립을 요구했다. 오스트리아의
메테르니히는 식민지의 독립 운동을 억누르려 했으나 이들의 독립이 새
로운 시장을 만들어 줄 것이라 생각한 영국이 반대했다. 이를 기회로 생
각한 미국은 라틴 아메리카 여러 나라의 독립을 지지하며 먼로 독트린●
을 발표했다.

　미국의 지원에 힘입어 19세기 초반 아이티를 시작으로 라틴 아메리
카 대부분의 나라가 독립했다. 이들 대부분이 공화정이었으나 여전히

● 먼로 독트린
1823년에 미국의 먼로 대통
령이 발표한 외교 선언이다.
유럽이 아메리카 대륙에 간섭
하는 것을 미국에 대한 도전
으로 여긴다는 내용으로, 미
국이 유럽 대신 아메리카 대
륙에 대한 지배권을 갖겠다는
의지의 표현이었다.

시몬 볼리바르(왼쪽)
에스파냐와 맞서 싸워 베네수엘라, 콜롬비아, 에콰도르 등의 독립을 이끌었다. 아르헨티나, 칠레 등을 해방시킨 산 마르틴과 함께 '라틴 아메리카의 해방자'로 불린다. 볼리비아라는 나라 명도 그의 이름에서 비롯됐다.

투생 루베르튀르(오른쪽)
흑인 노예 출신으로, 프랑스에 맞선 아이티 혁명에서 게릴라전을 이끌었다. '아이티 독립의 아버지'로 불린다.

에스파냐 인과 포르투갈 인이 정치를 이끌었고 이후에도 미국의 영향력에서 벗어나지 못했다.

16세기부터 오스만 제국의 지배를 받았던 그리스는 빈 회의에서 독립을 인정받지 못하자 독립 전쟁을 일으켰다. 오스만 제국은 메테르니히의 조언에 따라 이집트의 도움을 받아 그리스 독립군을 공격했다. 그러자 그리스의 고전 문화를 동경하던 유럽의 낭만주의자와 발칸 반도를 탐내던 러시아가 그리스를 돕고 나섰고, 러시아의 독주를 견제하기 위해 영국과 프랑스도 개입했다. 그리하여 러시아, 영국, 프랑스의 연합 함대가 만들어졌고 이들이 이집트와 오스만 제국을 격파하면서 1829년에 그리스가 독립했다. 그리스는 입헌 군주국이 되었으나 독립을 도운 나라의 간섭으로부터 자유롭지 못했다.

라틴 아메리카 여러 나라와 그리스의 독립은 현 상태를 유지하려 했던 빈 체제에 큰 충격을 주었다. 결국, 5국 동맹은 깨졌고 메테르니히는 홀로 남았다.

**프랑스가 빈 체제에 결정타를 날리다**

나폴레옹이 몰락한 뒤 부르봉 왕가의 루이 18세가 프랑스 왕위에 올랐

**7월 혁명**
시민이 왕으로 추대한 루이 필리프가 삼색기를 앞세우고 파리 시청으로 가고 있다. 7월 혁명을 계기로 유럽 여러 나라에서 자유주의 운동이 일어났다. 오라스 베르네가 1832년에 그린 그림으로 베르사유 궁전에 전시돼 있다.

다. 루이 18세와 그 뒤를 이은 샤를 10세는 귀족과 가톨릭교회를 감싸면서 언론과 출판의 자유를 빼앗고 의회를 강제로 해산했다. 1830년 7월에 파리 시민이 무기를 들고 일어나 샤를 10세를 쫓아냈는데, 이것이 7월 혁명이다. 농민과 노동자는 공화 정부를 만들려 했으나 은행가와 대상인 등 주도권을 가진 부르주아 계급은 입헌 군주제를 만들고 루이 필리프를 왕위에 올렸다. 선거권은 전체 인구의 0.7퍼센트인 극소수 부르주아에게만 주어졌다.

이즈음 프랑스에서는 산업 혁명이 일어나 노동자의 힘이 커졌는데, 이들이 자본가와 싸우면서 사회주의 사상이 널리 퍼졌다. 루이 필리프가 선거권을 요구하는 노동자들을 억누르자 1848년 2월에 파리 시민이 다시 일어났다. 2월 혁명이었다. 루이 필리프는 영국으로 달아났고 임시 정부가 공화정 건설을 선언했다.

**2월 혁명**
프랑수아 오귀스트 비아르의 그림으로 베르사유 궁전에 전시돼 있다. 시민들이 파리 시청 앞 시가전에서 승리한 뒤 환호하는 모습이다. 2월 혁명은 유럽에 자유주의 바람을 다시 불러일으켰다.

**파리 코뮌**
민중은 자유가 아니면 죽음을 달라며 싸웠다. 이들은 파리에서 62일을 버티다가 대다수가 죽음을 맞이했다.

4월에 실시한 보통 선거로 제헌 의회를 구성했는데, 사회주의자가 완패하고 온건파인 부르주아가 많은 수의 의석을 차지했다. 사회주의에 두려움을 느낀 시민이 등을 돌린 탓이었다. 11월에 있었던 대통령 선거에서도 나폴레옹 1세의 조카 루이 나폴레옹이 시민의 지지를 업고 당선됐다. 제2 공화정의 시작이었다.

루이 나폴레옹은 1851년에 자신의 대통령 재선에 반대하는 의회를 해산하고, 1852년에 국민 투표를 실시해 제2 제정을 수립한 다음 나폴레옹 3세를 자칭했다. 그는 상공업을 장려했고 토목 공사를 벌였으며, 대외적으로는 전쟁에 참여해 국민에게 경제적 번영을 약속했다. 그러나 경제 정책이 큰 성과를 보지 못하고 프로이센과의 전쟁●에서도 패하자, 제2 제정은 1870년에 무너졌다.

1871년에 파리의 사회주의자들은 프로이센에 항복하기를 거부하고 파리 코뮌이라는 자치 정부를 만들었다. 그러나 파리 코뮌은 프랑스의 부르주아 임시 정부와 프로이센에 의해 진압됐고, 1875년에 헌법이 만들어지면서 제3 공화정이 세워졌다. 공화정은 왕당파와 군국주의자의 위협 속에서도 오랫동안 이어졌다.

●**프랑스─프로이센 전쟁**
1870년에 에스파냐의 왕위 계승권을 놓고 두 나라가 벌인 전쟁이다. 프로이센에 나폴레옹 3세가 사로잡힌 뒤에도 프로이센의 재상 비스마르크가 공격을 계속해 1871년에 파리를 함락했다. 프랑스는 프로이센에 알자스로렌을 내주고 50억 프랑의 배상금까지 지불해야 했다.

## 해가 지지 않는 나라 대영 제국

자유주의는 유럽 대부분의 나라에서 혁명을 거쳐 발전했으나 영국에서는 의회가 18~19세기에 이룬 정치·경제적 성장을 바탕으로 점진적인 개혁을 시도하면서 발전했다.

종교 부분의 개혁이 변화의 출발점이었다. 의회는 1828년에 심사령을 폐지해 개신교도에게 공직자의 길을 열어 주었고, 1829년에는 해방령을 발표해 가톨릭교도에게 시민권을 주었다.

중산층은 선거법 개정을 통해 정치적 권리를 요구했다. 산업 혁명으로 자본가와 노동자가 중요한 정치 세력이 됐으나 선거권은 여전히 지주에게만 주어져 있었다. 더욱이 농촌 인구가 도시로 떠나면서 부패 선거구●가 늘어나던 상황이었다. 1832년에 제1차 선거법 개정으로 부패 선거구가 없어졌고, 상공업 도시에 의석이 새로 배정됐으며, 신흥 상공인에게 선거권이 주어졌다. 하지만 1838년에 이르러서도 여전히 노동자들은 선거권을 갖지 못했다. 노동자들은 보통 선거, 비밀 선거 등을 요구하는 인민 헌장을 내걸고 차티스트 운동을 벌였다. 차티스트 운동은 실패했지만 휘그당과 토리당이 자유당과 보수당이라는 대중 정당으로 바뀌는 계기가 됐다.

새로 선거권을 얻은 산업 자본가들은 자유주의 경제 체제의 수립을 강력하게 요구했다. 코브던, 브라이트 등의 주장으로 지주에게 유리했

●부패 선거구
인구 대부분이 도시로 떠났음에도 이전 선거법에 따라 여러 명의 의원을 뽑을 수 있던 농촌의 선거구를 말한다. 50명의 유권자가 의원 2명을 뽑는 선거구가 45개였고, 유권자가 아예 없는 곳도 30여 개나 됐다. 반면, 인구 10만 명이 넘는 맨체스터, 리버풀 같은 신흥 공업 도시는 한 명의 의원도 뽑을 권한이 없었다.

차티스트 운동
지주와 산업 자본가 중심의 의회는 가난한 노동자의 이해를 대변하지 못했다. 이에 노동자들은 참정권을 얻기 위한 싸움에 뛰어들었다. 1848년에 영국 켄싱턴에서 있었던 차티스트 집회 모습이다.

**빅토리아 여왕(왼쪽)**
60년 넘게 왕위를 지키면서 대영 제국의 황금기를 열었다. 왕실의 권위를 높인 동시에 의회 정치를 발달시켰다.

**세계 만국 박람회(오른쪽)**
1851년에 영국 런던에서 열린 무역 박람회이다. 14,000여 점의 상품이 전시된 무역 박람회는 최강대국 영국의 부를 과시하는 행사였다. 제이 맥너비이 박람회가 열렸던 수정궁을 그린 이 그림은 런던 빅토리아 알버트 박물관에 전시돼 있다.

● **곡물법**
1815년에 만들어진 외국 곡물 수입 금지법이다. 영국 곡물 산업의 보호를 내세웠으나 실제로는 영국 지주의 이익을 보장하기 위한 것이었다. 자유 무역을 가로막아 산업 자본가를 어렵게 했고 가난한 노동자의 생계를 위협했다.

던 곡물법●을 1846년에 폐지했고, 뒤이어서 공업 원료, 공업 제품에 대한 관세 제도를 없앴으며, 1849년에는 항해 조례를 폐지했다. 이를 바탕으로 19세기 후반에 영국은 빅토리아 시대라는 최고의 전성기를 맞이했다. 영국 자본주의는 세계의 공장이라 불릴 정도로 발전했고, 대외적으로는 여러 나라를 정복해 '해가 지지 않는 나라 대영 제국'의 기초를 닦았다. 이후 자유당의 글래드스턴과 보수당의 디즈레일리가 번갈아 권력을 잡았다. 1867년에는 선거법을 개정해 노동자에게도 선거권을 주었고, 1882년에는 성인 남성 모두에게로 선거권을 확대했으며, 1871년에는 노동조합법을 만들어 노동조합을 합법화했다.

## 이탈리아가 하나로 뭉치다

영국과 프랑스에서 자유주의 개혁이 이루어지고 있을 때 이탈리아는 여전히 롬바르디아, 베네치아, 로마 교황령, 사르데냐, 시칠리아 등으로 나누어져 있었다. 이탈리아 북부 지역 대부분은 오스트리아의 지배를 받았다. 이에 이탈리아에서는 자유주의 운동이 다른 나라의 간섭에서 벗어나 통일된 민족 국가를 만드는 식으로 전개됐다.

카보우르(왼쪽)
이탈리아 통일에 가장 큰 역할을 했던 정치가이다. 통일된 이탈리아의 첫 총리가 됐다.

가리발디(오른쪽)
이탈리아 통일을 위해 싸운 군인이다. 붉은 셔츠 부대의 상징인 붉은 셔츠를 입고 있다.

　이탈리아 통일 운동은 19세기 전반부터 자유주의자 마치니가 이끄는 카르보나리당과 청년 이탈리아당 등이 꾸준하게 이어갔다. 하지만 시민 계급의 힘이 뒷받침되지 못한 채 몇몇 혁명가나 지식인이 중심이 됐기에 오스트리아의 메테르니히에게 번번이 가로막혔다.

　19세기 중반을 지나서는 사르데냐의 수상인 카보우르가 통일 운동을 이끌었다. 이탈리아의 근대화를 위해 노력하기도 한 카보우르는 이탈리아 인의 힘만으로는 통일이 불가능하다고 생각해 다른 나라의 힘을 빌리고자 했다. 그는 크림 전쟁*에 참여해 영국과 프랑스를 도왔고, 파리 강화 회의에서 오스트리아에 맞서며 다른 나라에 도움을 요청했다.

　드디어 1859년 1월에 사르데냐가 프랑스와 손잡고 오스트리아에 선전 포고했다. 이탈리아와 프랑스가 오스트리아를 이겨 통일을 이루는 듯 했으나, 사르데냐의 힘이 너무 커지는 것을 원치 않았던 프랑스의 나폴레옹 3세가 오스트리아와 홀로 휴전을 해 버렸다. 사르데냐는 중부 이탈리아를 통일하는 수준에서 만족해야 했다.

　1860년 4월, 시칠리아 섬에서 부르봉 왕가에 반대하는 민중이 들고

●크림 전쟁
러시아가 오스만 제국과 크림 반도에서 싸운 전쟁이다. 프랑스와 영국이 러시아를 막기 위해 오스만 제국과 동맹을 맺고 파견한 연합군의 활약으로 러시아가 졌다.

**이탈리아 통일 전쟁**
가리발디가 1860년에 붉은 셔츠 부대와 시칠리아로 건너가 반란을 돕고 있는 모습으로 이탈리아 화가 조반니 파토리가 그렸다.

● **프로이센-오스트리아 전쟁**
독일 통일의 중심 국가인 프로이센과 오스트리아가 슐레스비히, 홀슈타인 두 공국을 놓고 벌인 전쟁에서 프로이센이 이겼다.

일어났다. 이 틈에 가리발디가 붉은 셔츠 부대라 불리는 의용군을 이끌고 시칠리아로 건너가 정부를 무너트렸고, 8월에는 이탈리아 본토로 건너가 나폴리를 차지했다. 더 이상의 전쟁은 오스트리아와 프랑스의 간섭을 불러올 것이 뻔했고, 내부적으로도 사르데냐와 내전을 벌이게 될 가능성이 컸다. 가리발디는 이탈리아의 통일이라는 큰 뜻을 위해 시칠리아와 나폴리를 사르데냐 왕에게 바쳤다. 이로써 베네치아와 로마를 뺀 이탈리아가 통일되어 1861년 3월에 이탈리아 왕국이 탄생했다.

1866년에 이탈리아는 프로이센-오스트리아 전쟁®에서 프로이센을 도와 베네치아를 되찾았고, 1870년에 있었던 프랑스-프로이센 전쟁으로 프랑스가 로마에서 철수하자 이를 차지했다. 그 결과, 오늘날 이탈리아에 해당하는 모든 땅이 통일됐다.

스위스 연방 공화국

사보이
└프랑스에 할양(1860)

베네치아
└이탈리아 왕국에 병합(1866)

오스트리아 - 헝가리 제국

롬바르디아
└북이탈리아 왕국에 병합(1859)

프랑스 제국

피에몬테

제노바

파르마

모데나

오스만 제국

니스
└프랑스에 할양(1860)

피렌체

토스카나

이탈리아 왕국
└이탈리아 왕국 통합(1861)

코르시카

교황령
└이탈리아 왕국에 병합(1870)

로마

사르데냐 왕국

지중해

나폴리

사르데냐 왕국(1859)
이탈리아 왕국(1861)

팔레르모

시칠리아 왕국

이탈리아의 통일
사르데냐 왕국의 수상 카보우르는 프랑스의 지원을 받아 오스트리아와 전쟁을 벌여 중북부를 통일했다. 남부 의용군 지도자 가리발디는 공화정을 꿈꾸었으나, 내부 싸움이 다른 나라의 간섭을 불러올 것을 염려해 남부를 사르데냐 왕국에 통합하는 데 동의했다. 그 결과, 1861년에 통일된 이탈리아 왕국이 탄생했다.

## 철과 피로 독일 통일을 이루다

18세기까지 프로이센, 오스트리아 등 많은 나라로 나누어져 있던 독일에서도 자유주의 운동이 하나의 민족 국가를 만들려는 통일 운동으로 나타났다. 통일 운동을 적극적으로 벌인 최초의 단체는 1848년에 프랑스 2월 혁명의 영향을 받아 자유주의자가 만든 프랑크푸르트 국민의회였다. 운동이 과격해지는 것을 두려워한 산업 자본가들은 토지 귀족과 손잡고 이를 억눌렀다.

독일에는 철과 피가 필요하다!

독일 제국 선포식(왼쪽)
빌헬름 1세가 프랑스와의 전쟁
에서 이긴 뒤 베르사유 궁전에
서 통일 독일의 황제로 즉위하
고 있다. 1885년에 안톤 폰 베
르너가 그린 이 그림은 독일 프
리드리히스루에 있는 비스마르
크 박물관에 전시돼 있다.

비스마르크(오른쪽)
철혈 정책으로 통일 독일 제국
을 만든 뒤 20년 동안 재상으
로 활약하면서 독일을 유럽 최
고의 군사 강국으로 만들었다.

　　그 후 프로이센의 재상 비스마르크가 독일 통일 운동을 이끌었다. 그
는 독일 통일은 무력으로만 가능하다고 믿었기에 "독일의 과제는 연설
과 다수결이 아니라 철과 피로 이루어질 것이다."라며 철혈 정책을 추
진했다. 비스마르크가 이끄는 프로이센은 1866년에 오스트리아와 함
께 덴마크로부터 슐레스비히와 홀슈타인을 빼앗은 다음 다시 오스트리
아를 공격해 이 지역들을 독차지했다. 1867년에는 22개 나라를 묶어
북독일 연방을 만들었다.

　　프로이센에 남은 과제는 남부의 여러 나라를 북독일 연방으로 끌어
들이는 것이었다. 프랑스의 나폴레옹 3세가 프로이센의 통일을 방해하
자 1870년에 프랑스와 전쟁을 벌였다. 프로이센은 스당에서 나폴레옹

북해
발트 해
슐레스비히
홀슈타인
하노버
네덜란드
연방 공화국
베스트팔렌
룩셈부르크
베를린 ●
러시아 제국
작센
슐레지엔
프랑스 제국
알자스로렌
바이에른
오스트리아 - 헝가리 제국
뮌헨 ●
스위스 연방 공화국

프로이센 왕국의 영토(1815)
북독일 연방의 남쪽 국경선(1867)
독일 제국의 국경선(1871)

3세를 포로로 잡은 다음 1871년 1월에 파리까지 나아갔다. 이로써 남부의 여러 나라를 포함한 통일 독일이 탄생했고, 프로이센의 빌헬름 1세가 파리의 베르사유 궁전에서 즉위식을 가졌다.

그해 4월에 제국 헌법이 만들어졌다. 제국 헌법에 따라 독일은 연방제 국가가 됐고 연방에 속한 여러 나라가 각각의 정부와 의회를 구성했다. 군사 통수권과 외교권을 가진 황제와 총리 자리는 프로이센이 독차지했고, 입법 기관도 프로이센 출신이 4분의 1이나 장악했다. 심지어 제국 의회에 중앙 정부를 구속할 수 있는 권한도 주지 않았다. 제국은 겉으로는 입헌 군주제였으나 실제로는 프로이센의 황제와 총리가 모든 권한을 행사하는 전제 정치에 가까웠다. 그 결과,

**독일의 통일**
프로이센은 1864년과 1866년 두 차례에 걸쳐 오스트리아와 전쟁을 치른 뒤 북독일 연방을 만들었다. 1871년에는 프랑스와의 전쟁에서 승리해 연방에 가입하지 않고 있던 남부까지 끌어들여 독일 제국을 탄생시켰다.

새로 만들어진 독일 제국은 군국주의, 국가주의 등 보수적인 성격이 강했다.

## 미국, 눈부신 속도로 경제 발전과 민주화를 이루다

1776년에 독립한 미국은 1800년대에 안팎으로 눈부시게 발전했다. 안으로는 국민 대다수가 참정권을 가진 시민이라는 장점을 살려 민주주의의 기초를 다졌고, 영토 확장과 활발한 서부 개척으로 경제에도 활기를 불어넣었다. 밖으로는 먼로 독트린을 발표해 라틴 아메리카에 대한 유럽의 정치적 간섭을 막고, 미영 전쟁*을 벌여 영국에 의지하지 않는 경제 구조를 만들었다. 미국의 빠른 발전은 다른 나라와 달리 근대화에 반대할 봉건 세력이 없었으며, 유럽 여러 나라가 나폴레옹 전쟁의 후유증에서 벗어나지 못해 미국에 간섭할 힘이 남아 있지 않았기 때문에 가능했다.

1800년대 중반, 남부와 북부의 대립이 심각해졌다. 노예 노동을 이용한 대농장이 발달한 남부에는 노예제 유지와 자유로운 곡물 판매를 보장하는 자유 무역, 지방 분권이 유리했다. 반면, 공업이 발달한 북부는 낮은 임금으로 더 많은 노동자를 고용할 수 있도록 노예제 폐지를 지지했고, 상공업 육성을 위해 보호 무역 제도와 중앙 집권을 원했다.

1860년에 북부 출신의 링컨이 아메리카 합중국 대통령에 당선되자 남부의 7개 주가 연방에서 빠져나가 제퍼슨 데이비스를 대통령으로 하는 남부 연합을 만들면서 남북 전쟁이 일어났다. 초기에는 남부가 우세했으나 북부가 농민의 지지를 얻기 위해 자영농 창설법*을 만들고, 1863년에 노예 해방령을 발표하자 전세가 역전되기 시작했다. 링컨은 게티즈버그에서 '인민의, 인민에 의한, 인민을 위한 정치'라는 유명한 연설로 미국이 나아가야 할 방향을 밝혔다. 결국,

● 미영 전쟁
나폴레옹 전쟁 중 프랑스를 압박하려 했던 영국의 해상 봉쇄 정책이 미국의 대외 무역에 부담을 주자, 미국이 영국과 1812년부터 1814년까지 벌인 전쟁이다.

● 자영농 창설법
21세 이상의 국민이 5년 동안 토지를 경작하면 약 65만 제곱미터의 땅을 무상으로 준다는 내용의 법안이다.

1865년에 남부 연합의 수도 리치먼드가 북부의 손에 들어가면서 전쟁은 경제력이 우세했던 북부의 승리로 끝났다.

　남북 전쟁의 인적, 물적 피해는 제1차 세계 대전에 비교될 정도로 컸다. 그렇지만 그보다 더 큰 손실은 남북 사이에는 물론, 흑인과 백인 사이에 증오와 적대감이 돌이킬 수 없을 정도로 깊어진 것이었다. 그럼에도 미국은 산업화에 적대적이었던 대농장주가 몰락한 바탕 위에 드넓은 땅, 풍부한 자원, 진취적인 개척 정신이라는 장점들을 효율적으로 결합해 빠르게 상공업을 발전시켰다. 1869년에는 대륙 횡단 철도를 만들어 경제적 통일을 이루었고, 이후 세계 최강국으로서의 기초를 하나하나 다져갔다.

에이브러햄 링컨(왼쪽)
미국의 16대 대통령으로, 남북 전쟁이라는 위기 속에서 미국 연방을 지탱하며 노예를 해방시켰다.

게티즈버그 전투(오른쪽)
펜실베이니아 주 게티즈버그 근처에서 벌어진 전투로, 남북 전쟁에서 북부가 이기는 결정적인 계기가 됐다. 피터 로터멜의 그림이다.

**미국의 영토 확장**
19세기 들어 미국은 서쪽으로 영토를 크게 넓혔다. 국제 정세를 이용해 프랑스로부터 루이지애나를, 에스파냐로부터 플로리다를 헐값에 사들였다. 멕시코를 침략해 텍사스와 캘리포니아를 빼앗았으며, 인디언의 땅을 빼앗고 그들을 학살했다.

오리건 지역
(1846, 병합)

(1818, 영국에서 넘겨받음)

(1842, 영국에서 넘겨받음)

루이지애나
(1803, 프랑스에서 사들임)

(1848, 멕시코에서 넘겨받음)

(1783, 독립 당시의 영토)

개즈던
(1853, 멕시코에서 사들임)

텍사스 공화국
(1845, 병합)

플로리다
(1819, 에스파냐에서 사들임)

**농노 해방령**
한 병사가 알렉산드르 2세의 농노 해방령을 발표하고 있다. 농노 해방령으로 4,700만 명의 농노가 자유를 얻었다.

## 러시아, 봉건 사회에서 벗어나려 노력하다

러시아는 19세기까지 봉건적인 농노제가 계속됐고 정치적으로도 절대주의 체제에 머물렀기에 유럽에서 가장 뒤처져 있었다. 러시아에 자유주의 운동이 시작된 계기는 나폴레옹 전쟁이었다. 전쟁에 참여한 청년 장교를 통해 서유럽의 자유주의 사상이 들어왔는데, 그 영향을 받은 진보적 군인과 귀족이 1825년에 데카브리스트의 난을 일으킨 것이다. 니콜라이 1세는 이를 힘으로 억누르고 절대 왕정을 더욱 강화했다.

이후 러시아는 발칸 반도와 중동으로 진출하기 위해 오스만 제국과 크림 전쟁을 벌였으나 뜻을 이루지 못했다. 정치 개혁에 나선 알렉산드르 2세는 1861년에 농노의 자유와 토지 소유를 인정하는 농노 해방령을 발표하고, 지방 의회를 만들어 입헌 군주제를 받아들였다. 하지만 농노는 지주에게 배상금을 내야만 토지 소유를 인정받을 수 있었기 때문에 소작인이 되거나 토지를 떠나 노동자가 될 수밖에 없었고 이들의 삶은 크게 나아지지 않았다.

지식인은 더 적극적인 개혁을 주장하며 브나로드 운동•을 벌였지만 국왕의 탄압과 농민의 의식적인 한계로 실패했다. 브나로드 운동이 실패하자 민중주의자 가운데 테러로 정부를 전복하려는 사람이 나왔고, 다른 한편으로는 정치, 종교, 도덕 등 모든 권위를 부정하는 허무주의가 퍼졌다. 이들이 1881년에 알렉산드르 2세를 암살했는데, 이 사건을 계기로 러시아의 절대 왕정은 더 강압적인 모습을 보였다.

내부적으로 혼란스러운 상황에서도 러시아는 발칸 반도 내 슬라브

• 브나로드 운동
젊은 지식인들이 중심이 되어 펼친 농촌 계몽 운동이다. 브나로드는 '인민 속으로'라는 뜻이다.

데카브리스트의 난
1825년에 알렉산드르 1세가 갑자기 죽자 진보적인 청년 장교들이 원래 후계자였던 니콜라이 대신 그의 형이자 자유주의자인 콘스탄틴을 왕위에 올리려다가 계획이 드러나 처형된 사건이다. 1853년에 러시아 화가 바실리 팀이 그린 이 그림은 러시아 에르미타주 미술관에 전시돼 있다.

족의 자유주의 운동을 적극적으로 도왔다. 1877년에는 오스만 제국과 다시 전쟁을 해서 세르비아, 몬테네그로, 루마니아를 독립시켰고, 불가리아에 자치권을 주었다. 러시아의 이러한 행동은 슬라브 족의 영토를 지배하던 영국과 오스트리아를 자극했고, 러시아와 지리적으로 가까운 독일의 불만을 샀다. 독일의 비스마르크는 베를린 회의에서 슬라브 족의 영토를 크게 줄여 러시아가 남쪽으로 내려오는 것을 막았다.

**알렉산드르 2세**
의회 설치, 사법 제도 개혁, 농노 해방 등의 자유주의 정책을 실행했으나 혁명 세력을 억누르다가 이들에게 암살당했다.

── 산스테파노 조약에 따른 불가리아 공국의 국경선(1877)
▨▨ 베를린 회의에 따른 오스만 제국의 영토(1878)
▨▨ 오스만 제국 내 자치 지역

오스트리아 - 헝가리 제국
루마니아 공국
세르비아 공국
불가리아 공국
흑해
몬테네그로 공국
동루멜리아
오스만 제국
지중해

**베를린 회의 이후 발칸 반도**
러시아는 오스만 제국과의 전쟁을 끝낸 뒤 맺은 산스테파노 조약으로 발칸 반도에 진출했다. 그러나 러시아를 견제하던 영국, 오스트리아, 독일 등이 베를린 회의를 열어 산스테파노 조약의 내용을 바꾸도록 했다. 그 결과, 불가리아의 영토가 줄어드는 등 발칸 반도 내의 국경선이 크게 변했다.

# 11

# 과학의 시대 19세기의 문화

17세기는 과학 혁명의 시기, 18세기는 이성의 세기라고 한다면, 19세기는 이전 성과를 바탕으로 근대 시민 문화가 무르익은 시기라고 할 수 있다. 19세기에는 자연 과학과 인문학이 발달하면서 여러 가지 새로운 경향의 문화가 나타났고, 이를 바탕으로 다양한 색깔의 사회 문학과 예술이 유행했다.

**자연 과학이 발달하고 물질문명이 발전하다**

19세기에는 자연 과학이 크게 발전했다. 물리학에서는 독일의 마이어와 헬름홀츠가 에너지 불멸의 법칙을, 영국의 패러데이가 발전기의 기초 이론을 만들었고, 독일의 뢴트겐과 프랑스의 퀴리 부부는 엑스선과 방사선 원료인 라듐을 각각 발견했다. 화학에서는 영국의 돌턴이 원자설을, 이탈리아의 아보가드로가 분자설을 발표한 데 이어, 러시아의 멘델레예프가 원소의 주기율표를 만들었다. 생물학에서는 영국의 다윈이 진화론을 주장했고, 오스트리아의 멘델은 유전 실험을 통해 멘델의 유

**다윈 풍자화**
다윈은 1859년에 발표한 《종의 기원》에서 "인간이 생존 경쟁, 자연 도태, 적자생존의 원리에 따라 진화했다."고 주장했다. 신이 인간을 만들었다는 창조론과 대립하는 다윈의 진화론은 종교계로부터 사회에서 큰 비난을 받았다.

**에디슨**
2,000여 건의 발명을 통해 발명왕이라 불린 미국의 발명가이다.

전 법칙을 발표했다. 의학에서는 프랑스의 파스퇴르가 예방 접종에 성공했으며, 독일의 코흐는 세균학을 발전시켜 보건 위생에 크게 이바지했다.

과학적 성과는 각종 기술 혁신과 발명으로 이어졌다. 독일의 지멘스가 발전기를, 디젤이 석유를 연료로 하는 내연 기관을 만들었고, 고성능 용광로와 제철법이 개발되어 중공업 시대의 막이 올랐다. 화학 공업에서는 스웨덴의 노벨이 고성능 다이너마이트를 만들었고, 인공 질소, 인조 명주실, 합성 염료 등이 대량으로 만들어졌다. 교통 기관으로는 이미 실용화된 증기 기관차와 증기선 이외에 전기와 휘발유 엔진을 이용한 전차, 자동차, 비행기 등이 발명됐다. 다른 분야에서도 상당한 변화가 있었다. 미국의 에디슨은 전등, 축음기, 영화를, 벨은 전화기를, 이탈리아의 마르코니는 무선 전신을 발명했다. 인류의 생활은 더욱 편리해졌고 물질문명은 크게 발전했다.

**인간과 자연에 대해 새로운 해석을 시도하다**
19세기 유럽에서는 자연 과학의 발달과 함께 인간과 자연에 대해 새로운 해석을 시도하는 움직임이 나타났다. 철학이 활기를 되찾으면서 독일에서는 관념론, 영국에서는 공리주의, 프랑스에서는 실증주의가 발달했다.

독일의 관념론은 칸트에서 시작되어 피히테의 이상주의를 거쳐 헤겔에 이르러 완성됐다. 헤겔은 역사를 절대 정신이 자유 이념을 성취하는 과정으로 보고, 역사 발전을

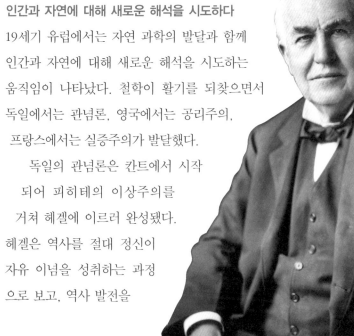

변증법*으로 설명했다. 영국에서는 최대 다수의 최대 행복을 주장한 벤담의 공리주의 사상이 밀에게 이어져 자유주의 사상으로 발전했으며, 프랑스에서는 콩트가 실증주의를 내세워 근대 사회학의 기초를 세웠다. 독일의 니체는 인간의 정신과 사회를 합리적으로 이해하려는 이러한 시도를 비난하며 인간성의 비합리적인 측면에 주목했다.

역사학도 발전했다. 19세기 초반에 유행한 낭만주의와 민족주의가 인류와 민족의 전통에 대해 지대한 관심을 가졌기 때문이다. 독일에서는 랑케가 철저한 사료 비판에 의한 객관적 역사 연구를 강조해 근대 역사학의 기초를 세웠고, 프랑스에서는 기조, 영국에서는 매콜리, 스위스에서는 부르크하르트 등의 역사학자가 활약했다.

경제학에서는 애덤 스미스가 시작한 영국의 고전 경제학에 맬서스와 리카도가 깊이를 더했고, 밀은 자유주의 경제 이론을 완성했다. 이들은 경제 활동에 대한 국가의 간섭에 반대하면서도 노동자의 빈곤과 비참한 환경을 개선할 별도의 사회 정책이 필요하다고 주장했다. 독일에서는 자유 무역 제도 자체를 비판하는 사람들이 등장했다.

## 다양한 시민 문학과 예술이 유행하다

문학에서 19세기 초반은 낭만주의*의 전성기였다. 계몽주의에 반발해 생긴 낭만주의는 인간의 본능과 감정을 강조하고 민족의 과거와 전통을 중요하게 여겼다. 독일의 하이네, 프랑스의 위고, 영국의 바이런과 셸리, 미국의 호손, 러시아의 푸시킨, 덴마크의 안데르센 등이 대표적인 작가이다.

19세기 후반에는 낭만주의의 비현실적 경향에 반대해 현실 사회를 있는 그대로 묘사하는 사실주의와 자연주의가 유행했다. 프랑스의 스

헤겔
독일 관념론을 총 정리한 인물이다. 18세기 계몽사상의 한계를 인식하고 자연, 역사, 정신이 변화하고 발전하는 과정을 파악해 19세기 역사학을 이끌었다.

●변증법
사물이 변하는 과정에서 내부 모순으로 인해 자신을 부정하게 되고, 이 모순을 해결함으로써 다음 단계로 발전해 간다는 논리이다. 헤겔의 변증법과 포이어바흐의 유물론은 마르크스의 변증법적 유물론에 큰 영향을 주었다.

●19세기 문학
낭만주의 문학에서는 바이런의 〈돈 주앙〉, 호손의 《주홍글씨》, 사실주의 문학에서는 도스토옙스키의 《죄와 벌》, 톨스토이의 《부활》이 유명하다. 졸라의 《목로주점》, 입센의 《인형의 집》은 자연주의 문학의 대표작이다.

**민중을 이끄는 자유의 여신**
들라크루아가 프랑스의 7월 혁명을 그린 이 그림에는 승리를 향한
강한 의지가 담겨 있다. 삼색기를 휘날리며 혁명을 이끄는 여신, 긴
총을 든 남자, 소총을 든 소년의 역동적인 모습 등에서 낭만주의의
특징을 볼 수 있다. 루브르 박물관에 전시돼 있다.

**이삭줍기**
"나의 강령은 노동이다."라면서 밭을 일구며 그림을 그렸던 밀레가 전원 생활을
예찬한 그림이다. 소박한 농부의 일상을 사실적으로 담았다. 오르세 미술관에 전
시돼 있다.

**풀밭 위의 점심**
평면적인 색채 대비로 도시 사람들의 일상을 사실적으로 그린 마네의 그림에서 인상파의 아
름나움을 느낄 수 있다. 오르세 미술관에 전시돼 있다.

**자화상**
고흐는 40여 점의 자화상을 남겼는데, 이 그림에는 고통
스러운 화가의 영혼이 담겨 있다. 배경에 쓰인 푸른색이
엄숙한 분위기를 자아낸다. 오르세 미술관에 전시돼 있다.

탕달, 발자크, 플로베르, 영국의 디킨스, 러시아의 투르게네프, 도스토엡스키, 톨스토이 등이 사실주의 문학의 대표 작가였다. 자연주의 문학의 대표 작가로는 프랑스의 졸라, 독일의 하웁트만, 노르웨이의 입센, 스웨덴의 스트린드베리 등이 있다.

　19세기 초반의 회화 분야에서는 프랑스의 들라크루아 같은 낭만파가 주류를 이루었으나 밀레와 같은 사실파도 활약했다. 19세기 후반에는 주관적 인상을 표현하는 인상파가 등장했는데, 프랑스의 마네, 모네, 르누아르가 대표적인 화가이다. 이후에는 프랑스의 세잔, 네덜란드의 고갱, 고흐 등 후기 인상파가 활약하면서 자신만의 개성을 추구해 현대 회화의 기초를 세웠다. 조각에서는 사실주의와 인상주의를 적절히 조화시킨 로댕이 유명했다.

　음악에서는 19세기 초반 내내 낭만주의가 유행했다. 낭만주의 음악은 독일의 슈베르트와 폴란드의 쇼팽에 의해 체계가 갖추어져 헝가리의 리스트에 이르러 활짝 꽃폈다. 이 시기의 음악은 궁중이나 교회당에서 벗어나 도시의 홀과 음악당에서 연주됐는데, 주제도 그만큼 풍부해져 다양한 오페라가 선보였다.

# 5부

LEARN
TO VOTE

# 현대 사회

# 01

# 제국주의 열강이
# 세계를 나눠 갖다

산업 혁명 이후 자본주의가 더욱 발달한 유럽 여러 나라와 미국은
국내에서 과도하게 생산된 상품을 수출하고 잉여 자본을 투자하기
위해 식민지가 필요했다. 이들은 19세기 말부터 다른 나라를 침략했고,
20세기 초에 이르러서는 아프리카, 아시아 대부분의 나라와 태평양의
여러 섬을 식민지로 만들었다.

### 제국주의 시대의 막이 오르다

영국에서 시작한 산업 혁명이 널리 퍼지면서 19세기 들어 유럽 여러 나
라와 미국에서 자본주의가 크게 발달했다. 이로 인해 기업 간의 경쟁이
심해지고 필요한 양보다 많은 상품이 만들어져 공황*이 일어났다.

자본가는 지나친 경쟁을 막기 위해 생산량, 가격 등을 서로 의논해서
정하는 카르텔이나 여러 기업을 하나로 합치는 트러스트 등을 통해 경
제적인 어려움을 이겨내려 했다. 이 과정에서 대부분의 중소 자본이 대

● 공황
생산은 지나치게 많은 데 반해
수요가 적어, 상품 가격이 크
게 떨어지고 기업이 도산하여
실업자가 늘어나며 경제가 어
려워지는 현상을 말한다.

자본에 흡수되어 몇몇 대기업이 시장을 독차지하는 독점 자본주의가 나타났다. 독점 경향이 점점 더 심해지면서 산업 자본가를 대신해 큰 은행이 경제 전반을 좌지우지하는 금융 자본주의가 만들어졌다.

자본주의가 고도로 발달한 나라에서 산업 자본가와 금융 자본가는 식민지를 만드는 데 적극적으로 나섰다. 값싼 원료를 공급하고 상품을 구매해 주는 시장이라는 식민지 본연의 역할에 잉여 자본을 투자할 수 있다는 장점까지 더해졌기 때문이다. 19세기 말에 이르러서는 자본주의가 발달한 나라가 다른 나라를 공격해 식민지로 만드는 제국주의* 시대의 막이 올랐다.

제국주의의 탄생에는 경제적 배경이 중요하게 작용했지만, 각국의 지정학적 위치, 극단적 민족주의, 인종적 우월주의 등도 영향을 미쳤다. 이 점을 고려하지 않으면, 영국이 제국주의 시대 이전부터 자본을 해외로 수출한 것이나 자본주의가 크게 발달하지 않았던 러시아와 일본, 그리고 뒤늦게 통일을 이룬 독일과 이탈리아가 제국주의 국가가 된 원인을 설명할 수 없다.

사회 지도층 인사
게오르게 그로스의 그림으로, 베를린 국립 미술관에 전시돼 있다. 사회 지도층(성직자, 군인, 정치가, 나치, 언론인)이 독일을 제국주의 국가로 만들어 망치고 있다는 비판이 담겼다.

## 열강의 싸움터가 된 아프리카 대륙

로마 인은 지중해 너머 이집트를 비롯한 아프리카 대륙 북부를 차지했다. 15세기에 유럽의 항해자는 인도로 가는 항로를 개척해 아프리카 바닷가에 중계 무역 도시를 만들었으나, 19세기 말까지 아프리카 대륙은 유럽 인에게 미지의 세계로 남아 있었다. 그러던 중 1869년에 프랑스의 레셉스가 수에즈 운하를 만들면서 운하가 위치한 이집트의 중요성이 커졌고, 영국의 리빙스턴과 미국의 스탠리 등은 탐험 보고서를 작성해 아프리카 대륙의 내부 사정을 알렸다. 이후 아프리카 대륙은 식민지를 쟁탈하려는 자본주의 열강의 싸움터가 됐다.

● 제국주의
일반적으로 제국주의는 한 나라가 다른 나라를 침략하려는 경향을 가리킨다. 역사적으로는 19세기 말부터 제1차 세계 대전까지 자본주의가 크게 발달한 나라가 다른 나라를 식민지로 만든 정책을 의미한다.

수에즈 운하
아시아와 아프리카 대륙의 경계에 만들어진 세계 최대 규모의 운하이다. 총 길이가 162.5 킬로미터에 이른다.

내 거야!!

● 종단 정책
이집트의 카이로(Cairo), 인도의 캘커타(Calcutta), 남아프리카의 케이프타운(Cape town)을 연결하려는 정책으로 '3C 정책'이라고도 불린다.

이산들와나 전투
1879년에 아프리카 남부 이산들와나에서 영국군과 줄루 족 사이에 전투가 벌어졌다. 창과 방패를 든 줄루 족 전사들이 신식 소총을 든 영국군과 맞붙어 싸우는 모습을 담은 찰스 에드윈 플립의 기록화이다.

아프리카 대륙에서 가장 성공한 나라는 영국이었다. 영국은 인도를 빠르게 왕복하기 위해 수에즈 운하의 주식을 사들였고, 1882년에는 아라비 파샤가 이끄는 민족 운동을 억눌러 이집트를 손에 넣었다. 이어서 수단을 차지했고, 빈 회의에서 얻은 아프리카 남부의 케이프타운을 기점으로 해서 북쪽으로 땅을 넓혀 가는 종단 정책●을 펼쳤다.

프랑스는 이집트에서 영국에 밀렸으나 알제리를 손에 넣었다. 이어 이탈리아와의 경쟁에서 이겨 튀니지를 점령했고, 사하라 사막에서 콩고에 이르는 아프리카 서부를 차지했으며, 이를 바탕으로 아프리카 대륙을 가로지르는 횡단 정책을 추진했다.

프랑스의 횡단 정책과 영국의 종단 정책이 부딪치면서 파쇼다 사건●
이 일어났고 양국이 협상한 결과 영국이 수단을, 프랑스가 모로코를 차
지하는 것으로 정리됐다. 그즈음 네덜란드 출신의 이민자들이 개척한
오렌지 자유국과 트란스발 공화국에서 다이아몬드와 금광이 발견됐는
데, 영국은 두 나라에서 영국인의 참정권이 거부됐다는 구실을 가지고
전쟁을 일으켜 양국 모두를 차지했다.

통일 뒤에 여러 문제를 안고 있던 독일도 아프리카로 진출해 서부의
카메룬, 토고 등을 손에 넣었다. 이탈리아는 에리트레아, 소말릴란드,

● 파쇼다 사건
영국의 종단 정책과 프랑스의
횡단 정책이 1898년에 수단
의 파쇼다에서 충돌한 사건이
다. 외교적 교섭으로 전쟁 없
이 갈등을 해결했다.

점령국
〰️ 프랑스
〰️ 영국
⬛ 독일
〰️ 포르투갈
〰️ 벨기에
〰️ 에스파냐
이탈리아
〰️ 독립국

모로코
튀니지
알제리
리비아
이집트
리오데오로
감비아
기니
시에라리온
라이베리아
프랑스령 서아프리카
황금
해안토고
나이지리아
프랑스령
적도
아프리카
영국·이집트령
수단
에리트레아
파쇼다
소말릴란드
에티오피아 제국
적도 기니
카메룬
우간다 영국령
동아프리카
콩고
카반다
독일령
동아프리카
니아살란드
앙골라
북로디지아
모잠비크
남로디지아
마다가스카르
독일령
서남
아프리카
베추아날란드
스와질란드
남아프리카
연방
바수톨란드

제국주의 국가의 아프리카 분할
미지의 세계였던 아프리카가
알려지면서 유럽 나라들 간의
경쟁이 치열해졌다. 20세기 초,
에티오피아와 라이베리아를 제
외한 아프리카 모든 지역이 유
럽의 식민지가 됐다.

세실 로즈
남아프리카 연방의 식민지 총독
으로 이 지역의 다이아몬드 광
산을 독차지해 엄청난 부를 쌓
았다. 영국의 식민지 확대를 주
장한 제국주의자였다.

● 시암
오늘날의 타이에 해당한다.
아시아 대부분의 나라가 유럽
의 식민지가 됐지만 시암은
동남아시아에서 영국과 프랑
스의 전쟁을 막기 위한 완충
지역으로 남았다. 시암은 일
찍부터 유럽과 교류한 일본과
함께 아시아에서 독립을 유지
한 나라였다.

리비아 등을 차지했다. 이 밖에 벨기에가 콩고를, 포르투갈은 앙골라와 모잠비크를 식민지로 만들었다. 20세기에 들어섰을 무렵 에티오피아와 라이베리아 두 나라를 뺀 아프리카 대륙의 거의 모든 나라는 유럽 제국주의 국가의 식민지가 돼 있었다.

## 제국주의의 파도가 아시아와 태평양에 일렁이다

인도로 가는 새로운 항로가 개척된 뒤 많은 유럽 인이 인도를 다녀갔다. 19세기 들어 영국의 인도 점령을 시작으로 유럽 각국이 아시아 곳곳에 식민지를 만들었다.

영국은 7년 전쟁에서 이긴 뒤 프랑스를 인도에서 몰아냈고, 1876년에 인도 제국을 만들어 대영 제국에 포함시켰다. 또한, 러시아의 남진 정책을 막기 위해 인도 북쪽의 네팔과 아프가니스탄을 점령했다. 인도 동쪽으로는 싱가포르와 말레이 반도를 묶어 말레이 연방을 만든 뒤 인도양과 태평양 무역을 독차지했다.

인도에서 밀려난 프랑스는 베트남과 캄보디아를 점령해 프랑스령 인도차이나를 만들고 시암●까지 나아갔다. 하지만 또다시 영국과 부딪치면서 라오스를 차지하는 것으로 만족해야 했다.

일찍부터 동남아시아에서 활동한 네덜란드는 네덜란드 동인도 회사를 만들어 천연자원이 풍부한 자바와 수마트라, 보르네오 등을 지배했다.

러시아는 중앙아시아에서 남쪽으로 내려와 투르키스탄을 차지하고 페르시아와 아프가니스탄으로 나아갔으나 영국에 가로막히자 동아시아로 눈길을 돌렸다.

태평양의 섬들도 식민지로 전락했다. 영국은 오스트레일리아의 시드니를 중심으로 식민 사업을 전개했는

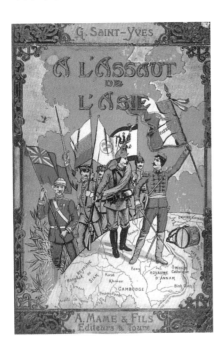

유럽의 동남아시아 침략
유럽 제국주의 국가들의 동남아시아 침략을 풍자한 그림이다. 영국, 러시아, 프로이센, 프랑스 등의 깃발을 든 군인들이 동남아시아 지도를 밟고 서 있다.

버마

시암

프랑스령
인도차이나

싱가포르

네덜란드령 동인도 제도

필리핀

마리아나 제도

마커스 섬

미드웨이 제도

하와이 제도

괌

마셜 제도

팔라우 제도

캐롤라인 제도

팔미라 제도

비스마르크 제도

뉴기니

솔로몬 제도

길버트 제도

피닉스 제도

크리스마스 제도

파푸아

뉴헤브리디스 제도
(영국·프랑스 공동 통치)

피지 제도

엘리스 제도

사모아 제도

투투일라 제도

인도양

오스트레일리아

뉴칼레도니아 제도

통가 제도

쿡 제도

태평양

점령국

영국

프랑스

독일

미국

네덜란드

→ 미국의 진출 방향

데, 현지에서 금광을 발견하고 양 사육에 성공하면서 더 적극적으로 개발 사업을 벌였다. 1901년에는 오스트레일리아 연방을 만들어 영국의 자치령으로 됐고, 뉴질랜드와 피지 제도, 북부 보르네오 등도 차지했다.

독일은 다른 나라에 비해 시작이 한 발짝 늦었으나 뉴기니 일부와 비스마르크 제도, 마셜 제도 등을 획득할 수 있었다.

미국은 먼로 독트린에 따라 다른 나라 문제에 간섭하지 않고 있었으나 남북 전쟁 이후 자본주의가 빠르게 발전하면서 국제 무대에 나섰다. 에스파냐와 전쟁을 해서 쿠바를 보호국●으로 만들었고, 괌을 비롯한 필리핀의 여러 섬을 빼앗았으며 하와이 제도도 차지했다. 이때부터 미국은 강력한 군사력을 바탕으로 제국주의 정책을 적극적으로 펴서 중국에도 진출하고 파나마 운하 등을 획득할 수 있었다.

**제국주의 국가의 동남아시아와 태평양 섬 분할**
15세기 이후, 유럽 인은 향료를 구하기 위해 동남아시아로 가는 항로를 개척했다. 19세기 들어 산업화에 성공한 유럽은 시암을 제외한 동남아시아 모든 나라를 식민지로 만들었다. 미국은 남북 전쟁을 끝내고 빠르게 산업화를 거친 뒤 동남아시아와 태평양 여러 섬으로 활발하게 진출했다.

●보호국
대내외적으로 완전한 주권을 행사하지 못하고 다른 나라의 보호나 간섭을 받는 불완전한 독립국을 말한다. 강대국이 약소국에 강요해 만들어지는 경우가 많다.

# 02

# 제1차 세계 대전과
# 총력전의 시대

제1차 세계 대전은 1914년 오스트리아가 세르비아에 선전 포고를 하면서 시작되어 1918년 독일의 항복으로 끝났다. 제1차 세계 대전은 세계 여러 나라가 동맹국과 연합국으로 나뉘어 벌인 첫 전쟁이며, 제국주의 나라들 간에 벌어진 식민지 쟁탈 전이었다.

### 발칸의 화약고에 불이 붙다

1871년에 독일을 통일한 비스마르크는 제국의 안정적인 발전을 위해서 유럽 대륙의 평화가 필요하다고 생각했다. 그는 유럽의 질서 유지와 프랑스의 고립을 외교 정책의 가장 중요한 목표로 삼았다. 그리하여 1873년에 오스트리아와 러시아에 동맹을 제안해 삼제 동맹*을 맺었고, 1882년에는 프랑스의 튀니지 점령에 불만을 품은 이탈리아를 끌어들여 오스트리아와 함께 삼국 동맹을 맺었다. 1887년에는 러시아가 프랑스와 손잡는 것을 막기 위해 러시아와 재보장 조약을 맺었다.

●삼제 동맹
독일, 오스트리아, 러시아 중 어느 한 나라가 다른 나라로부터 공격받을 경우 돕겠다는 동맹이다. 1878년에 발칸 반도에서 불가리아를 둘러싸고 오스트리아와 러시아가 대립하면서 동맹이 깨졌다.

삼국 동맹
가운데 왼쪽부터 이탈리아의
움베르토 1세, 독일의 빌헬름 1
세, 오스트리아-헝가리 제국의
프란츠 요제프 1세이다. 이탈리
아 통일 운동 박물관에서 소장
하고 있다.

　비스마르크가 물러나고 황제 빌헬름 2세가 전면에 나서면서 독일의
현상 유지 정책은 적극적인 팽창 정책으로 바뀌었다. 빌헬름 2세는 러
시아와 맺은 재보장 조약 연장에 반대했고, 해군을 늘려 3B 정책*을
추진해 영국의 해상권을 위협했다.

　그러자 러시아는 1894년에 프랑스와 협상을 맺어 독일에 대항하려
했다. 영국은 러시아를 견제하기 위해 1902년에 일본과 동맹을 맺은
다음, 1904년에 독일의 도전에 맞서 프랑스와 협상을 체결했다. 러일
전쟁에서 러시아가 지면서 더는 위협이 되지 않자 영국은 1907년에 러
시아와 협상을 맺었다. 이렇게 삼국 동맹에 대항하는 영국, 프랑스, 러
시아의 삼국 협상이 만들어졌다.

　제국주의 열강이 이렇게 두 진영으로 갈라져 대립하던 중 1905년에

●3B 정책
베를린(Berlin), 비잔티움
(Byzantium), 바그다드(Bagh-
dad)를 연결하는 철도 부설권
과 그 주변의 이권 개발을 목
표로 한 독일의 해외 진출 계
획이다.

**제1차 세계 대전 직전의 발칸 반도**

1912년에 발칸 동맹국과 오스만 제국 사이에서 제1차 발칸 전쟁이 일어났다. 1913년에는 오스만 제국으로부터 빼앗은 영토를 놓고 발칸 동맹 안에서 불가리아와 다른 동맹국(세르비아, 그리스, 루마니아) 사이에 전쟁이 벌어졌다. 전쟁이 끝나고 세르비아가 마케도니아 영토의 대부분을 차지하자, 오스트리아가 알바니아를 독립국으로 만들어 세르비아의 지중해 진출을 가로막았고 둘 사이에 대립이 치열해졌다.

러시아

오스트리아-헝가리 제국

루마니아

보스니아-헤르체고비나

사라예보●

세르비아

불가리아

흑해

몬테네그로

오스만 제국

알바니아
(1912, 독립)

에게 해

그리스

지중해

▨ 독일의 동맹국
■ 러시아의 동맹국
▨ 오스만 제국의 영토
▨ 제2차 발칸 전쟁으로 얻은 각국 영토

**발칸 전쟁**

유럽의 화약고라고 불리던 발칸 반도에서 두 차례의 전쟁이 일어난 뒤, 세르비아와 오스트리아 사이의 대립이 불거졌고 이는 제1차 세계 대전의 도화선이 됐다. 그림은 유럽 여러 나라가 발칸 문제가 터지지 않도록 억누르고 있는 모습이다.

모로코 사건*이 일어났다. 프랑스가 모로코의 내정에 간섭하려고 하자 독일이 반대하고 나서면서 두 나라 사이의 갈등은 전쟁 직전 상황까지 갔다. 그러나 영국이 프랑스를 지원하고 나서자 독일이 후퇴하는 바람에 일단 위기를 넘길 수 있었다.

게르만 족, 슬라브 족, 아시아계 민족 등이 뒤섞여서 유럽의 화약고라고 불리던 발칸 반도에서는 독일과 오스트리아가 범게르만주의를, 러시아와 세르비아가 범슬라브주의를 내세우면서 대립했다. 1908년에 오스만 제국에서 청년 튀르크 당이 혁명을 일으키자, 그 틈을 타고 오스만 제국 밑에 있던 보스니아와 헤르체고비나를 오스트리아가 차지했다. 이어 세르비아 등 범슬라브주의 국가가 발칸 동맹을 맺고 오스만 제국과 제1차 발칸 전쟁을 치렀다. 발칸 동맹 내부의 영토 분쟁으로 1913년에 제2차 발칸 전쟁이 일어나자 이 지역의 정치 상황은 더욱 복잡해졌다.

● 모로코 사건
제1차 사건은 1905년에 독일의 빌헬름 2세가 모로코를 방문해 모로코 영토 보전과 문호 개방을 주장하면서 프랑스에 대해 공격적으로 발언한 일이다. 1911년에 모로코에서 내란이 일어나자, 모로코 거주 독일인 보호를 명분으로 독일 군함을 파견해 프랑스와 대립한 것이 제2차 사건이다.

## 제1차 세계 대전이 일어나다

1914년 6월 28일, 오스트리아 황태자 페르디난트가 부인과 함께 보스니아의 수도 사라예보를 방문했다가 세르비아의 범슬라브주의 비밀 조직에 속한 청년에게 살해되는 사라예보 사건이 일어났다.

오스트리아가 세르비아와 전쟁을 시작한다면 러시아가 세르비아를 도울 것이 분명했다. 그래서 오스트리아는 동맹국 독일에 지원을 부탁했고, 독일은 오스트리아가 세르비아에 어떤 조치를 취하든 무조건 지지할 것을 약속했다.

독일의 약속에 힘입은 오스트리아는 세르비아에 반 오스트리아 단체의 해산, 반 오스트리아 관리의 파면, 사라예보 사건 재판에 오스트리아 관리 참여 등 열 가지 요구 사항을 담은 문서를 보냈다. 세르비아는 사라예보 사건 재판에 오스트리아 관리가 참여

사라예보 사건
오스트리아 황태자 부부가 총에 맞은 순간을 담은 기록화이다. 당시 암살이나 테러가 심심치 않게 발생했으나 유럽의 화약고라 불리는 발칸 반도에서 일어난 암살 사건은 전쟁의 불씨를 당겼다.

하는 것은 주권 침해 행위라며 반대했으나 나머지 요구 대부분을 받아들였다. 오스트리아 관리의 재판 참여도 헤이그 중재 재판이나 열강의 결정에 맡기겠다는 식으로 가능성을 열어두었다.

그러나 오스트리아는 세르비아의 태도에 끝내 만족하지 못했고 결국 7월 28일에 선전 포고를 했다. 그러자 러시아는 총동원령을 내려서 세르비아를 보호하겠다고 선언했다. 독일은 러시아에 전쟁 준비를 즉각 중단하라고 했지만 답이 돌아오지 않자 러시아에 선전 포고를 했다.

독일은 러시아의 동맹국인 프랑스와, 프랑스로 가는 길을 내주지 않은 중립국 벨기에에도 선전 포고를 했다. 독일의 세력이 더 커지는 것을 원치 않았던 영국은 독일이 벨기에의 중립권을 침해했다는 이유로 독일에 선전 포고를 했다.

유럽의 다른 나라도 각각의 이해관계에 따라 제1차 세계 대전에 참여했다. 오스만 제국과 불가리아는 독일과 오스트리아의 동맹국 편에 합류했고, 이탈리아*, 그리스, 루마니아, 일본, 미국은 러시아와 프랑

● **이탈리아**
전쟁 전에 이탈리아는 독일, 오스트리아와 함께 삼국 동맹을 맺었다. 그러나 전쟁이 끝나면 오스트리아-헝가리 제국의 지배를 받고 있어 통일하지 못했던 지역을 주겠다는 약속을 받고 삼국 동맹에서 빠져나와 연합국 측에 가담했다.

**전선으로 가는 독일군(왼쪽)**
전선으로 가기 위해 열차를 탄 독일군의 모습이다.

**영국의 참전 포스터(오른쪽)**
사랑하는 남편과 아버지를 전쟁터로 보내면서 가슴 졸이는 가족의 모습이다. 그래도 "가라!"고 외치는 모습이 인상적이다.

스의 연합국 편에 가담했다. 제1차 세계 대전 말기에는 동맹국이 4개국, 연합국이 30여 개국이었다. 일찍이 없던 대규모 전쟁이었다.

## 제1차 세계 대전에 모든 것을 쏟아붓다

독일은 전쟁이 본격화되기 전에 '슐리펜 계획'이라는 작전을 세웠다. 벨기에를 거쳐 프랑스로 들어가 서부 전선의 전투를 마무리 짓고, 동부 전선에 모든 병력을 집중한 다음 러시아를 공격해 짧은 시간 안에 전쟁을 끝내겠다는 계획이었다. 실제로 독일은 벨기에를 거쳐 프랑스를 공격해 파리 인근까지 도달했다. 그러나 동부 전선에서 러시아를 막을 것이라 기대했던 오스트리아가 어려움을 겪으면서 독일군 일부를 동부 전선으로 이동해야 했고 작전에 차질이 생겼다.

9월 초, 반격에 나선 프랑스 군과 영국군이 파리 인근에서 벌어진 마른 전투\*에서 독일군에게 큰 타격을 주면서 슐리펜 계획은 완전히 좌절됐다. 마른 전투 이후 장기전에 대비하여 참호를 파는 등 오랫동안 대치 상태가 계속되면서 서부 전선은 교착 상태에 빠졌다.

●마른 전투
1914년 9월에 독일군과 프랑스 군이 프랑스 북동쪽의 마른 강을 사이에 두고 벌인 싸움이다. 연합군이 이겨 독일군의 파리 입성을 막았다.

참호 속의 전투
대포가 보급되면서 이전처럼 적진을 돌파하는 전술을 쓸 수 없게 됐다. 그 대신 참호를 깊이 파고 들어가 장기전을 벌이게 됐다.

동부 전선에서는 8월 말에 독일군이 타넨베르크 전투에서 러시아 군을 상대로 승리를 거두었다. 그로부터 1년 뒤인 1915년 8월에는 오스트리아 군과 함께 폴란드의 바르샤바를 무너트렸으나 러시아 군의 저항이 계속되면서 서부 전선과 함께 동부 전선도 지구전에 들어갔다.

전쟁이 길어지면서 동맹국과 연합국은 총력전을 펼쳤다. 잠수함, 독가스, 전차, 전투기 등 신무기를 경쟁적으로 개발했으며, 중립국을 자기편으로 끌어들이려는 외교전도 활발하게 벌였다.

바다에서는 처음부터 강한 해군력을 자랑하던 영국이 독일을 봉쇄했다. 해상 통로가 막힌 독일은 전쟁 물자를 운반하기가 어려웠고, 1914년 12월에 포클랜드 해전에서 진 뒤로는 해외의 모든 식민지를 연합국에 빼앗겼다. 이에 1915년 초부터 독일은 잠수함으로 연합국의 보급로를 공격하고, 1917년 1월에는 중립국 배까지 경

**총력전의 시대**
제1차 세계 대전은 가능한 모든 것을 다 쏟아부은 총력전이었다. 사진은 영국 노동자들이 무기 공장에서 일하고 있는 모습이다. 약 15억 명이 참여한 제1차 세계 대전에서 전사자는 1,000만 명, 부상자는 2,000만 명이 넘었다.

**독일의 무제한 잠수함 작전 포스터(왼쪽)**
독일의 무제한 잠수함 작전은 식료품과 원료 대부분을 외국에 의존하는 영국을 견제하는 데 효과적이었으나, 중립을 지키던 미국을 적국으로 만들었다.

**미국의 병사 모집 포스터(오른쪽)**
'해군이 당신을 필요로 한다!', '미국의 역사를 읽을 것이 아니라 만들자!'라는 문구가 적혀 있다.

동맹국
연합국
주요 격전지
동맹국의 진출선
동맹국의 점령지

대영 제국
벨기에
마른
베르됭
독일
타넨베르크
러시아
오스트리아 - 헝가리 제국
프랑스
스위스
이탈리아
사라예보
세르비아
불가리아
루마니아
오스만 제국
알바니아
그리스
알제리
튀니지

**제1차 세계 대전 중의 유럽**
제1차 세계 대전은 식민지를 서로 차지하려는 제국주의 열강 사이의 전쟁이었다. 유럽을 휩쓴 전쟁의 소용돌이가 4년간 몰아친 끝에 연합국이 승리했다.

고 없이 공격하는 등 무제한 잠수함 작전을 폈다. 이 작전은 영국 함대에 큰 타격을 주었으나 중립을 지키던 미국이 1917년 4월에 연합국으로 참전하는 계기가 되었다.

## 연합국이 승리하다

전쟁으로 가장 많은 사람이 죽은 러시아에서 1917년에 3월 혁명이 일어나면서 전제 군주제가 무너졌다. 11월에는 볼셰비키가 공산 혁명을 일으켜 권력을 잡았고, 독일과 강화 조약을 맺어 전쟁에서 손을 뗐다. 이는 미국의 참전과 함께 제1차 세계 대전의 중요한 전환점이 됐다.

독일은 서부 전선에 병력을 집중해 연합군을 대대적으로 공격했다. 그러나 미국의 지원을 받은 연합군이 강력하게 저항했고, 1918년 7~8월

**독일군의 시체**
연합군에 의해 희생된 독일군의 시체가 여기저기 널려 있다.

사이에 있었던 마지막 공격마저 실패하면서 독일군 지도부는 패전을 예감했다. 8월 말부터는 연합군이 반격을 시작했다. 9월 들어 연합군이 프랑스 방어선을 무너트리자 독일군 지도부는 연합국과 평화 교섭을 벌이도록 정부에 건의했다.

독일의 패배가 점점 더 분명해지면서 독일의 동맹국이 하나둘씩 항복했다. 발칸 발도에서 활약하던 불가리아가 9월 말에 연합국과 휴전 조약을 맺었고, 10월 말에는 오스만 제국이 영국에 항복했으며, 11월 초에는 오스트리아가 이탈리아와 휴전 조약을 맺었다.

오스트리아─헝가리 제국의 황제 카를 1세가 물러났고, 오스트리아 공화국과 헝가리 공화국이 세워졌다. 세르비아와 크로아티아, 슬로베

**독일의 항복**
항복의 뜻으로 백기를 든 독일군의 모습이다

니아를 하나로 묶은 통일 왕국이 들어섰으며, 트란실바니아는 루마니
아와 합쳐졌다. 앞서 6월에 체코슬로바키아가 발표한 독립 선언도
연합국에 인정받았다.

독일은 10월 초에 중립국 스위스를 통해 연합국에 휴전을
제의했으나 거절당했고 독일군 지도부와 국민의 사기는 완전히
꺾였다. 1918년 11월에 킬 군항에서 일어난 해군 폭동이 전국적
인 혁명 운동으로 확대되자 빌헬름 2세는 네덜란드로 망명했고
사회민주당의 에베르트 정부가 들어섰다. 새로운 독일 정부는
연합국이 내건 조건을 모두 받아들여 휴전 조약을 맺었다. 이로써
제1차 세계 대전은 4년 반 만에 막을 내렸다.

# 03

# 러시아 혁명이 새로운 길을 열다

1917년에 러시아에서 공산주의 혁명이 일어나 노동자와 농민의 나라가 만들어졌다. 러시아 혁명은 당시 민족 해방이나 사회적 해방을 꿈꾸던 여러 나라에 사회주의 국가 수립을 통한 근대화라는 새로운 길을 제시해 20세기 역사의 가장 중대한 전환점이 됐다.

## 피의 일요일에 혁명의 전주곡이 울리다

개혁 군주 알렉산드르 2세가 서구화 정책을 추진하면서 19세기 후반 러시아에서는 노동자가 늘어나고 자유주의와 사회주의 사상이 널리 퍼졌다. 시민 혁명을 겪은 서유럽과 달리 러시아에는 여전히 전제 군주가 있었고 시민 계층이 성장하지 못했기에 대부분의 노동자들이 가난했다. 더욱이 1904년에 시작한 러일 전쟁*이 러시아에 불리한 쪽으로 기울면서 정치가 불안해졌고 물가가 크게 올라 경제적으로도 어려웠다. 그러나 알렉산드르 3세의 뒤를 이은 니콜라이 2세는 현실을 외면하고 절

● 러일 전쟁
러시아의 동아시아 진출 정책과 일본의 대륙 정책이 충돌해 1904년부터 1년간 계속된 전쟁이다. 러시아를 견제하던 영국과 프랑스의 지원으로 일본이 승리했고 이는 러시아에 큰 충격을 안겨 줬다.

대 군주로서의 위엄만 과시하려 했다.

1905년 1월에 상트페테르부르크의 한 공장에서 노동자들이 파업을 했는데, 이를 잔인하게 진압하고 네 명의 노동자를 해고하자 파업의 열기가 다른 공장으로 빠르게 번졌다. 상황을 지켜보던 가폰 신부는 궁전으로 향하는 행진을 계획했다. 경찰과 선이 닿아 있던 가폰 신부는 거리 행진을 통한 청원을 황제가 받아들이는 형식을 취해 민중의 불만을 가라앉히려 했다.

드디어 1월 22일 일요일 아침, 가폰 신부를 선두로 해서 자발적으로 참여한 14만 명의 시위대가 황제의 초상화를 들고 〈신이여, 차르를 보호하소서〉라는 국가를 부르며 보통 선거를 통한 의회 설립 등을 요구하는 청원서를 전하려고 겨울 궁전으로 향했다. 그러나 정부에 미리 신고한 평화적인 시위였음에도 황제군의 발포로 1,000여 명이 죽고 2,000여 명이 다쳤다. 이것이 피의 일요일 사건이다.

이후 다른 사업장으로 파업이 확산됐다. 농민과 자유주의 성향의 부르주아도 힘을 합해 의회 소집, 시민의 자유 보장, 8시간 노동제 실시 등을 요구했다. 5월에 결성된 노동자 협의회는 혁명을 이끌며 민주 공화제 실시, 정치범 석방 등을 주장했다.

니콜라이 2세
러시아의 마지막 차르로, 1917년에 러시아 혁명이 일어난 뒤 가족과 함께 총살되었다.

1905년의 노동자 파업
1905년 10월, 노동자들이 도시 한가운데서 바리케이드를 치고 파업을 벌이고 있다.

● 10월 선언
니콜라이 2세가 발표한 조칙
으로 '10월 칙령'이라고도 한
다. 종교, 언론, 집회, 결사의
자유를 인정했고, 성인 남자
가 참여한 보통 선거에서 입
법 의회를 선출한다는 내용이
담겼다.

● 프롤레타리아
노동력을 팔아 생활하는 산업
노동자 계급이다. 넓은 의미
로는 생산 수단을 가지지 못
한 농업 노동자도 포함된다.
로마 시대에 토지가 없는 가
난한 자유민을 가리킨 라틴
어 프롤레타리(proletari)에서
유래했다.

● 볼셰비키
1898년에 러시아에서 만들어
진 사회민주노동당은 단계적
인 혁명을 주장하는 멘셰비키
와 즉각적인 노동자 정권 건
설을 주장하는 볼셰비키로 나
뉘었다. 볼셰비키는 러시아
어로 '다수파'라는 뜻이다. 볼
셰비키는 러시아의 제1차 세
계 대전 참전에 반대했다.

러시아 정부는 폭력적인 탄압과 학살로 대응하며, 일본과 강화 조약을 맺고, 10월 선언●을 발표해 대중 봉기를 잠재우려 했다. 노동자와 농민을 만족시킬 정도의 조치는 아니었으나 자유주의적 부르주아가 대열에서 빠지면서 혁명의 열기가 크게 약해졌다. 어느 정도 권위를 되찾은 니콜라이 2세는 12월에 봉기의 주도자를 체포하고, 모스크바에서 일어난 프롤레타리아●의 무장 봉기를 진압한 뒤 10월 선언을 폐기해 차르 중심의 반동 정치를 강화했다.

1905년에 러시아에서 일어난 혁명적 움직임은 비록 실패했으나 제국주의 시대 최초의 인민 혁명으로 10여 년 뒤 일어날 러시아 혁명의 전주곡과 같았다.

## 3월 혁명으로 전제 군주제가 무너지다

러일 전쟁이 1905년의 혁명에 불을 지폈다면, 제1차 세계 대전은 1917년에 일어난 러시아 혁명의 결정적인 계기로 작용했다. 제1차 세계 대전 초기에 볼셰비키●를 제외한 러시아의 모든 당파가 국가 수호와 슬라브 족의 단결이라는 구호 아래 굳게 뭉쳤으나 러시아는 낙후된 장비, 무능한 지휘 체계 등으로 인해 연이어 패배했다.

러시아 군이 내륙 깊숙이 후퇴하면서 전방과 후방의 구분이 없어졌고 화폐 가치가 떨어져 물가가 올랐다. 지배 계급은 계속해서 횡포를 부렸고 상인의 매점매석으로 생활필수품이 부족해지자 전쟁의 공포와 굶주림에 시달리던 민중의 불만이 점점 커졌다. 비능률적이고 부패한 니콜라이 2세 정부는 물가 안정이나 식량 배급 등의 대책을 마련하지 못했고, 군대마저 독일군의 대공세에 밀리면서 사정이 더욱 어려워졌다.

이런 상황에서 전쟁이 계속되자, 1917년 3월 8일에 상트페테르부르크에서 노동자들이 파업을 시작했다. 여기에 군중이 합

군중 시위(왼쪽)
1917년 3월, 러시아 곳곳에서 군중의 시위가 이어졌다. 로마노프 왕조를 무너뜨린 이때의 움직임을 3월 혁명이라 한다.

병사의 반란(오른쪽)
상트페테르부르크 노동자의 파업이 5일째 되던 날, 병사들이 노동자 편에 섰다. 전제 군주의 무능함과 노동자의 처참함을 보다 못한 병사들이 파업 진압에 반대하며 혁명에 동참했다.

세해 '빵을 달라', '전쟁을 중지하라', '전제 정치를 타도하라' 등의 구호를 외치면서 격렬한 시위를 벌였다. 정부는 집회를 금지했고 노동자에게 직장 복귀를 명령하며 군대를 동원해 시위를 진압하려 했다. 그러나 수도를 지키는 병사들이 집압 명령을 거부한 후 군대의 불복종이 곳곳으로 확대됐다. 군인이 노동자와 힘을 합해 정치범을 풀어 주는 경우까지 있었다.

수도로부터 멀리 떨어진 곳에서 군대를 지휘하다가 이 소식을 들은 니콜라이 2세는 즉시 계엄령을 선포했으나 포고령은 거리에 방송되거나 게시되지 않았다. 철도 노동자와 군대의 방해 때문에 그는 자신의 궁전으로 돌아올 수도 없었다.

의회 대표와 만난 니콜라이 2세는 차르 자리를 지키는 것이 더는 불가능함을 깨닫고 동생 미하일 대공에게 황위를 넘겨주려 했다. 그러나 미하일 대공이 허울뿐인 차르 자리를 받아들이지 않겠다고 하면서 300년간 이어져 온 로마노프 왕조가 막을 내렸다.

## 노동자와 농민의 나라가 만들어지다

3월 혁명 과정에서 국회는 임시 위원회를 만들어 질서 회복에 나섰고, 노동자와 군인은 소비에트˙를 통해 권력을 행사하면서 두 개의 권력 기관이 만들어졌다. 노동자와 군인은 정치 경험이 부족했기에 임시 위

●소비에트
러시아 어로 '평의회'라는 뜻이다. 군인 대부분은 군복을 입은 농민이었기에 소비에트는 사실상 노동자와 농민의 권력 기관이었다.

레닌
교육가 집안에서 태어나 큰 어려움 없이 자랐으나 형이 황제 암살에 연루되어 교수형을 당한 사건을 계기로 마르크스주의자가 됐다. 체포와 유배의 시련을 겪으면서 여러 나라를 떠돌았고, 러시아 공산당을 만들어 러시아 혁명을 이끌었다. 상트페테르부르크 노동자들 앞에서 연설하는 모습이다

● 케렌스키
러시아의 국방 장관으로 1917년 7월부터 4개월간 임시 정부의 수상직을 맡았다. 온건파 사회주의자로 전제 군주 축출, 민권 신장 등에 기여했으나 제1차 세계 대전 참전에 찬성했다.

원회가 정치를 이끌었고, 3월 혁명 이후 만들어진 임시 정부 역시 노동자와 농민보다는 자유주의 성향을 가진 부르주아와 귀족, 대지주 등을 대변하는 성격이 강했다. 당시 러시아는 생활필수품 부족과 경제난 등 여러 문제를 안고 있었다. 그러나 임시 정부는 노동자와 농민의 요구를 무시하고 연합국 편에서 전쟁을 계속해 평화를 바라는 국민을 크게 실망시켰다.

이때 등장한 인물이 레닌이었다. 그는 1917년에 스위스 사회민주당과 독일 정부의 도움을 받아 러시아로 돌아온 다음 임시 정부 해산과 모든 권력의 소비에트 이양, 제국주의 전쟁 중단, 사유 재산 몰수와 토지 국유화 등을 담은 4월 테제를 내놓았다. 노동자와 농민의 요구를 충실하게 반영한 4월 테제는 이들의 적극적인 지지를 받았다.

임시 정부의 국방 장관 케렌스키●는 6월 말에 이르러 독일에 대한 공격을 강화하면서 전쟁에 반대하는 좌익 세력을 꺾으려 했다. 그러나 러시아가 전투에서 패했고 계속해서 물가가 오르고 식량 부족 문제가 해결되지 않자 임시 정부는 위기에 처했다.

7월 초, 상트페테르부르크에서 노동자와 병사가 다시 일어났다. 이들의 봉기는 무장 투쟁으로 발전했으나 전선에서 불려온 군대에 진압됐다. 이를 계기로 정부가 볼셰비키를 대대적으로 체포하고 나섰고, 레닌은 또다시 망명 길에 올라야 했다. 그러나 8월 말, 혁명 세력을 진압하라는 명령을 받은 군사령관 코르닐로프가 때마침 쿠데타를 일으켰다. 진압에 어려움을 겪던 케렌스키는 소비에트와 볼셰비키에 지원을 요청했다. 볼셰비키는 이때 공을 세우고 세력을 강화해 소비에트 내의 주도권을 차지했다. 상트페테르부르크의 소비에트 의장이었던 트로츠키는 볼셰비키를 모아 노동자 중심의 적위대를 만들었다.

망명지에서 이를 지켜보던 레닌은 당중앙위원회에 무장 봉기를 권고하는 편지를 보냈다. 10월에 열린 볼셰비키 당중앙위원회는 레닌의 주

볼셰비키
볼셰비키는 코르닐로프의 반란
을 진압해 정치 주도권을 쥐
고, 1917년에 노동자와 농민이
주인이 된 소비에트 정권을 수
립했다. 보리스 쿠스토디예프
가 1920년에 그린 이 그림은
모스크바 트레차코프 미술관에
전시돼 있다.

장을 받아들였고, 소비에트 대회가 열릴 예정이던 11월 7일을 거사일
로 정했다. 레닌은 10월 하순에 비밀리에 귀국한 다음 트로츠키와 함께
구체적인 계획을 세웠다.

무장 봉기 계획을 알아차린 케렌스키 임시 정부는 볼셰비키를 더욱
탄압하고, 11월 6일 아침에 전선의 군대를 수도로 불러들여 볼셰비키
기관지 발행소를 습격했다. 하지만 전세는 이미 볼셰비키 쪽으로 기운
뒤였다. 적위대는 큰 충돌 없이 관공서와 전신전화국, 국립 은행 등을
차지했다.

11월 7일에 열린 제2차 소비에트 대회●에서 러시아 소비에트 사회
주의 공화국 연방의 수립이 선포됐고 레닌, 트로츠키, 스탈린 등이 혁
명 정부를 구성했다. 11월 혁명은 세계 최초로 노동자와 농민이 정권을
세웠다는 역사적 의미를 갖는 사건이다.

●제2차 소비에트 대회
소비에트 대표자가 모여 소비
에트 정부 수립을 결정한 회의
이다. 제1차 세계 대전 종전,
강화 조약 체결, 황실과 지주
의 토지 몰수와 농민 분배, 노
동자에게 산업상의 자주적 권
리 부여 등도 결의했다.

● 브레스트리토프스크 조약
제1차 세계 대전을 끝내기 위
해 러시아가 독일 등 동맹국
과 맺은 조약이다. 레닌은 무
배상, 무병합 원칙을 가지고
교섭했으나 동맹국은 어려움
을 겪고 있던 소비에트 정권
의 약점을 이용해 거액의 배
상금과 폴란드, 발트 해 지역,
핀란드 포기를 이끌어 냈다.
1919년 3월에 동맹국이 항복
하자 러시아가 조약을 파기해
무효가 됐다.

## 사회주의, 20세기의 중심축으로 우뚝 서다

혁명 정부는 1917년 11월에 제헌 의회를 구성하기 위해 보통 선거로 총선거를 실시했다. 결과는 뜻밖에도 볼셰비키의 패배였다. 볼셰비키는 전체 4분의 1의 표를 얻은 반면, 우파인 사회혁명당과 다른 사회주의 정당이 62퍼센트를 득표한 것이다. 볼셰비키는 1918년 1월에 제헌 의회가 소집된 지 하루 만에 이를 강제로 해산시키고 소비에트만이 러시아에서 유일한 합법 정부라고 선언했다.

1917년 11월에 소비에트 정부는 제1차 세계 대전에서 손을 떼기 위해 연합국에 즉각적인 휴전을 요구했었다. 그러나 연합국으로부터 대답이 없자 러시아는 홀로 독일 등 동맹국과 교섭해서 1918년 3월에 브레스트리토프스크 조약●을 맺고 전쟁에서 손을 뗐다. 연합국 입장에서는 러시아가 동부 전선의 핵심이었기에 상당한 전력을 잃었다. 이어 소비에트 정부는 러시아가 과거에 빚진 모든 외채를 폐기한다고 발표했다. 러시아를 주요 시장으로 삼았던 영국과 프랑스의 충격이 특히 컸고, 다른 자본주의 나라들도 긴장할 수밖에 없었다. 사회주의 혁명은 자본주의 체제를 위협하는 도전이었기 때문에 자본주의 나라들은 사회주의의 확산을 막으려 했다.

1918년 여름이 되자 영국, 프랑스, 미국 등 14개국이 러시아에 군대

**반혁명 포스터(왼쪽)**
레닌이 볼셰비키 혁명에 반대하는 내부의 적인 차르, 귀족, 부르주아 등을 쓸어 버리고 있다.

**백군 포스터(오른쪽)**
러시아 혁명이 다른 나라로 퍼지는 것이 두려웠던 유럽 제국주의 나라들은 러시아 백군을 이용해 소비에트 정권을 무너트리려 했다. 백군을 조종하는 미국, 프랑스, 독일을 풍자한 그림이다.

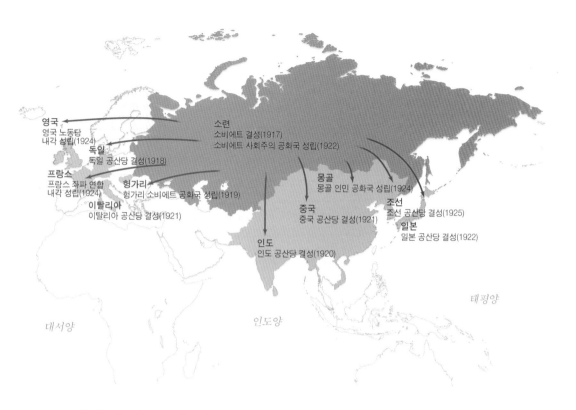

영국
영국 노동당
내각 성립(1924)

독일
독일 공산당 결성(1918)

프랑스
프랑스 좌파 연합
내각 성립(1924)

헝가리
헝가리 소비에트 공화국 성립(1919)

이탈리아
이탈리아 공산당 결성(1921)

소련
소비에트 결성(1917)
소비에트 사회주의 공화국 성립(1922)

몽골
몽골 인민 공화국 성립(1924)

중국
중국 공산당 결성(1921)

조선
조선 공산당 결성(1925)

일본
일본 공산당 결성(1922)

인도
인도 공산당 결성(1920)

대서양

인도양

태평양

를 보내 경제 봉쇄를 시작했다. 볼셰비키 정권에 반대하는 제정파 군인 등 반혁명 세력은 백군을 조직해 내부 곳곳에서 반란을 일으켰다. 연합 국에 속한 자본주의 나라들은 반혁명 세력을 적극적으로 지원했다.

볼셰비키 정권은 1919년에 국제 공산당 조직인 코민테른을 만들어 제국주의에 반대하는 노동 운동과 식민지 독립 운동을 지원하면서 사 회주의를 확산시켰다. 볼셰비키는 체카라는 비밀경찰을 만들어 반대파 를 억압했고, 전시 공산주의 정책으로 경제를 통제하면서 백군을 공격 했다. 구제도의 부활 이외에 다른 계획을 내놓지 못한 백군은 크게 약 해졌으며 연합군도 각국의 복잡한 문제로 인해 모두 철수했다.

백군과 연합군의 도전을 이겨낸 소비에트 정권에 또 다른 어려움이

사회주의의 확산
1917년에 일어난 러시아 혁명 은 제국주의 전쟁과 식민 지배 로 고통 받던 전 세계 사람들에 게 새로운 길을 열어 줬다. 1919년에 레닌이 각 나라의 사 회주의자들을 연결하는 코민테 른을 만들고 제국주의에 반대 하는 노동 운동과 식민지 해방 운동을 지원하자 사회주의가 빠르게 세계 곳곳으로 퍼졌다.

● 신경제 정책
러시아 정부가 경제 위기를 극복하기 위해 1921년부터 1928년까지 추진한 정책이다. 농업과 공업 등의 분야에서 세금을 내는 조건으로 소규모의 개인 소유를 인정해 줬고 화폐 경제를 되살려 상거래를 자유화했다. 또한, 외국 자본을 도입하여 사회주의 경제의 바탕을 만들려고 했다.

찾아왔다. 치열한 내전과 급속한 공산화에 따른 경제적 어려움으로 민중의 불만이 높아진 것이다. 레닌은 1921년 3월에 있었던 제10차 공산당 대회에서 전시 공산주의 체제를 잠시 중단하고 자본주의 요소를 도입하는 신경제 정책*을 채택했다.

러시아는 신경제 정책을 성공시키기 위해 다른 나라의 도움이 필요했고, 유럽 각국도 러시아 시장의 가능성을 인정하고 있었기에 점차 서로 관계를 개선하려 했다. 독일을 시작으로 유럽 여러 나라가 러시아 소비에트 사회주의 공화국 연방을 승인했다. 1922년에는 우크라이나 등 3개국이 더 가입해 소비에트 사회주의 공화국 연방이 만들어졌다.

혁명 이념으로만 존재했던 사회주의가 모든 이의 인정을 받고 자본주의와 제국주의로부터 자유로운 새로운 사회 체제로 등장했다. 사회주의는 당시 억압으로부터의 해방과 근대화를 추구하던 여러 민족과 국가에게 또 하나의 길을 열어 준 20세기 역사의 큰 물줄기였다.

# 04

# 제1차 세계 대전 후의 세계

제1차 세계 대전이 끝난 뒤 서유럽 승전국과 미국은 자신들을 중심으로 세계 자본주의 체제를 정비했다. 이들은 전쟁이 다시 일어나는 것을 막기 위해 군비 축소 및 평화 정착을 위한 회담을 여러 차례 열었다. 그 결과, 자본주의 체제는 안정을 되찾았으나 전쟁이 끝난 후 세계 최강수이 된 미국에 전적으로 의존하는 불안정한 국제 질서가 만들어졌다.

## 베르사유 체제로 자본주의 세계를 재정비하다

1919년 1월, 제1차 세계 대전을 마무리하기 위해 연합국 27개국 대표가 파리에서 강화 회의를 열었다. 그런데 이 회의에는 패전국과 중립국은 물론, 러시아 볼셰비키 정부의 참여가 허락되지 않았고, 미국, 영국, 프랑스, 이탈리아, 일본 등 강대국의 이해관계가 대립해 전후 평화 정착의 기초로 받아들여졌던 윌슨의 14개조●도 제대로 반영되지 않았다.

이런 상황에서 조인된 베르사유 조약은 패전국 독일에 대한 복수와

● 윌슨의 14개조
1918년 1월에 미국 대통령 윌슨이 제기한 평화 원칙이다. 비밀 외교 폐지, 경제 장벽 철폐, 군비 축소, 식민지 문제의 공정한 처리, 평화를 위한 국제기구 창설 등을 주요 내용으로 한다.

**베르사유 조약**
제1차 세계 대전의 전후 처리를 위해 연합국과 관련국, 독일이 맺은 평화 협정이다. 1919년 6월에 프랑스의 베르사유 궁전에서 독일 대표가 조약에 서명하는 모습이다. 윌리엄 오픈이 1925년에 그린 유화로 런던 전쟁 박물관에 전시돼 있다.

응징의 성격이 강했다. 독일은 모든 해외 식민지와 알자스 로렌 지방을 빼앗겼고, 군비 지출과 무기 생산을 자유롭게 할 수 없게 됐으며, 1,320억 마르크(미화 약 330억 달러)라는 엄청난 배상금을 지불해야 했다.

연합국은 1919년 10월부터 1920년 2월까지 다른 패전국과도 강화 조약을 맺었다. 오스트리아-헝가리 제국은 해체되어 오스트리아, 체코슬로바키아, 헝가리로 나누어졌고, 세르비아는 크로아티아, 보스니아, 슬로베니아, 마케도니아, 몬테네그로를 합쳐 유고슬라비아를 만들었으며, 오스만 제국은 대부분의 영토를 빼앗겨 이스탄불(콘스탄티노플)과 그 주변 지역의 영토를 가진 작은 나라가 되었다.

1920년 1월에는 베르사유 조약에 따라 국제 협조와 평화 유지를 위해 국제 연맹*이 만들어졌다. 국제 연맹은 여러 분쟁을 처리해 국제 평화에 기여했으나 제안국인 미국이 가입하지 않았고 러시아와 독일은 가입조차 할 수 없었기에 승전국이 전리품을 나눠 먹기 위해 만든 기관이라는 비난을 받았다.

동유럽은 발칸 반도와 함께 민족 자결주의 원칙이 예외적으로 지켜진 곳이다. 핀란드, 에스토니아, 라트비아, 리투아니아, 폴란드 등이 독립했는데, 세계 곳곳에 흩어진 패전국 식민지를 승전국이 차지한 것과 사뭇 다른 모습이었다. 독일을 포위하고 볼셰비즘의 확산을 막기 위한 연합국의 계산이 반영된 결과였다.

● 국제 연맹
국제 연맹의 제안자는 미국 민주당 소속의 윌슨 대통령이었는데, 제안 당시 고립주의적인 외교 정책을 가진 공화당이 미국 의회의 다수 의석을 차지하고 있었다. 공화당 중심의 의회가 베르사유 조약 비준을 거부해 미국은 국제 연맹에 가입하지 못했다.

제1차 세계 대전 후의 유럽
제1차 세계 대전이 끝난 뒤, 승전국의 식민지는 계속해서 지배를 받았으나 패전국 독일, 오스트리아, 오스만 제국의 식민지들은 한꺼번에 독립했다. 유럽의 신생 독립국 대부분이 공화정을 채택하면서 유럽 내에서 민주주의가 널리 퍼졌다.

베르사유 체제와 독일
제1차 세계 대전 후 만들어진 새로운 국제 질서 때문에 식민지를 빼앗기고 막대한 배상금까지 떠안게 된 독일의 처지를 발가벗은 채 울고 있는 어린아이에 빗대 표현했다.

핀란드
에스토니아
라트비아
리투아니아
러시아
영국
폴란드
독일
베르사유●
체코슬로바키아
오스트리아 헝가리
프랑스
유고슬라비아
흑해
에스파냐
독일이 잃은 지역
러시아가 잃은 지역
오스트리아가 잃은 지역
오스만 제국이 잃은 지역
신생 국가
오스만 제국
지중해

베르사유 조약을 바탕으로 만들어진 이상의 새로운 국제 질서를 베르사유 체제라고 한다. 베르사유 체제는 전쟁을 마무리하고 평화를 정착시키려는 국제 합의라기보다는, 제국주의 전쟁과 사회주의 혁명으로 위협받는 자본주의 체제를 서유럽 승전국과 미국 중심으로 재정비하려는 시도였다.

## 평화를 위한 공동의 노력이 한계에 부딪히다

제1차 세계 대전 후 제국주의 국가들이 떠안은 가장 시급한 과제는 경제를 되살리기 위해 전쟁 배상금 문제를 해결하는 것과 또다시 전쟁이 일어나지 않도록 군비를 줄이고 집단적인 안전 보장 체제를 만드는 일이었다.

연합국 배상위원회가 부과한 1,320억 마르크의 배상금을 독일이 감당하지 못하자 배상금 총액에서 52퍼센트의 권리를 가진 프랑스가 벨기에와 함께 독일 최대의 철과 석탄 생산지인 루르 지방을 점령했다. 독일 국민이 파업과 태업으로 프랑스에 맞서면서 독일 정부는 배상금

**프랑스의 루르 점령**
독일이 전쟁 배상금을 성실하게 지불하지 않자 프랑스와 벨기에는 그에 대한 보복 조치로 루르 지방을 점령했다.

지불이 더 어려워졌다.

미국은 1924년에 '도스 안'이라는 응급조치를 통해 5년 동안 독일이 지불해야 하는 금액을 줄였고 독일에 국제 차관을 제공했다. 1929년에는 '영 안●'을 내놓아 배상금 총액을 358억 마르크로 줄였으며, 지불 기간도 59년으로 늘려 주었다. 독일은 미국의 도움으로 경제 파탄의 위기에서 간신히 벗어났고, 유럽 경제도 차츰 안정을 찾아갔다. 그러나 전후 유럽 경제의 안정은 미국의 차관과 투자에 전적으로 의존한 것이었기에 1929년에 미국에서 대공황이 일어나면서 심각한 위험에 처했다. 1932년에 열린 로잔 회의에서 독일의 배상금이 더 줄었으나 1933년에 집권한 독일의 히틀러가 지불을 거부했고, 1935년에는 유럽의 채무국이 미국에 대한 전쟁 채무 지불을 거부했다.

군비 축소 조치는 독일에만 적용됐기에 제1차 세계 대전이 끝난 뒤에도 강대국의 해군력 강화 경쟁은 계속되고 있었다. 1921년에 미국 대통령 하딩의 제안으로 열린 워싱턴 회의●에서 미국, 영국, 일본, 프랑스, 이탈리아가 보유한 주력 군함 수를 줄이기로 했다. 1930년에 영국 총리 맥도널드와 미국 대통령 후버가 제안해 열린 런던 군축 회의에서는 미국, 영국, 일본의 군함 보유 상한선을 정했다. 1932년 2월에는 국제 연맹의 주도로 미국, 소련, 독일 등 60여 개 나라가 참가한 제네바 군축 회의가 열렸는데, 여러 제안은 많았으나 결론을 내지 못했고 연합국과 동등한 권리를 부여받지 못한 독일을 시작으로 여러 나라가 연이어 회의장을 빠져 나갔다.

1925년에 영국, 프랑스, 이탈리아, 독일 등 7개 나라 대표가 모여 베르사유 조약의 이행과 국제 분쟁의 평화적 해결에 합의하는 로카르노 조약을 맺으면서 집단적인 안전 보장 체제가 처음으로 만들어졌다. 1928년에는 미국의 국무 장관 켈로그와 프랑스의 외무 장관 브리앙의 제안으로 미국, 소련, 영국, 프랑스, 독일, 일본 등 15개 강대국이 전쟁

●영 안
미국의 전쟁배상위원회 위원장인 오언 영이 내놓은 계획(Young Plan)이다. 독일이 연합국에 지불해야 할 배상금이, 연합국이 미국에 진 전쟁 채무와 관련이 있음을 밝혔다. 이에 미국이 연합국의 전쟁 채무를 줄인다면, 연합국도 독일의 배상금을 줄이기로 했다.

●워싱턴 회의
1921년 9월부터 1922년 2월까지 9개 강대국이 워싱턴에서 연 국제회의이다. 이 국가들은 해군력 축소, 태평양 섬에 대한 권리 조정, 중국 시장에서의 기회 균등에 합의했다.

부전 조약
전쟁을 국가 정책으로 삼지 않
는 데 합의했으나 강제력이 없
었던 탓에 무용지물이었다. 회
의가 열린 지역의 이름을 따서
'파리 조약' 또는 회의 주도자
의 이름을 따서 '켈로그-브리
앙 조약'이라고도 한다. 캐나다
수상 맥켄지 킹이 조약서에 서
명하고 있는 사진이다.

●바이마르 헌법
독일 바이마르에서 열린 국민
회의에서 제정된 독일 연방
공화국의 헌법이다. 국민 주
권을 기본 원칙으로 삼았고
전 독일 국민의 통일이라는
이념과 인간다운 생존권 보장
이라는 내용을 담아 20세기
헌법의 모범이 됐다.

포기에 합의한 부전 조약이 맺어졌다. 로카르노 조약과 부전 조약은 자국을 보호하기 위한 전쟁은 예외로 뒀고, 위반국에 대한 제재 규정이 없어 실제 효과를 거두기 어려웠다.

## 전후 민주주의 체제가 시련을 겪다

제1차 세계 대전에서 연합국이 승리하면서 유럽에 자유 민주주의 체제가 널리 퍼졌다. 독일, 오스트리아, 오스만 제국(터키)에는 군주제 대신 공화정이 들어섰고, 러시아에서는 전쟁 중에 공산주의 혁명이 일어나 소비에트 정권이 탄생했으며, 폴란드, 체코슬로바키아 등 신생 독립국도 대부분 자유 민주주의 체제를 선택했다.

유럽의 자유 민주주의 체제는 전쟁으로 파괴된 경제를 재건하는 과정에서 많은 시련을 겪어야 했다. 패전국 독일에서는 1918년 11월에 빌헬름 2세가 퇴위한 후 20세 이상 남녀의 보통 선거로 제헌 의회가 만들어졌고, 중도 세력인 사회 민주당의 에베르트를 대통령으로 하는 신정부가 들어섰다. 1919년 8월에는 바이마르 헌법*을 제정해 민주적인 개혁을 추진했으나 좌우익의 공격에 계속 시달렸고 전쟁 배상금 때문에 인플레이션이 일어났다.

영국은 승전국이었으나 전쟁으로 막대한 인적, 경제적 피해를 입었기에 세계의 공장으로 불리던 경제 최강국의 자리를 미국에 내주었으며, 1931년에는 해외 자치령을 독립시켜 영국 연방*을 만들었다. 어려움 속에서도 영국은 선거권을 확대해 민주주의를 발전시켰다. 이를 바탕으로 세력을 키운 노동당은 전통의 보수당과 함께 양당 체제를 형성했다.

독일의 인플레이션
독일은 제1차 세계 대전 후 극심한 인플레이션에 시달렸다. 사소한 물건 하나를 살 때도 돈을 수북하게 쌓아서 가져가야 할 정도였다.

● 영국 연방
전쟁 중 영국의 자치령은 영국군에 속해 싸웠는데, 전후에는 개별적으로 국제 연맹에 가입했다. 1931년에 영국은 웨스트민스터 조례를 발표해 이들이 독립국임을 인정하고, 이들을 영국과 합쳐 영국 연방을 만들었다. 캐나다, 오스트레일리아, 뉴질랜드, 남아프리카 연방, 아일랜드 자유국 등이 포함됐다.

프랑스도 승전국이었으나 제1차 세계 대전 당시 격전지였기에 교전국 중 피해가 가장 컸고 독일처럼 심각한 인플레이션에 시달렸다. 한때 미국의 지원을 받아 상황이 나아졌으나 대공황을 계기로 경제적 어려움이 더 심각해졌다. 정치적으로도 전후 20여 년 동안 좌파와 우파가 치열한 정치 공방을 벌이면서 불안이 계속됐다.

유럽 여러 나라가 제1차 세계 대전을 계기로 경제적으로 몰락했으나, 미국은 직접적인 전쟁 피해를 입지 않았고 전쟁 자금과 물자를 제공한 덕분에 전후 세계에서 가장 부유한 나라가 됐다. 전후에는 막강한 경제력을 활용해 자국 중심의 국제 질서를 만들어 나가며, 해외 무역과 투자 확대, 국제 질서의 안정적 유지, 공산주의 혁명 방지 등에 힘썼다. 이 시기에 미국이 취했던 고립주의 정책은 국제 문제에 대한

**프랑스 대중의 시위**
전쟁이 끝난 뒤 경제가 조금씩 나아졌으나 대중은 여전히 가난에 허덕였다. 이에 불만을 품은 대중의 시위가 1920년대와 1930년대 사이에 자주 일어났는데, 사진은 1930년대 파리에서의 시위 장면이다.

공들여 세운 건데…

민주주의 체제

전쟁 후유증

불간섭이 아니라 다른 제국주의 국가와의 합의를 거부한다는 뜻이었다.

제1차 세계 대전이 끝난 뒤에 독립한 동유럽 여러 나라는 정치적으로 주변 강대국의 간섭에서 자유롭지 못했고, 경제적으로도 뒤처져 선진 자본주의 국가에 의지할 수밖에 없었다. 또한, 복잡한 민족 구성 때문에 국가 간에 충돌이 일어나 위태로운 상황이 이어졌다.

# 05

# 대공황의 폐허에서
# 전체주의가 싹트다

제1차 세계 대전이 끝난 뒤 자본주의 체제는 안정을 되찾지 못했으니 1929
년에 일어난 대공황으로 다시 위기를 맞았다. 미국과 영국 등 오랜 자본주
의 국가들은 각각의 정치적·경제적 강점을 활용해 위기를 극복하려 했으나
이탈리아, 독일, 일본 등 후발 주자들은 전체주의 체제를 만들고 침략 정
책을 펴며 위기를 돌파하려 했다.

## 대공황이 일어나다

제1차 세계 대전이 끝난 뒤 기술 혁신과 생산 과정의 재조직으로
생산력이 크게 발달했다. 1920년대 중반에 이르렀을 때 유럽 주요
나라는 전쟁 전의 경제 상태로 되돌아갔고 세계 경제를 이끌던 미국
은 주택 산업, 자동차 산업 등이 활기를 띠면서 일찍이 없던 번영의
시대를 맞이했다.

　그러던 중 구매력이 생산력 발달을 따라가지 못하는 문제가 생겼다.

**대공황**
1929년의 공황은 이전에 비해
그 규모가 매우 컸기에 대공황
이라고 부른다. 4년 동안 계속
된 대공황으로 자본주의 국가
전체 생산량의 44퍼센트, 무역
량의 66퍼센트가 줄었고, 약
3,000만 명이 직장을 잃었다.
사진은 대공황으로 일자리를
잃은 사람들이 무료 배식을 받
고 있는 모습이다.

●**국가 산업 부흥법**
노동자의 생활 향상과 산업 부
흥을 위한 규약이다. 노동 시
간 단축, 노동조합의 단체 교
섭권 보장, 임금과 생산 가격
안정 등이 주요 내용이다.

자본가가 더 많은 이익을 얻으려고 노동자의 임금을 올려 주지 않았던
것이다. 산업화 과정에서 별 관심을 받지 못하던 농업 쪽에서도 기계화
로 생산량이 늘어나면서 농산물 가격이 크게 떨어졌다. 소비가 생산을
따라가지 못하자 자본주의 국가는 경제 불황에 빠졌다. 1929년 10월,
미국 주식 시장에서 주가가 큰 폭으로 떨어진 것을 시작으로 대공황이
일어나면서 세계 자본주의 체제는 심각한 위기에 처했다.

탄탄한 민주주의 기반과 함께 넓은 해외 식민지를 가지고 있던 미국,
영국 등 선진 자본주의 국가는 정책 변화를 통해 공황을 이겨내려 했
다. 미국에서는 1933년에 루스벨트 대통령이 자유방임 정책을 보완하
기 위해 정부가 경제를 강력히 통제하면서 뉴딜 정책을 추진했다. 농업
조정법과 국가 산업 부흥법●을 통해 농민과 노동자의 구매력을 높이

테네시 강 유역 개발 공사
미국의 산업 발전과 경제 부흥
을 목적으로 추진한 뉴딜 정책
의 중심 사업 가운데 하나였다.
댐 공사가 한창이던 테네시 강
유역의 모습이다.

고, 테네시 강 유역 개발 공사 등 대규모 공공사업을 벌여 실업자를 구
제했으며, 와그너법●을 만들어 노동자의 권리와 이익을 보호했다.

영국에서도 1932년에 맥도널드 거국 내각이 자유 무역주의 원칙을
수정했다. 수입세법을 만들어 보호 관세 정책을 폈고, 오타와 영국 연
방 경제 회의에서 외국 상품의 영국 연방 진입을 막는 배타적인 파운드
블록●을 만들었다. 그 결과, 미국과 영국 같은 선진 자본주의 국가는
1930년대 중반에 이르러 공황에서 어느 정도 벗어날 수 있었다.

이탈리아, 독일, 일본 등 민주주의 기반이 약하고, 국내 시장이 취약
했던 후발국에서는 대외 침략을 통해 위기를 돌파하려고 했다. 이들 나
라에서는 효과적으로 전쟁을 수행하기 위해 강력한 전체주의 체제●를
동원했다.

●와그너법
정식 이름은 '전국 노동 관계
법'인데, 법을 제안한 상원 의
원의 이름을 따서 이렇게 부
른다. 노동자의 단결권과 단
체 교섭권을 보호하기 위해
부당 노동 행위를 구체적으로
정리하고 교섭 단위를 설정한
법안으로, 이후 미국의 노동
운동 발전에 큰 역할을 했다.

●파운드 블록
영국의 파운드 화폐를 사용하
는 나라들을 하나의 지역으로
묶었다. 식민지가 많았던 프랑
스 역시 프랑 블록을 만들어
대공황을 극복하려 했다.

●전체주의 체제
개인보다 집단의 이익을 강조
해 집권자가 정치, 경제, 사
회, 문화 전반을 통제하는 체
제이다.

● 파시즘
반공주의, 국가주의, 전체주의, 권위주의, 국수주의적인 정치 이념이나 정부를 말한다. 파시즘의 어원은 고대 로마에서 권위의 상징이었던 도끼와 나뭇가지 묶음을 뜻하는 이탈리아 어 '파시스모'이다.

● 협동조합 국가 체제
전체 국민을 경제적 이해관계에 따라 13개 협동조합으로 나누고, 이를 경제의 기본 단위로 삼았다. 국회 의석도 협동조합별로 주어졌고, 국회의원은 파시스트당이 임명했다.

## 무솔리니가 이탈리아에 파시즘˙ 체제를 만들다

이탈리아는 승전국이었음에도 파리 강화 회의에서 오스트리아 땅의 일부밖에 못 얻자 베르사유 체제에 대한 불만이 커졌다. 게다가 전쟁으로 막대한 빚을 짊어지면서 경제난 때문에 노동자와 농민이 파업과 폭동을 자주 일으키는 등 사회가 혼란했다. 중산층 사이에서는 공산 혁명에 대한 두려움이 커지고 있었다.

이런 상황에서 1921년에 무솔리니가 파시스트당을 만들었다. 파시스트당은 반공산주의와 국수적인 강령을 제시해 유산 계급과 보수 세력의 지지를 받았다. 혼란한 사회와 경제적 어려움에 불만을 가진 사람들이 하나둘씩 당원으로 가입하면서 빠르게 세력을 키워 나갔다. 1922년에 파시스트당은 군대와 경찰의 방조 속에서 로마로 진격해 정권을 차지했고, 1925년에 여러 법안을 만들어 노동조합을 해체하고 언론 및 출판의 자유를 제한했으며, 1926년에는 파시스트당 이외에 모든 정당의 활동을 금지해 일당 독재 체제를 만들었다.

이때부터 무솔리니는 개인이나 계급의 이익보다 국가 전체의 이익을 우선하는 국가 지상주의를 적극적으로 실천해 나갔다. 의회를 없앤 다음 협동조합 국가 체제˙를 도입했고, 산업 보호 및 육성을 명분으로 경제를 강력하게 통제했으며, 군국주의 교육을 통해 국민에게 군대식 규율을 지키도록 했다. 국민의 대다수인 가톨릭교도의 지지를 얻기 위해 로마 교황청과도 우호적인 관계를 맺었다. 밖으로는 고대 로마 제국의 영광을 부활시키겠다고 외치면서 적극적인 대외 팽창을 시도했다. 이탈리아는 1924년에 크로아티아의 피우메 항을 차지했고, 1926년에 알바니아를 보호령으로 만들었으며, 1935년에는 에티오피아를 침략했다.

**무솔리니의 파시스트당**
무솔리니는 제1차 세계 대전 후 검은 셔츠단 등 군사 조직을 기반으로 국가주의를 내세워 파시스트당을 만들었다. 무솔리니는 1922년에 로마로 진군해 쿠데타를 일으켜 권력을 잡았다. 사진은 파시스트당의 행진 모습이다.

**나치당 집회**
나치당의 정식 이름은 '국가 사회주의 독일 노동자당'이다. 자물쇠 제조공인 안톤 드렉슬러가 1919년에 만든 '독일 노동자당'에서 발전한 나치당을 히틀러가 탁월한 웅변술로 장악했다. 나치당은 철저하게 준비된 대중 집회로 힘을 과시하며 반대 세력을 제압했다. 사진은 1934년 뉘른베르크 집회 모습이다.

**무솔리니와 히틀러**
유럽의 전체주의 체제를 대표하는 무솔리니와 히틀러가 한 차에 탄 모습이다.

● 제3 제국
제1 제국은 중세 이래 19세기 초까지 계속됐던 신성 로마 제국이고, 제2 제국은 비스마르크가 통일해서 건설한 독일 제국이다.

## 히틀러가 독일에 나치즘 체제를 만들다

제1차 세계 대전 후 독일에 만들어진 바이마르 공화국은 1920년대 후반에 정치적 안정을 되찾았고 경제적으로도 상당한 회복세를 보였다. 그러나 이는 미국의 차관과 자본 투자로 이루어진 것이었고 1929년에 대공황이 일어나서 미국 자본의 투자가 중단되자 독일 경제에 심각한 위기가 찾아왔다.

독일인은 어려움을 이겨내기 위해 극우의 나치당과 극좌의 공산당을 선택했다. 1930년 총선거에서 나치당과 공산당이 사회 민주당을 위협하는 세력으로 떠올랐다. 1932년 선거에서는 나치당이 전체 577개 의석 중 230석을 차지해 제1당이 됐고, 공산당도 사상 최대 의석인 100석을 확보했다. 자본가, 군인, 중산층 등의 보수파는 사회적으로 혼란한 상황에서 공산당 세력이 커지는 것에 위협을 느꼈다. 나치당은 반유대주의를 내세워 독일 모든 계층의 지지를 받았고 한층 더 강해졌다.

1933년 1월, 나치당의 히틀러가 힌덴부르크 대통령의 지명을 받아 총리에 임명됐다. 3월에는 의회로부터 히틀러가 모든 권력을 위임받아 의회 제도가 유명무실해졌으며, 7월에는 다른 정당 활동을 금지해 나치 일당 독재 체제를 만들었다. 1934년에 힌덴부르크 대통령이 죽자 히틀러는 총통이 되어 제3 제국[●] 수립을 선포했다.

독일의 나치즘은 이탈리아의 파시즘과 마찬가지로 극단적인 국가주의에 입각한 전체주의적 독재 체제였다. 히틀러는 독일 국민에게 나치 이념을 강제하면서 반대하는 자들을 억눌렀고, 국가가 경제 활동을 계획하고 통제하는 제도를 도입했으며, 사회적으로 노동자의 파업이나 조합 활동을 금지했음은 물론, 종교나 문화생활도 규제했다.

나치당 선전 포스터
나치는 생활고에 시달리는 독일인의 감정을 자극해 집권에 성공했다. 그림은 1932년 나치당 선거 포스터로 '우리의 마지막 희망, 히틀러'라는 문구가 인상적이다.

나치즘은 독일인 우월주의를 내세워 유대 인 등을 열등 인종이라며 학살하거나 이들의 땅을 빼앗는 대외 침략을 합리화했다. 히틀러는 1933년에 베르사유 체제를 부정하면서 국제 연맹에서 탈퇴했고, 1935년에 독일의 재무장을 선언했으며, 1936년에는 비무장 지대였던 라인란트에 군대를 주둔시켰다.

이 몸을 다 바쳐, 독일을 살리겠다고 맹세합니다.

히틀러 최고!

나치 당

## 일본이 강력한 군국주의 체제로 무장하다

제1차 세계 대전에 연합국으로 참가한 일본은 제국주의 국가들이 치열하게 싸우던 유럽과 달리 안정되어 있었고, 내부적으로도 정당 정치와 성인 남자의 보통 선거가 실시되는 등 민주주의가 자리를 잡아가던 중이었다. 그러나 1929년 대공황을 계기로 선진 자본주의 국가들이 블록 경제를 강화하자 일본에서도 실업자가 크게 늘어나는 등 경제 위기가 찾아왔다. 불안감이 점차 커지면서 사회주의 운동과 무정부주의

중일 전쟁
1937년 8월 13일, 일본군이 중국의 베이징으로 들어가는 모습이다. 정양교(정양차오) 뒤편에 베이징으로 들어가는 정문인 정양문(정양먼)이 보인다.

●군국주의
군사적 진출, 즉 전쟁을 통한 발전이 목표가 되어 정치, 경제, 사회, 문화 등 국민 생활 전체가 이에 종속되는 것을 말한다.

운동이 활기를 띠었고 노동자가 곳곳에서 파업과 시위를 일으켰다.

일본의 지배층은 대외적인 무력 진출을 통해 어려움을 이겨내려 했다. 강력한 군국주의● 체제로 무장한 일본은 1931년 9월에 만주 사변을 일으켰고, 1932년 2월에는 괴뢰 정부인 만주국을 수립했다. 국제 연맹은 즉각적인 일본군 철수를 요구하며 중국과 일본 간의 평화를 위한 결의안을 만들어 일본에 권고했다. 그럼에도 일본군이 침략을 중단하지 않자 진상 조사 위원회를 보내 일본의 만주 침략과 만주국 수립을 비난하는 보고서를 작성하고, 국제 연맹에서 이를 끝까지 밀고 나갈 것을 결의했다. 그러나 일본은 1933년 3월에 국제 연맹 탈퇴로 대응했고, 1937년에는 중국 대륙을 본격적으로 침략하는 중일 전쟁을 일으켰다.

# 06

# 제2차 세계 대전과
# 대학살의 시대

제2차 세계 대전은 1939년부터 1945년까지 독일, 이탈리아, 일본 등 전체주의 국가와 영국, 미국, 프랑스, 중국 등 연합국이 치른 역사상 최대의 전쟁이다. 전쟁은 연합국의 승리로 끝났으나 신무기의 발달과 함께 무자비한 학살이 행해져 승자와 패자 모두에게 엄청난 인적, 물적 피해를 안겨 주었다.

### 동서양의 전체주의 국가가 손을 잡다

제1차 세계 대전 후 만들어진 새로운 국제 질서는 승전국을 중심으로 한 세계 자본주의 체제의 정비라는 성격이 강했다. 여기에 불만을 가진 독일, 이탈리아, 일본 등 후발국은 경제 위기를 이겨내기 위해 전체주의 체제를 만들고 세계 곳곳을 침략했다.

전체주의 국가는 국제 화해나 동맹에 큰 의미를 두지 않았기에 서로 대립하면서 독자적으로 침략 정책을 추진했다. 그러다가

후발 주자끼리 잘해 보자고~

● 로마-베를린 추축
1936년 11월, 이탈리아의 무솔리니가 로마와 베를린을 연결하는 선이 협력과 평화를 바라는 모든 유럽 나라가 단결할 수 있는 추축이라고 연설한 데서 유래했다. 추축은 정치나 권력의 중심이라는 뜻이다.

에스파냐 내전
공화주의 정부가 인민 전선을 만들어 개혁을 추진하자 프랑코 등 보수 세력이 반발해 1937년 7월부터 1939년 3월까지 세 차례에 걸쳐 치른 전쟁이다. 유럽 대부분의 나라가 중립을 지킨 상황에서 독일과 이탈리아의 지원을 받은 보수파가 승리했다. 사진은 인민 전선을 돕기 위해 전 세계에서 온 좌파들로 구성된 의용군이다.

1936년에 이탈리아의 에티오피아 합병과 에스파냐 내전을 계기로 독일과 이탈리아가 서로 협력하기 시작했다. 이탈리아가 에티오피아를 침략하자 유럽 여러 나라는 국제 연맹에서의 제재를 통해 이탈리아를 막으려 했으나 독일의 히틀러만은 이탈리아에 동정적인 태도를 보였다. 에스파냐 내전 때에는 이탈리아와 독일이 함께 프랑코 정부를 도우면서 인민 전선 정부를 지원하는 러시아와 맞섰다. 이를 계기로 가까워진 독일과 이탈리아는 전체주의 국가가 가진 비슷한 이념을 바탕으로 여러 가지 문제에 대해 협력을 강화해 나갔다.

1936년 7월, 히틀러가 오스트리아의 독립을 보장하고 내정에 간섭하지 않을 것을 무솔리니에게 약속하면서 오스트리아를 둘러싼 두 나라의 오랜 대립이 정리됐다. 10월에 히틀러와 무솔리니가 에스파냐의 프랑코 정권 인정, 공산주의 반대, 남부 유럽에서의 경제 협력 등에 합의해 로마-베를린 추축●이 만들어졌다. 그해 11월에는 독일과 일본이 반공 협정을 맺었고, 1937년 11월에는 이탈리아가 합세해 로마-베를린-도쿄 추축이 완성됐다. 동서양의 전체주의 국가가 손을 잡으면서 세계 평화가 다시 위기에 처했다.

## 또다시 전쟁의 소용돌이 속으로

제1차 세계 대전 후 유럽 각국이 여러 조약을 맺어 오스트리아의 독립을 보장했다. 그러나 히틀러는 1938년 3월에 오스트리아를 공격했고, 9월에는 프랑스, 소련과 방위 동맹을 맺은 체코슬로바키아에 슈체친 지방을 달라고 요구했다. 체코슬로바키아는 동맹국의 도움을 바라며 독일에 저항했으나, 영국과 프랑스는 뮌헨 회담에서 독일의 슈체친 지방 합병을 인정하는 대신 독일로부터 새로 그은 국경선을 지킬 것을 약속받는 유화 정책으로 전쟁을 막는 데 만족했다.

그러나 히틀러는 1939년 3월, 뮌헨 협정을 어기고 체코슬로바키아를

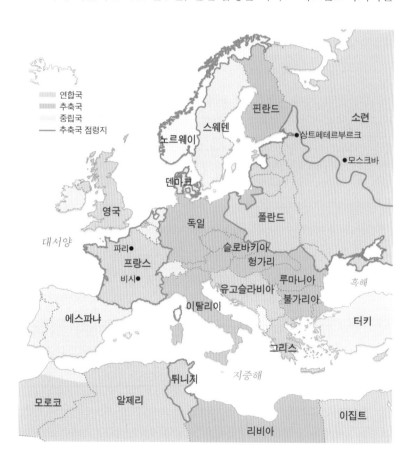

제2차 세계 대전 중의 유럽
1939년에 시작된 제2차 세계 대전은 전 세계를 또다시 전쟁의 소용돌이로 몰아넣었다. 인류 역사상 가장 크고 사람이 많이 죽은 전쟁이었다. 4,000만 ~5,000만 명의 사망자를 낸 뒤 1945년에 연합국의 승리로 끝났다.

독소 전쟁
1941년 6월, 독일군이 독소 불가침 협정을 깨고 소련군을 공격했다. 1941년 9월 19일, 소련까지 원정 온 독일군을 소련의 적군이 기습하여 전리품을 챙기고 있는 모습이다.

차지했다. 영국과 프랑스는 유화 정책에서 방침을 바꿔 폴란드, 루마니아, 그리스, 터키와 상호 군사 원조 조약을 맺고, 독일의 세력 확장에 불만을 가진 소련과도 의견을 나누었다. 하지만 폴란드와 루마니아가 소련에 안보를 맡기는 것에 반대해 소련과의 회담에서 결론을 내지 못했다. 이 틈을 타고 독일이 소련에 접근해 1939년 8월에 불가침 협정*을 맺었다.

소련의 중립을 약속받은 독일은 1939년 9월에 폴란드를 공격했다. 이에 영국과 프랑스가 독일에 선전 포고를 하면서 제2차 세계 대전이 시작됐다. 유럽 최강의 공군과 기계화 부대를 가진 독일은 전쟁 개시 2주 만에 폴란드를 손에 넣었고, 1940년 4월에 중립을 지키던 덴마크와 노르웨이를 차지했으며, 5월에는 벨기에와 네덜란드까지 나아갔다. 6월에는 프랑스를 공격해 영토의 3분의 2를 점령했고, 프랑스 남부에 페탱을 우두머리로 하는 친독일 정부를 세웠다.

이탈리아는 1940년 6월에 영국과 프랑스에 선전 포고를 하고 발칸 반도와 아프리카로 나아갔으나 영국군의 강력한 저항으로 힘겨운 전투

● 독소 불가침 협정
모스크바에서 독일과 소련의 외무 장관이 불가침 조약을 체결했다. 상호 불가침 조항 외에도 '어느 한쪽이 침략 받을 경우 다른 한쪽은 그 적국의 편에 서지 않으며, 두 나라의 분쟁은 평화적으로 해결한다.'는 내용을 담고 있다.

를 이어갔다. 이에 독일이 1941년 4월에 발칸 반도로 정예 부대를 보내 유고슬라비아와 그리스를 점령했다. 6월에는 독일이 불가침 협정을 깨고 소련을 공격했다. 9월에 모스크바까지 나아갔고 10월에는 우크라이나를 점령했으나 겨울 추위에 보급로가 끊기면서 상황이 어려워졌다.

세계 최강국 미국은 고립주의 정책을 유지했으나 독일과 이탈리아에 대한 반대 여론이 높아지자 추축국과 대결 중인 여러 나라들에 전쟁물자를 제공하면서 자본주의 나라들의 무기 창고 역할을 했다.

● 삼국 군사 동맹
1940년 9월에 군국주의 세력인 일본, 독일, 이탈리아가 베를린에서 맺은 군사 동맹이다. 독일과 이탈리아가 일본의 아시아 침략을 가로막지 않는 대신 일본은 영국과 미국을 견제한다는 것이 주요 내용이다.

## 태평양까지 포화가 번지다

유럽에서 전쟁이 일어나자 미국과 소련 등도 전쟁에 관심을 집중했다. 1937년에 중일 전쟁을 일으켜 중국 본토로 나아가는 데 성공한 일본 역시 태평양 곳곳으로 전쟁을 확대할 기회를 노렸다.

1940년 6월, 프랑스가 독일에 항복하면서 영국은 홀로 남아 독일과 싸우게 됐다. 일본은 그해 9월에 전체주의 세력 간의 군사 협력을 위해 독일, 이탈리아와 삼국 군사 동맹●을 맺었고, 1941년 4월에는 소련과 중립 조약을 맺어 북쪽의 군사적 위협을 없앴다. 같은 해 7월에는

**일본의 진주만 기습**
일본 전투기가 진주만을 기습해 미국의 태평양 함대를 파괴하고 있다.

동남아시아로 나아가 프랑스령 인도차이나를 차지했고, 8월에는 허울뿐인 동아시아의 공동 번영을 소리 높여 주장하면서 동아시아 전체를 일본의 세력권 안에 두려는 제국주의 정책을 노골적으로 드러냈다.

동남아시아 곳곳에 식민지를 갖고 있던 미국, 영국, 네덜란드 등이 일본의 팽창에 반발했는데, 특히 미국은 일본과의 모든 무역을 중단하며 일본을 적극적으로 압박했다. 이에 일본은 1941년 12월 7일 새벽에 미국의 태평양 함대가 있는 진주만을 기습하고, 필리핀과 말레이 반도 등 태평양 곳곳을 대대적으로 공격한 다음, 그날 오후에 미국과 영국에 선전 포고를 했다. 12월 11일에는 일본의 동맹국인 독일과 이탈리아가 미국에 선전 포고를 했는데, 이에 맞서 미국도 독일과 이탈리아에 선전 포고를 했다. 이로써 유럽에서 일어난 전쟁이 태평양까지 번져 전 세계로 확대됐다.

전쟁 초기에 미국은 진주만 기습으로 인해 태평양 함대가 막대한 피해를 입은 상황이었고, 영국은 유럽에서 홀로 독일에 맞서고 있었기에 일본은 연이어 승리를 거둘 수 있었다. 일본은 1942년 초반에 미국의 전초 기지인 괌, 웨이크, 필리핀을 차지했으며, 말레이 반도, 버마, 네덜란드령 동인도 제도 등도 점령할 수 있었다.

**연합국 포스터**
미국, 영국, 프랑스, 중국 등 연합국이 힘을 합해 독일을 응징하겠다는 의지가 담긴 포스터이다.

## 연합국이 대반격을 시작하다

전쟁 초기에는 태평양에서 일본이 연이어 승리했고 유럽에서는 독일과 이탈리아가 연합국을 일방적으로 밀어붙이며 추축국이 우세한 모습을 보였다. 그러나 1942년 5월, 미국을 중심으로 한 연합국이 대반격을 시작하면서 전세가 역전됐다.

1942년 6월에 미국군이 미드웨이 해전에서 일본군을 격파했고, 1943년 2월에는 소련군에 의해 30만 명의 독일군이 스탈린그라드에서 목숨을 잃었으며, 5월에는 미국과 영국 연합군이 아프리카에서 독일군과 이탈리아 군을 공격해 100만 명에 가까운 사상자를 냈다. 9월에는 연합군이 시칠리아 섬을 거쳐 이탈리아 본토에 상륙해 이탈리아를 항복시켰다.

전세가 절대적으로 유리해지자, 연합국은 전후 처리 문제를 구체적으로 의논하기 시작했다. 1943년 11월에 미국, 영국, 중국의 정상이 모인 카이로 회담●에서 일본 식민지 문제의 처리 방안에 합의했고, 이어 미국, 영국, 소련의 정상이 테헤란에 모여 프랑스 상륙 작전을 다시 확인하고 일본과의 전쟁에도 힘을 합할 것을 결의했다.

●카이로 회담
미국의 루스벨트, 영국의 처칠, 중국의 장제스가 이집트의 카이로에서 연 회담이다. 일본이 태평양에서 차지한 모든 섬을 빼앗고, 만주와 타이완은 중국에 반납하며, 한국은 적절한 절차를 거쳐 독립시킨다는 사항이 정해졌다.

노르망디 상륙 작전
미국과 영국 등 연합국의 육군이 프랑스의 노르망디 해변에 대규모로 상륙하고 있다.

**독일의 항복**
1945년 5월 7일, 프랑스 랭스에 있는 연합국 원정군 최고 사령부에서 독일군 사령관 알프레드 요들(가운데)이 항복 문서에 서명하고 있다.

● **포츠담 선언**
1945년 7월에 주요 연합국 대표가 독일의 포츠담에 모여 일본에 항복을 권유하고 전후 일본에 대한 처리 방침을 밝힌 선언이다.

　　드디어 1944년 6월, 연합국은 아이젠하워 장군의 지휘 아래 노르망디 상륙 작전을 감행했다. 이후 계속 진격해 8월에 파리를 함락시켰고, 1945년 4월에는 영국, 미국, 캐나다 연합군과 소련군의 양면 작전을 통해 베를린에 들어갔다. 4월 말에 히틀러가 자살했고, 5월 초에는 독일이 연합국에 항복했다.

　　태평양에서는 미국이 1944년 7월에 일본으로부터 사이판 섬을 빼앗았고, 11월에 일본 본토 곳곳을 비행기로 폭격했으며, 1945년 초에 필리핀을 점령한 뒤 오키나와에 상륙했다. 1945년 8월에는 히로시마와 나가사키에 원자 폭탄을 투하했고, 소련도 일본에 선전 포고를 한 뒤 참전했다. 계속되는 공세에 일본이 포츠담 선언●을 받아들이고 연합국에 무조건 항복하면서 제2차 세계 대전이 끝났다.

# 07

# 냉전의 저편에서
# 또 다른 세계가 만들어지다

제2차 세계 대전이 끝난 뒤 세계 평화 정착을 위해 국제 연합이 설립됐다. 그러나 연합국이 이기는 데 결정적인 역할을 한 미국과 소련이 팽창하면서 자본주의와 공산주의가 대립하는 제2의 위기를 맞이했다. 한편, 아시아와 아프리카의 신생 독립국은 중립을 내세우며 제3 세계로 등장했다.

**세계 평화 정착을 위해 국제 연합을 만들다**

제2차 세계 대전 중에 추축국에 대한 전후 처리 방향을 정리한 연합국은 전쟁이 끝나자마자 이탈리아, 불가리아, 헝가리, 루마니아, 핀란드 등과 강화 조약을 맺으려고 했다. 연합국은 1947년 파리에서 5개국이 '이전에 점령한 영토를 포기하고 배상금을 지불하며 군사비를 제한당한다.'는 내용의 평화 조약을 맺었다.

독일, 오스트리아, 일본과의 강화 조약은 소련과 미국의 의견이 맞서면서 카이로 선언, 얄타 협정, 포츠담 선언 등에 기초해 처리됐다. 독일

**뉘른베르크 전범 재판(왼쪽)**
1945년부터 1946년까지 독일 뉘른베르크에서 열린 국제 군사 재판이다. 나치 24명의 전쟁 범죄자 가운데 12명이 교수형에 처해졌다.

**베를린 장벽(오른쪽)**
1949년에 미국과 소련의 냉전이 본격화되면서 서독과 동독이 각각 들어섰고, 1961년에는 장벽이 세워졌다. 동독에서 서독으로 넘어가는 사람들을 막기 위해 동독에서 장벽을 만들고 있는 모습이다.

●대서양 헌장
1941년 8월, 미국의 루스벨트와 영국의 처칠이 대서양 연안에 정박 중이던 영국 군함에서 발표한 공동 선언이다. 미국과 영국이 더는 영토를 늘리지 않으며, 독일을 무너뜨린 뒤 국제적인 안전 보장 체제를 만들겠다는 내용이었다.

북부와 서부를 프랑스가, 중앙부를 영국이, 남부를 미국이, 동부는 소련이 점령해 군정을 실시했으며, 수도 베를린은 4개국이 공동으로 관리했다. 오스트리아에서도 4개 나라가 군정을 실시했고, 일본은 미국에 점령됐다가 1951년 샌프란시스코 회의에서 소련을 제외한 대부분의 연합국과 강화 조약을 맺었다. 연합국은 1945년에 뉘른베르크에서 독일의 나치스를, 도쿄에서 일본의 군국주의자를 재판했다. 이 재판으로 독일인 12명과 일본인 7명의 전쟁 범죄자가 처형됐다.

전후에 대두한 문제들 중 전쟁 방지와 평화 유지를 위해 국제 협력을 강화하는 일이 무엇보다 중요했다. 전쟁 초기에 발표된 대서양 헌장●에도 이런 내용이 담겨 있었다. 1944년에 미국, 영국, 중국, 소련이 국제 연합 헌장 초안을 만들었고, 1945년에 미국 샌프란시스코에서 국제 연합 헌장이 만들어졌으며, 그해 10월 24일에는 51개 나라가 가입하면서 국제 연합(UN)이 활동을 시작했다.

국제 연합은 평화뿐만 아니라 인권을 옹호하며 각 나라의 사회와 경제의 발전을 목표로 했다. 이를 위해 총회, 안전 보장 이사회, 경제 사회 이사회, 신탁 통치 이사회, 국제 사법 재판소, 사무국 외에 유네스

국제 연합 총회
국제 연합 6개 주요 기관 중 하나로, 국제 연합에 속한 모든 나라가 참여하는 유일한 기관이다. 신규 회원국 승인, 예산 조정, 사무총장 선출 등을 결정하는 최고 의사 결정 기구이다.

코, 국제 노동 기구, 세계 보건 기구, 국제 통화 기금 등 전문적인 산하 기구를 뒀다. 국제 연합은 국제 연맹의 실패를 거울삼아 침략 행위를 무력으로 제재할 수 있도록 했다. 미국, 영국, 소련, 프랑스, 중국 5개 강대국은 안전 보장 이사회의 상임 이사국으로서 실권을 가졌다. 상임 이사국은 총회의 의결 사항에 대해 거부권*을 행사할 수 있었다.

## 미국과 소련이 냉전을 시작하다

제2차 세계 대전 뒤 초강대국으로 떠오른 미국과 소련은 우호적인 동맹 관계를 끝냈다. 각각 자본주의와 공산주의의 대표 국가로 자국 중심의 세계 질서를 만들고자 세계 곳곳에서 대립하면서 냉전*이라는 새로운 위기가 찾아왔다.

처음에는 자본주의보다 공산주의 진영이 더 유리한 위치에 있었다. 제2차 세계 대전이 끝날 무렵 소련이 발칸 반도와 독일 동부를 점령한 상태였고, 전쟁이 끝난 뒤에는 체코슬로바키아, 헝가리, 루마니아, 폴란드 등 동유럽 여러 나라에 공산 정권이 들어섰으며, 이탈리아와 프랑스에서도 공산당이 강력한 정치 세력으로 등장했기 때문이다.

●상임 이사국의 거부권
거부권이 정치적 도구로 남용되면서 안전 보장 이사회의 기능을 마비시켜 많은 비판을 받았다.

●냉전
자본주의와 공산주의 진영이 무기를 사용해서 직접적으로 충돌하는 열전 대신 정치, 경제, 외교 등의 분야에서 이념적으로 대립한 것을 말한다.

● 트루먼 독트린
1947년에 미국 대통령 트루먼
이 의회에서 발표한 외교 선언
이다. 공산주의에 맞서 자유와
독립을 지키고 전체주의 정부
에 반대하는 뜻을 가진 여러
나라에 정치적, 군사적 원조를
하겠다고 발표했다.

미국은 공산주의 진영을 포위하는 정책을 폈다. 1946년에 그리스에
서 영국에 친화적인 정부에 반대하며 좌익 세력이 반란을 일으키자, 미
국의 트루먼 대통령이 그리스의 반공 세력을 지원해 반란을 진압했다.
1947년에는 지중해와 흑해를 연결하는 요충지인 터키의 다다넬즈 해
협에 대해 공동 관리를 요구하던 소련에 맞서 트루먼 독트린●을 발표
했다. 공산주의 세력이 유럽에 더 늘어나는 것을 막기 위해 마셜 플랜
도 발표했다. 미국의 잉여 생산물을 효율적으로 처리하는 동시에 상품
판매 시장을 확보하기 위한 계획이었다.

소련은 1947년에 유럽 각국에 있는 공산당 간에 교류를 강화하기
위해 공산당 정보국인 코민포름을 만들고, 1948년에는 서유럽 자본
주의 국가에 경제적 압력을 주기 위해 독일 서부에서 베를린으로 들
어가는 교통로를 막았다. 그러나 미국은 비행기로 베를린에 식량과 생
활필수품을 실어 날라 소련의 의도를 좌절시켰다. 이어서 1949년에는
자본주의 진영의 집단 방위 체제인 북대서양 조약 기구(NATO)를 만들

베를린 공수
1948년 3월부터 1949년 5월
까지 소련과 동독이 베를린으
로 통하는 육상 교통로를 막자,
미국과 영국 등이 비행기로 생
필품을 실어 날랐다. 사진은 원
조 물품이 실린 비행기의 착륙
을 지켜보고 있는 베를린 시민
외 모습이다.

마셜 플랜(왼쪽)
1947년에 미국 국무 장관 마셜
이 경제 원조를 통해 유럽 경제
를 부흥시키겠다고 발표했다.
원조 대상에는 동유럽 공산주
의 국가도 있었으나 소련의 반
대로 서유럽 16개국에만 적용
됐다.

북대서양 조약 기구(오른쪽)
1949년 4월에 공산주의 확산
을 막기 위해 미국과 유럽 자본
주의 국가가 맺은 집단 방위 조
약이다. 포스터의 오른쪽에 가
맹국이 나열돼 있다.

었고, 독일의 북부와 서부 지역에 걸쳐 자본주의 체제의 독일 연방 공
화국을 만들었다.

　이에 대응하는 소련은 독일 동부에 공산주의 체제인 독일 인민 공화
국을 만들었고, 1949년에는 공산주의 국가 간의 경제 협력을 강화하기
위해 동유럽 경제 상호 원조 회의인 코메콘을 조직했다. 1955년에는
북대서양 조약 기구에 대항해 동유럽 국가의 군사 동맹체인 바르샤바
조약 기구를 만들었다. 또한, 중국과 동맹을 맺어 공산주의 국가 간의
협력을 강화했다.

## 아시아와 아프리카가 제3 세계를 만들다

미국과 소련의 대립으로 세계는 전쟁의 공포에 계속 떨어야 했다. 제2
차 세계 대전 후 독립한 아시아와 아프리카의 여러 나라들 중에는 두
나라가 자국의 운명을 결정하기를 원하지 않는 나라들도 있었다. 이들
은 미국과 소련 그 어디에도 속하지 않는 제3 세계*를 만들고 식민주

●제3 세계
자본주의 국가인 미국과 동맹
국이 속한 제1 세계, 공산주
의 국가인 소련과 그 동맹국
으로 이루어진 제2 세계에 가
담하지 않고 중립을 지킨 나
라들을 가리킨다. 흔히 비동
맹 국가 또는 비동맹 세력이
라고 한다.

제2차 세계 대전 후의 유럽
제2차 세계 대전이 끝나고 유럽에서 공산주의 세력의 힘이 강해지자, 미국은 서유럽 자본주의 국가의 경제 부흥을 위해 마셜 플랜과 집단 방어 체제인 북대서양 조약 기구를 만들었다. 이에 맞서 소련은 동유럽 국가의 경제 협력을 위해 코메콘과 군사 동맹체인 바르샤바 조약 기구를 만들었다.

북대서양 조약 가입국
바르샤바 조약 가입국

노르웨이
덴마크
소련
영국
네덜란드
벨기에
룩셈부르크
서독
동독
폴란드
대서양
체코슬로바키아
프랑스
헝가리
루마니아
포르투갈
이탈리아
불가리아
알바니아
(1968, 탈퇴)
터키
그리스
지중해

제3세력 단결

아프리카    아시아

● 평화 10원칙
네루와 저우언라이가 제안한 평화 5원칙을 발전시킨 것으로 '반둥 10원칙'이라고도 불린다. 국제 분쟁의 평화적 해결, 지역 간 경제 협력, 영토와 주권의 상호 존중 등의 내용을 담고 있다.

의에서 벗어나려고 노력하면서 세계 평화를 소리 높여 외쳤다.

미국과 소련이 한국 전쟁에 참여하면서 냉전이 세계 대전으로 발전할 가능성이 높아지자, 1953년에 인도의 네루는 제3 세계의 단결 방안을 구체적으로 제시하기도 했다. 한국 전쟁과 베트남 전쟁이 마무리돼 가던 1954년에는 네루와 중국의 저우언라이가 델리에서 평화 5원칙을 발표했다. 콜롬보에서는 인도, 미얀마, 파키스탄, 스리랑카, 인도네시아 5개국 정상이 아시아 아프리카 회의를 열기로 결정했다. 1955년 반둥에서 열린 제1회 아시아 아프리카 회의에 29개 나라의 대표가 참가해 평화 10원칙●을 채택했다. 아시아와 아프리카의 여러 나라가 미국과 소련 어느 진영에도 종속되지 않는다는 주체성을 확인한 최초의 선언이었다. 국제 연합에서도 세계 곳곳에서 일어난 식민주의 반대 운동과 외국 자본 침투에 대한 반발 등을 고려해 긴장을 완화하려고 하면서 1960년에 식민지 독립 선언을 발표했다.

■■■ 제1 세계　　■■■ 제2 세계　　　제3 세계

1961년에는 유고슬라비아의 티토와 인도의 네루, 이 집트의 나세르 등이 참여해 베오그라드에서 제1회 비동 맹국 정상 회의가 열렸다. 이들은 아시아와 아프리카는 물론, 미국과 소련이 이끄는 군사 동맹에 속하지 않는 모든 비동맹 국가의 협력을 다 짐하면서 전면적인 군비 축소를 호소했다. 그 후 비동맹국 회의는 3년 마다 열렸는데, 참가국 수가 크게 늘어나면서 국제적 영향력이 커졌다. 그러나 가입국 대부분이 아직 자본주의가 발전하지 않은 나라로 경제 적 빈곤과 정치적 혼란이 이어지면서 자주적인 독립 국가를 유지하는 것이 쉽지 않았고, 가입국 사이에 이해관계가 얽혔을 때에는 서로 대립 하기도 했다.

제1회 아시아 아프리카 회의
인도, 중국, 이집트 등의 정치 지도자가 모여 1955년에 인도 네시아 반둥에서 연 제3 세계의 국제회의이다. 인도네시아의 수 카르노 대통령이 연설하고 있다.

제3 세계 국가들
제2차 세계 대전 후, 아시아에 서는 미국과 소련의 영향력에 서 벗어나 독자적인 길을 걸으 려는 운동이 시작됐다. 이 움직 임은 반둥 회의를 계기로 아프 리카에까지 확산됐다. 마찬가지 로 식민 지배의 아픔을 겪었던 라틴 아메리카까지 합세하면서 제3 세력은 국제무대에서 무시 할 수 없는 세력으로 성장했다.

# 08

# 아프리카와 라틴 아메리카가
# 변화의 갈림길에 서다

식민지였던 아프리카와 라틴 아메리카 나라들은 두 차례의 세계 대전을 거치면서 대부분 독립했다. 이후 민주주의 정착과 자주적인 근대화에 힘쓰고 있으나 정치 세력 간의 갈등, 경제 기반 부족, 낮은 교육 수준 등 내부적 문제에 외세의 간섭이 더해져 어려움을 겪고 있다.

## 아프리카 대륙에 독립의 물결이 일렁이다

19세기 이후 제국주의 국가들의 식민 지배를 받아 온 아프리카에서 제2차 세계 대전을 거치며 치열한 독립운동이 일어났다. 아랍 민족주의로부터 영향을 받은 아프리카의 독립운동은 이슬람교도가 많이 살던 북아프리카에서 먼저 시작됐다. 1951년에 이탈리아의 식민지였던 리비아가 국제 연합의 승인을 받아 독립했고, 1956년에는 프랑스의 식민지였던 튀니지와 모로코가 독립했다. 프랑스 인이 대거 진출해 있던 알제리에서는 프랑스의 사주를

받아 독립에 반대하는 움직임이 있었다. 그러나 1954년에 민족 해방 전선이 무장 봉기를 일으키면서 1962년에 독립을 쟁취할 수 있었다.

독립의 물결은 사하라 사막 남쪽으로 퍼져 나갔다. 1957년에 가나가 영국으로부터 독립했고, 1958년에는 기니가 프랑스의 지배에서 벗어 났다. 콩고 등 17개 나라가 독립한 1960년은 '아프리카 독립의 해'라고 불렸고, 1963년에는 아프리카 30개 독립국 대표가 에티오피아에 모여

**알제리 독립**
알제리는 프랑스와의 오랜 전 쟁을 끝내고 1962년에 독립했 다. 사진은 독립을 기뻐하는 알 제리 사람들의 모습이다.

● 아프리카 통일 기구
'아프리카 문제는 아프리카
에 의해서'라는 구호를 내걸
고 만들어진 아프리카 민족주
의 운동 조직이다. 아프리카
나라들이 서로 협력하고 정책
을 조정하여 독립과 주권을
지키는 데 목적이 있다.

서 아프리카 통일 기구●를 만들었다. 이어 1975년에 앙골라와 모잠비크, 1980년에 짐바브웨, 1990년에 나미비아가 차례로 독립했다.

아프리카의 신생 독립국이 국제 연합 총회에서 목소리를 높이자 국제 정치 무대에 신선한 바람이 일어났다. 그러나 대부분의 나라는 정치적 불안과 사회적, 경제적 혼란을 겪어야 했다. 더욱이 국민 대부분이 교육을 받지 못한 상황에서 풍부한 자원에 군침을 흘리는 강대국의 간섭이 계속됐기에 독립 국가 건설은 쉽지 않았다.

콩고에서는 끔찍한 내전과 쿠데타로 혼란과 독재가 이어졌다. 앙골

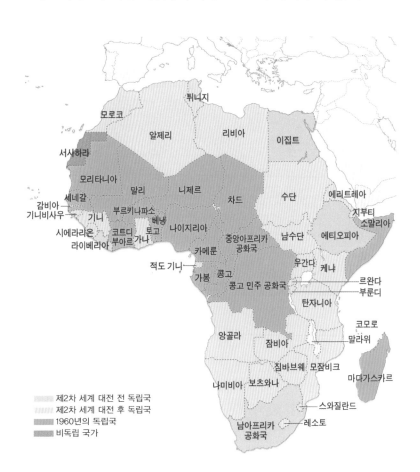

**아프리카의 신생 독립국**
1957년에 영국령 가나, 1958년에 프랑스령 기니의 독립을 시작으로 아프리카 곳곳에서 독립을 향한 열망이 꿈틀댔다. 1960년에는 나이지리아 등 17개국이 독립했고, 1962년에는 알제리가 독립했다. 1960년대 중반 무렵에는 아프리카 대부분이 식민지의 굴레에서 벗어날 수 있었다.

제2차 세계 대전 전 독립국
제2차 세계 대전 후 독립국
1960년의 독립국
비독립 국가

넬슨 만델라
남아프리카 공화국의 흑인 인권 운동가로 27년을 감옥에서 보냈다. 1990년에 석방된 뒤 1991년에 아프리카 민족 회의 의장을 맡았고, 1993년에는 노벨 평화상을 받았다. 1994년에 남아프리카 공화국 최초로 흑인이 참여한 선거에서 선출된 의회가 그를 대통령으로 뽑아 1999년까지 대통령직을 수행했다. 2013년에 그가 죽자 전 세계에 애도의 물결이 일렁였다.

라와 모잠비크에는 소련과 쿠바의 지원을 받은 공산 정권이 들어섰고, 우간다는 오랫동안 독재자 이디 아민의 공포 정치에 시달렸다.

아프리카의 신생 독립국이 풀어야 할 또 다른 문제는 내부 대립이었다. 제국주의 국가가 아프리카에 식민지를 만들면서 국경선을 마구잡이로 그은 탓에 독립 후 곳곳에서 부족 간 영역 다툼이 일어났다. 남아프리카 공화국에서는 백인 중심의 정부가 국민 대다수인 흑인을 차별하는 정책을 폈다. 흑인의 지속적인 저항과 국제 사회의 도움으로 1991년에 인종 차별 정책이 폐지됐고, 1994년에는 자유 총선거에 의해 넬슨 만델라 흑인 정부가 탄생했다. 그러나 아직도 르완다에서는 내전을 비롯한 종족 간 대립이 계속되고 있으며, 에티오피아 등의 나라에서는 식량 부족으로 굶어 죽는 사람들이 있다.

### 라틴 아메리카가 자신의 길을 찾아 나서다

미국은 1923년에 먼로 독트린을 발표한 후 남쪽으로 세력을 넓혀 나갔다. 제2차 세계 대전 때 라틴 아메리카 여러 나라들은 미국의 편에서 싸웠다. 전쟁이 끝난 뒤 1948년에 미국은 독립과 평화 유지를 명분으로 라틴

● 미주 기구
미국이 캐나다를 제외한 아메리카의 모든 나라를 끌어들여 만든 기구이다. 아메리카 내에서 평화와 정의를 이루고, 협력을 강화하며, 회원국 사이에 일어난 분쟁을 효율적으로 해결하는 데 목적이 있다.

아메리카의 여러 나라를 하나로 묶어 미주 기구●를 만들었다. 미국의 눈치를 봐야 했던 라틴 아메리카 나라들은 여전히 대지주 중심의 농업 경제 체제를 유지하고 있었고, 산업 기반 역시 부족해 외국 자본이 큰 힘을 갖던 상황이었다. 국민 대부분은 가난한 농민과 저임금 노동자였다.

그러던 중 1959년에 쿠바에서 카스트로가 공산 혁명을 일으켰다. 그는 농지 개혁과 기업의 국유화를 실시했고, 소련에 접근해 노골적인 반미 정책을 펼쳤다. 미국은 1962년에 쿠바와 외교 관계를 끊고 쿠바를 미주 기구에서 제외했으나 카스트로는 이에 아랑곳하지 않고 소련에 미사일 기지를 제공하면서 친소 정책을 강화했다. 미국의 케네디 대통령이 쿠바 해상을 봉쇄하면서 한때 미국과 소련 사이에 전쟁 위기가 고조됐다. 국제 연합 사무총장의 중재로 소련의 흐루쇼프가 쿠바에서 미사일을 철수하면서 쿠바 위기는 일단락됐다.

카스트로는 그 후에도 반미 정책을 고수하면서 주변 나라에 공산주의 사상을 적극적으로 퍼트리려고 했다. 베네수엘라, 과테말라 등에서 공산주의자가 일어났고, 1979년에는 니카라과에 친소 공산 정권이 들어섰다.

좌우익의 다툼과 군사 독재로 정치가 어지러운 상황에서 독재 권력이 국민의 지지를 얻기 위해 무리하게 외국 자본을 끌어들여 공업화 정책을 추진한 나라들도 있었다. 1970년대에 석유와 천연가스 개발로 중남미에서 가장 안정된 나라로 평가받던 멕시코는 1980년대에 석유 가격이 폭락하면서 막대한 빚을 지게 됐다. 멕

피델 카스트로
쿠바 공산 혁명의 지도자로 중남미 공산주의의 상징적 인물이며 아프리카 여러 나라에도 영향을 주었다. 쿠바 국가 평의회 의장으로 쿠바 공산당을 이끌었다. 왼쪽 인물은 아르헨티나 출신 의사이며 공산주의 혁명가로 카스트로와 함께 쿠바 혁명을 이끈 체 게바라이다.

멕시코

쿠바

쿠바 혁명
(1959)

니카라과

니카라과 혁명
(1979)

파나마

혁신 군정 수립
(1968)

대서양

페루

혁신 군정 수립
(1968)

브라질

볼리비아

혁신 군정
(1970)

대평양

칠레

인민 연합 정권
(1970)

아르헨티나

라틴 아메리카의 정치적 실험
제2차 세계 대전이 끝난 뒤 라
틴 아메리카에서도 공산주의가
큰 힘을 얻자, 미국은 반공을
내걸고 라틴 아메리카의 보수
세력과 군사 독재 정권을 지원
했다. 민주화와 개혁을 요구하
는 목소리가 점점 높아지면서
쿠바의 카스트로, 칠레의 아옌
데 등이 나타나 친미 정권을 무
너뜨리고 사회주의 개혁 정책
을 추진했다.

시코의 경우처럼 외국 자본에 지나치게 의존한 이들의 공업화는 실패
할 수밖에 없었고, 그에 따라 독재 정권도 몰락의 길을 걸었다.

　아르헨티나에서는 1982년에 군사 정권이 포클랜드 전쟁*에서 패한
뒤 1983년에 민간 정부가 들어섰다. 브라질에서도 군사 정권이 들어선
지 21년 만인 1985년에 시행된 간접 선거로 민간 정부가 들어섰다. 페

● 포클랜드 전쟁
1833년 이래로 남대서양 포
클랜드 제도의 여러 섬을 지
배해 온 영국과 이에 대한 종
주권을 주장하는 아르헨티나
가 치른 전쟁이다.

루, 칠레 등에서도 선거를 거쳐 구성된 정부가 개혁을 추진하고 있으나 내부 갈등과 미국의 간섭 등으로 어려움을 겪고 있다.

라틴 아메리카 여러 나라는 국제 통화 기금, 세계은행과의 협상을 통해 외채를 줄이는 한편, 추가로 자금을 빌려 경제 회복에 힘쓰고 있다. 그러나 경제 기반 부족, 폭발적인 인구 증가로 인한 가난, 농경지 개간에 따른 환경 파괴 등으로 어려움을 겪고 있다.

# 09

# 냉전을 넘어 협력의 시대로

제2차 세계 대전 후 세계는 냉전이라는 새로운 위기를 겪었으나 1980년대 말 소련과 동유럽의 공산주의 체제가 무너지면서 냉전이 끝났다. 이후 자본주의 체제는 활기를 되찾았고, 또한 경쟁에서 살아남기 위해 정치적, 경제적 블록을 형성하면서 새로운 국제 질서를 만들어 가고 있다.

## 동서 냉전 체제에서 동서 화해의 시대로

1953년에 한국 전쟁이 휴전을 맞이하고 소련의 스탈린마저 죽자 미국을 중심으로 하는 자본주의 진영과 소련이 이끄는 공산주의 진영 간의 냉전이 느슨해졌다. 소련 최고 지도자가 된 흐루쇼프는 1955년에 서독과 외교 관계를 다시 맺었고, 1956년에 스탈린이 제기했던 제국주의 세력과의 전쟁 불가피론을 비판했으며, 1959년에는 미국의 아이젠하워를 만나 평화와 공존을 추구하겠다고 발표함으로써 화해 분위기를 만들었다. 하지만 냉전은 쉽게 끝나지

● 닉슨 독트린
당시 미국의 대통령이던 닉슨
이 밝힌 아시아 정책으로 괌
독트린이라고도 한다. 미국이
아시아 나라들과 맺은 조약은
성실히 지키겠지만, 강대국의
핵 위협을 제외하고는 아시아
에 군사 및 정치적인 개입을
자제하겠다는 내용이었다.

않았다. 1961년에 동독에서 베를린 장벽이 세워진 데 이어 1962년에는 소련이 쿠바에 미사일 기지를 설치해서 전운이 감돌았으며, 여러 나라에서 상당한 파괴력을 지닌 핵무기를 개발했다.

그럼에도 소련과 미국 중심의 양극화로 대표되던 국제 정세가 점차 다극화되어 갔다. 공산주의 진영에서는 티토가 이끄는 유고슬라비아가 소련의 간섭에서 벗어나 독자적인 외교 노선을 걸었고, 1956년에는 폴란드와 헝가리에서 반소 운동이 일어났으며, 1960년대에는 중국이 소련과 국경 및 사회주의 노선 분쟁을 일으키며 제3 세계의 지도자로 등장했다. 자본주의 진영에서는 프랑스가 1960년에 핵 실험을 성공한 뒤 1966년에 북대서양 조약 기구에서 탈퇴하며 미국에 도전했고, 서독은 1972년에 1민족 2국가 체제라는 원칙을 내세워 동독을 인정했다. 미국은 1969년에 닉슨 독트린*을 발표했고, 1971년에 중국의 국제 연합 가입을 승인했으며, 1975년에는 베트남 전쟁에서 군대를 철수했다.

화해 분위기가 무르익으면서 미국과 소련은 경제적 부담이 컸던 무기 경쟁에서 벗어나기 위해 영국을 끌어들여 1963년에 부분적인 핵 실험 중지 조약을 맺었다. 1968년에는 국제 연합 총회가 핵 확산 금지 조약을 채택했으며, 1969년에는 미국과 소련이 전략 무기 제한 협정을 맺었다.

소련의 브레즈네프는 1979년에 아프가니스탄을 침공했고, 1980년에 폴란드의 자유 노조 운동을 억눌렀으며, 태평양과 인도양에서 해군력을 강화했다. 1985년에 등장한 고르바초프는 경제 침체와 외교적 고립에서 벗어나기 위해 적극적인 공존 정책으로 외교 노선을 바꿨다. 1987년에는 미국과 소련이 중거리 핵전력 폐기 조약을 맺었고,

**흐루쇼프와 아이젠하워**
냉전 상태에서의 핵 대결이 공멸로 이어질 수 있다는 위기감이 커지면서 미국과 소련은 화해를 모색하기 시작했다. 달라진 분위기에서 1959년에 소련의 흐루쇼프 서기장(왼쪽)과 미국의 아이젠하워 대통령(오른쪽)이 만나 만찬을 즐겼다.

부시와 고르바초프
1989년에 미국의 부시 대통령
(왼쪽)과 소련의 고르바초프 서
기장(오른쪽)이 만나 세계 평화
를 위협하던 냉전이 끝났음을
선언했다.

1989년에는 소련이 아프가니스탄에서 병력을 철수했으며, 그해 말에
고르바초프 서기장과 부시 대통령이 몰타 섬에서 만나 냉전의 종결
을 선언했다.

## 자본주의 사회가 변화를 거듭하다

제2차 세계 대전 후 미국은 세계에서 가장 부강한 나라로 떠올랐다.
1950년대에 트루먼의 뒤를 이은 공화당의 아이젠하워 대통령은 자유
방임주의를 내세워 미국을 일찍이 없던 풍요로운 나라로 만들었다.
1961년에는 민주당의 케네디 대통령이 복지 국가 이념을 내세워 부의
분배에 노력했으나 그로부터 2년 뒤에 암살됐다. 케네디 대통령의 정신
은 존슨 대통령에게 닿아 빈곤에 대한 전쟁 선포로 이어졌다.

1968년에 당선된 공화당의 닉슨 대통령은 베트남 전쟁을 끝냈고 냉
전 완화에도 기여했으나 워터게이트 사건●으로 사임했다. 민주당의 카
터 대통령이 재임 중이던 1978년에 이란 주재 미국 대사관 직원들이
인질로 잡히는 사건이 일어났는데, 이는 1980년에 당선된 공화당의 레

●워터게이트 사건
닉슨 대통령의 재선을 위해
비밀 공작원이 워싱턴 워터게
이트 빌딩의 민주당 본부에
도청 장치를 설치하려다 발각
된 1972의 사건이다.

**버락 오바마**
2009년에 미국 최초로 흑인 대통령이 됐다. 2012년에는 공화당의 미트 롬니 후보를 꺾고 재선에 성공했다.

● **걸프 전쟁**
이라크의 후세인 대통령이 쿠웨이트를 침공하자 미국과 영국 등 33개국이 다국적군을 결성해 이라크를 상대로 싸운 전쟁이다.

● **북아일랜드 문제**
아일랜드 북부에서 종교적 소수파였던 가톨릭교도가 다수파인 신교도와 1969년에 충돌했다. 여기에 영국으로부터의 완전한 독립과 남북 아일랜드의 통일을 주장하는 아일랜드 공화국군이 개입하면서 1980년대 중반까지 갈등이 계속됐다.

이건 대통령이 강한 미국을 외치는 계기가 됐다. 레이건의 뒤를 이은 부시 대통령은 걸프 전쟁*을 치렀고, 경기 활성화에 노력했으나 큰 성과를 거두지 못한 채 최대 채무국의 불명예를 떠안았다. 미국은 민주당의 클린턴이 집권 중이던 1992년에야 만성적인 적자에서 벗어났다. 2001년부터 재임한 공화당의 부시에 이어 2009년에 민주당의 오바마가 대통령으로 당선됐다.

전후의 서유럽 국가들은 마셜 플랜에 의존해 경제 회복을 시도하는 한편, 유럽 경제 공동체 등을 만들어 유럽 전체의 경제 부흥을 위해 노력했다.

1945년에 애틀리 노동당 내각이 집권한 영국에서는 주요 산업을 국유화했으나 1951년에 집권한 처칠의 보수당 내각이 다시 민영화했다. 노동당과 보수당은 번갈아 권력을 잡으면서 경기 회복에 노력했으나 식민지 상실과 낙후된 산업 구조, 북아일랜드 문제* 등으로 만성적인 경기 침체에 빠졌다. 1980년대에는 대처 수상이 이끄는 보수당 내각이 사회 복지 비용을 축소하고 기업 투자를 장려하며 경기 회복에 힘썼다. 이후 보수당의 메이저 내각, 노동당의 블레어 내각에 이어 2010년에는 보수당의 캐머런 내각이 집권했다.

제2차 세계 대전이 끝난 뒤 프랑스에서는 드골 장군이 임시 정부를 만들었으나 의회와 충돌하다가 1946년에 새로운 헌법에 따라 제4 공화국이 수립됐다. 여러 정당이 경쟁하는 가운데 알제리 등의 식민지에서 반란까지 일어난 혼란스러운 상황에서 1958년 선거를 통해 압도적인 지지를 받은 드골이 제5 공화국을 수립했다. 드골 대통령은 정부 권한을 크게 강화하고 독자적인 외교 노선을 걸었으나 만성적인 실업 문제 때문에 1969년 선거에서 패배했다. 1981년에는 사회당의 미테랑이 정권을 잡아 주요 산업을 국유화했고 재정 축소 정책을 통해 경제 활성화에 노력했다. 그 후 여러 정파의 연합 정권인 시라크, 사르코지에 이어

2012년에는 사회당의 올랑드 정권이 들어섰다.

　서독에서는 초대 수상 아데나워와 뒤를 이은 에르하르트 수상의 지도 아래 라인 강의 기적으로 불리는 눈부신 경제 발전을 이루었다. 1961년에 베를린 봉쇄로 긴장이 고조됐었으나 1969년에 사회 민주당의 브란트가 소련과의 관계 개선을 시도하고 나섰고, 1972년에 동독의 존재를 인정했으며, 1973년에는 동독과 함께 국제 연합에 가입했다. 1982년에 집권한 기독교 민주당의 콜 수상은 월등한 경제력을 바탕으로 동독과 직접 교류를 시작했다. 그 결과, 1989년에 베를린 장벽이 무너졌고 1990년에는 역사적인 독일 통일이 이루어졌다. 통일을 이룬 슈뢰더 수상에 이어 2005년부터는 기독 민주 연합의 메르켈 총리가 독일을 이끌고 있다.

앙겔라 메르켈
2005년에 독일 역사상 최초의 여성 총리가 탄생했다. 세계에서 가장 영향력 있는 여성 중 한 명으로 손꼽힌다.

베를린 장벽 붕괴
냉전 시기에 베를린 장벽은 절대 무너지지 않을 철의 장막이라 불렸다. 그러나 냉전이 끝난 뒤 1989년 11월 9일에 장벽은 너무도 쉽게 무너졌다. 무너진 장벽 주변에 모여든 사람들이 환호하고 있다.

● 페레스트로이카와 글라스
노스트
각각 '개혁'과 '개방'이라는 뜻
으로, 외교적 고립과 경기 침
체에서 벗어나기 위해 소련이
추진한 실용주의 정책이다.

## 공산주의 체제가 무너지다

소련에서는 1953년에 스탈린이 죽은 뒤 흐루쇼프가 권력을 잡았다. 흐
루쇼프는 1956년에 스탈린을 비판하면서 자본주의와의 평화 공존 방
침을 내세웠다. 그러나 공산당 일당 독재 체제에서 군수 산업과 중공업
중심의 경제 정책만으로는 국민의 생활이 나아지지 않았다. 1964년에
집권한 브레즈네프는 대외 정책을 강경한 방향으로 바꾸어 체코슬로바
키아에서 일어난 자유화 운동을 억누르고, 1979년에 아프가니스탄을
공격했으며, 내부적으로는 적대 세력을 억압했다.

안드로포프와 체르넨코의 짧은 집권을 거쳐 1985년에 공산당 서기
장이 된 고르바초프는 페레스트로이카와 글라스노스트●를 통해 정치
민주화와 경제 활성화를 추진했다. 또한, 미국과의 화해 분위기를 다시
만들었고 1989년에는 아프가니스탄에서 병력을 철수했으며 1990년에
는 정당 제도와 대통령제를 인정해 개혁에 속도를 더했다. 고르바초프
의 개혁에 반대하는 공산당의 보수 세력이 1991년에 쿠데타를 일으켰

체코슬로바키아의 민주화 운동
소련의 지나친 간섭에 불만을
품은 동유럽 나라들이 민주화
운동으로 폭발했다. 사진은
1968년에 체코슬로바키아 인
들이 프라하에서 소련군의 탱
크에 올라가 반소 시위를 벌이
는 모습이다.

다. 이들의 쿠데타는 실패했지만, 공산당을 해체해서 소련을 유지하려 했던 고르바초프 대신 쿠데타 진압에 결정적인 역할을 한 옐친이 권력을 잡는 계기가 됐다. 이후 소비에트 사회주의 공화국 연방은 해체됐고 고르바초프도 최고 권력자 자리에서 물러났다. 러시아 공화국의 새 대통령이 된 옐친은 발트 3국과 그루지야를 뺀 11개의 구소련 공화국을 모아 독립 국가 연합*을 만들었다. 2000년 이후에는 푸틴이 세 번이나 대통령 자리에 올라 러시아를 이끌고 있다.

레흐 바웬사
전기공 출신의 폴란드 노동 운동가이다. 동유럽 민주화 운동의 상징적인 인물로 1983년에 노벨 평화상을 받았다. 폴란드 초대 직선 대통령이기도 하다.

고르바초프의 개혁 정책으로 소련의 통제가 약화되자 동유럽에서 공산주의 체제가 무너지기 시작했고 정치적인 민주화와 시장 경제 체제로의 이행이 한꺼번에 이루어졌다. 동독에서는 서독으로 탈출하는 사람이 크게 늘어 1989년에 국경선이 개방됐고, 1990년에는 동독의 자유 선거에서 승리한 독일 연맹이 통일 조약에 서명하면서 동독은 서독에 흡수 통합됐다.

폴란드에서는 1988년에 노동자 파업과 민주화 운동이 거세게 일어났고, 1989년 총선거에서 자유 노조가 압도적인 지지를 얻어 바웬사가 대통령에 당선됐다.

체코슬로바키아에서는 1989년에 시민 광장을 중심으로 민주화 운동이 전개되면서 공산 통치가 끝나고 하벨이 대통령에 취임했다. 1992년에는 민족주의의 영향을 받아 체코와 슬로바키아로 나누어졌다.

루마니아에서는 1989년에 민중 봉기가 일어나 독재자 차우셰스쿠가 처형됐고, 1991년부터 복수 정당제가 실시됐다. 불가리아와 알바니아에서도 공산주의 체제가 무너졌다.

티토의 지도를 받으며 독자 노선을 걸었던 유고슬라비아 연방에서도 이탈 움직임이 포착됐다. 1991년에는 크로아티아, 슬로베니아, 보스니아 헤르체고비나, 마케도니아 4개 나라가 독립했고, 연방에 남아 있던 세르비아와 몬테네그로가 신 유고슬라비아 연방*을 만들었다.

●독립 국가 연합
1991년에 소비에트 사회주의 공화국 연방이 해체된 뒤 독립한 러시아, 우크라이나, 벨라루스, 몰도바, 카자흐스탄, 우즈베키스탄, 투르크메니스탄, 타지키스탄, 키르기스스탄, 아르메니아, 아제르바이잔 11개 나라가 만든 정치 공동체이다.

●신 유고슬로비아 연방
2003년에 세르비아 몬테네그로로 국명을 바꾸었다. 2006년에 세르비아가 독립하면서 유고 연방은 완전히 해체됐다.

폴란드, 체코, 슬로바키아, 루마니아, 세르비아, 몬테네그로 등에서는 공산주의 체제 붕괴 이후 민주적인 선거를 통한 정권 교체가 이어졌으며, 자본주의 경제 체제를 도입해 경제 성장에 힘쓰고 있다.

## 블록을 만들어 협력을 강화하다

전후 세계 질서가 미국과 소련 중심으로 굳어지면서 상대적으로 영향력이 약해진 유럽에서는 유럽 통합을 추진했다. 첫 결실은 1952년에 유럽 6개국이 참여한 유럽 석탄 철강 공동체였다. 독일의 재무장을 우려하던 프랑스와 국제적 영향력을 되찾으려는 독일의 이해, 유럽 공동

유럽의 통합 과정
1952년에 6개국이 만든 유럽 석탄 철강 공동체는 국제 사회에서 유럽의 영향력을 강화하려는 유럽 통합 운동이었다. 유럽 석탄 철강 공동체는 1958년에 유럽 경제 공동체를 거쳐 1993년에 유럽 연합으로 발전했다.

유럽 석탄 철강 공동체 가입국
유럽 연합 가입국(2014)

핀란드
스웨덴
에스토니아
라트비아
리투아니아
덴마크
아일랜드
영국
네덜란드
폴란드
벨기에
독일
룩셈부르크
체코
슬로바키아
오스트리아
헝가리
프랑스
스위스
슬로베니아
루마니아
크로아티아
불가리아
이탈리아
그리스
포르투갈
에스파냐
키프로스
몰타

시장을 만들고자 했던 이탈리아와 베네룩스 3국의 이해가 맞아떨어진 결과였다.

두 차례의 세계 대전을 거치면서 발달한 과학 기술로 항공, 석유 화학 등의 분야가 조명을 받았고, 과학 기술 개발에 대한 대대적인 투자가 중요해졌다. 이를 위해서는 자원을 더욱 효율적으로 사용하고 시장을 변화시켜야 했기에 1958년에 유럽 경제 공동체를 만들어 교류와 협력을 강화했다.

1967년에는 경제뿐만 아니라 정치와 군사도 통합해야 한다는 드골의 주장을 받아들여 기존의 공동체를 더욱 발전시킨 유럽 공동체를 만들었다. 1973년에 영국, 덴마크, 아일랜드가 가입했고, 이후에 그리스, 에스파냐, 포르투갈, 오스트리아, 핀란드, 스웨덴 등이 차례로 가입해서 회원국이 15개로 늘었다. 1993년에는 마스트리히트 조약을 맺어 유럽 공동체가 유럽 연합(EU)으로 확대됐다. 1999년부터 공동 화폐인 유로화가 사용되기 시작했으며, 2001년에는 유로화가 단일 통화가 됐다. 2014년 현재 28개국이 유럽 연합에 가입해 있다.

유럽 연합 의회
유럽 연합의 법을 제정하고 예산을 심의하는 유럽 연합 의회의 모습이다. 중앙에 12개의 별이 그려진 유럽기가 보인다.

**세계 무역 기구**

'관세 및 무역에 대한 일반 협정'을 대신해 국제 무역 질서를 이끌고 있는 국제기구이다. 회원국 간의 다수결을 통한 의사 결정에 따라 국제 분쟁에 대한 판결을 내리고 강제 집행할 수 있는 권한을 갖고 있다. 세계 무역 기구 체제가 강대국 중심으로 세계 자본주의 질서를 재편한다며 반대하는 목소리도 적지 않다. 사진은 미국에서 열린 세계 무역 기구 반대 시위 모습이다.

유럽 연합같이 세계 각지에서 지역 경제 공동체를 구성하려는 움직임은 점점 더 활발해지고 있다. 미국이 캐나다, 멕시코와 맺은 북미 자유 무역 협정, 동남아시아의 태국, 말레이시아, 싱가포르, 인도네시아, 필리핀, 브루나이가 만든 아세안 자유 무역 지대, 한국을 포함해 일본, 캐나다, 미국, 칠레, 오스트레일리아 등 태평양 지역의 나라가 참여한 아시아 태평양 경제 협력체 등이 대표적이다.

정치 및 경제 협력 기구를 통한 국제 협력이 강화되고 있다는 사실에도 주목해야 한다. 국제 연합은 국제 분쟁의 해결과 평화 유지에 적극적으로 나서고 있고, 1995년에 출범한 세계 무역 기구(WTO)는 다자간 무역 협상을 통해 회원국 간의 경제적 분쟁이나 마찰을 조정하고 있다.

# 10

# 대중의 시대 20세기

20세기에는 일반 대중이 중심이 된 대중 사회와 높은 수준의 과학 기술을 바탕으로 한 산업 사회가 나타났다. 대중은 동원의 중요로워져 권리함을 누리게 됐으며 개성이 뚜렷하고 중심이 무뚝한 인간이 늘어났다. 급기야 산업화는 빈부 격차, 빈부의 과장, 자연과의 여러 등의 문제를 낳았다.

유권자

**대중이 세상의 주인공으로 떠오르다**

현대 사회의 가장 큰 특징은 일반 대중●이 정치, 경제, 사회, 문화 모든 부분에서 주인공이 되었다는 사실이다. 제2차 세계 대전을 거치면서 재산 정도에 따라 참정권을 제한하던 조치가 사라졌고 보통 선거 제도가 일반화됐다. 제한된 시민 민주주의 대신 대중 민주주의가 발전한 것이다. 경제적으로도 국가가 재벌 발전에 치중하는 정책에서 벗어나 사회 구성원 모두의 복지 향상을 위해 노력하기 시

●대중
현대 사회를 살아가는 대다수의 사람이라는 뜻으로, 사회적 능력이 뛰어나거나 지도자 위치에 있는 사람과 대비되는 개념이다.

**대중 민주주의**
제2차 세계 대전을 거치면서
여러 나라에서 여성 참정권이
인정됐고 보통 선거 제도가 일
반화됐다. 여성들이 투표 방법
을 배우고 있는 1935년 미국의
풍경이다. 벽면에 루스벨트의
선거 포스터가 붙어 있다.

작했다. 대중의 지지를 통해서만 정치권력을 획득할 수 있는 현대 사회
의 특성과 더불어 빠른 산업화 과정에서 생산과 소비의 주체로 등장한
대중이 노동조합 활동 등을 통해 얻은 결실이었다.

사회적으로도 신분이나 혈연에 의해 계급이나 계층이 구별되는 전통
적인 질서에서 벗어나 경제적 부나 교육 수준이 사람을 가늠하는 기준
이 됐고, 개인의 노력에 따라 사회적 지위가 결정되는 열린사회가 만들
어졌다. 또한, 텔레비전, 라디오, 컴퓨터, 신문, 영화 등 대중 매체의 발
전은 사람들에게 다양한 정보를 제공해 지식을 증대시켰다.

거대한 사회 체제 안에서 개개인의 목소리가 점차 작아지면서 무력
감에 사로잡힌 대중은 정치적 무관심에 빠졌다. 자극적인 성 문화나 연
예 문화에서 헤어나오지 못하는 사람들도 많아졌다. 대중 매체의 영향
으로 대중의 가치관이 하나 같이 비슷해져 인간의 개성 또한 사라졌다.
선진 자본주의 국가가 후발국의 경제를 좌지우지하면서 문화까지 지배
하게 됐다.

**마릴린 먼로**
미국의 여배우이다. 1950년대
에 그녀가 주연한 영화들은 크
게 흥행했으나 늘 대중의 관심
속에 있어야 하는 할리우드 생
활에서 오는 압박 때문에 자살
로 생을 마감했다.

## 과학 기술의 발달로 인간의 꿈이 실현되다

현대 사회의 또 다른 특징은 과학 기술의 상당한 발전이다. 19세기 말에 본격화된 과학과 기술의 결합은 제2차 세계 대전을 거치면서 더 강화되어 인류에게 풍요로운 미래를 안겨줄 것으로 기대 받고 있다.

20세기 초에 미국의 라이트 형제가 발명한 비행기는 두 차례의 세계대전 중에 실용화되어 구름 위를 나는 폭격기로 발전했고, 이후에는 제트 엔진이 개발되어 지구가 1일 생활권이 됐다. 그 밖에도 로켓을 개발해 대륙을 넘나드는 미사일을 만들었고, 인공위성 발사가 가능해지면서 인간은 달에 발을 내딛을 수 있었으며, 꿈에서나 가능했던 우주 탐사가 현실이 됐다.

원자 물리학도 발달했는데, 아인슈타인이 내놓은 상대성 이론은 시간과 공간 에너지의 관념을 완전히 바꾸어 물리학의 기본 구조를 뒤흔

라이트 형제의 비행
라이트 형제는 1903년 12월 17일에 동력을 이용한 비행기로 하늘을 날았다. 비행시간은 59초에 불과했으나 인류가 하늘로 날아오르는 출발점이 됐다.

아폴로 호의 달 착륙
1969년에 인류 최초로 달에 착륙한 미국의 우주 비행사가 달 표면에서 활동하는 모습이다.

들었다. 그의 이론에 따라 핵분열 때 발생하는 에너지를 이용해 엄청난 위력을 가진 원자 폭탄 같은 핵무기가 만들어졌다. 미국은 제2차 세계 대전 중 일본에 두 차례 원자 폭탄을 떨어트려 항복을 받아내기도 했다. 최근에는 발전소나 의학 분야에서 핵에너지가 사용되고 있다.

화학 공업의 발달은 나일론 등 인조 섬유와 합성 섬유를 만들어 냈다. 이는 의생활을 크게 변화시켰는데, 플라스틱과 같은 합성수지는 일상생활에서도 널리 쓰이고 있다.

생물학, 생의학, 의학 등의 발달은 여러 가지 예방 백신과 페니실린, 마이신 등의 항생제를 만들어 냈다. 항생제는 난치병으로 여겨지던 질병을 치료할 수 있게 도우면서 보건 위생과 수명 연장에 크게 기여했다. 유전 공학, 생명 공학 연구가 활발하게 이루어져 영국에서 복제 양이 만들어졌으며, 인간 복제도 가까운 미래에 가능한 지경에 이르렀다.

전기 공학과 전자 공학은 생활 곳곳에서 활용되고 있다. 20세기 초반에 라디오가 가정에 들어왔고, 영화와 텔레비전이 보급되어 문화의 대중화가 이루어졌다. 제2차 세계 대전 중에는 전파 탐지 기술이 크게 발달해 비행, 항해, 기상 관측 등에 이용됐으며, 전자계산기가 만들어져 짧은 시간 안에 정확한 계산이 가능해졌다. 컴퓨터와 인터넷이 보급되면서 정보 혁명이 일어났다. 통신 위성이 발달하면서 해외에서 치러지는 행사를 실시간으로 자기 집에서 볼 수 있게 됐고, 멀리 떨어진 곳에 있는 사람들과 원격 영상 회의도 가능해졌다.

## 편리와 풍요가 새로운 과제를 안겨 주다

과학과 기술의 발달은 인류에게 한없이 편리하고 풍요로운 생활을 안겨 주었지만 국가 간 경제 격차의 심화, 자연환경의 대대적 훼손, 핵전쟁의 공포 등 새로운 문제점을 만들어 냈다. 각 국가 차원에서는 물론이고 민간 활동이나 국제 협력을 통해 이를 해결하려 노력하고 있다.

국가 간에 경제적 격차가 점점 더 벌어지고 있는 것을 동서 냉전에 대응해 남북문제°라고 부른다. 제2차 세계 대전이 끝나고 독립한 아시아와 아프리카의 여러 나라는 자본과 기술 부족 때문에 선진 공업국의 경제적 간섭으로부터 자유로울 수 없었다. 1964년에 선진국과 개발도상국의 무역 확대와 경제 협조를 위해 국제 연합 무역 개발 회의를 만들었으나 남북 간의 빈부 격차는 더욱 심해지고 있다. 개발도상국 안에

°남북문제
선진 공업국 대부분은 북반구에 있고, 산업화가 늦은 나라 대부분은 주로 남반구에 있어서 이렇게 부른다.

애고고...

지구가 몸살을 앓는다.

구호품을 기다리고 있는 아프리카 사람들
굶주림은 인류의 가장 오랜 과제이자 현재 진행형인 문제이다. 아프리카는 풍부한 자원을 가지고 있지만 굶주림, 가뭄 등으로 큰 고통을 받고 있다.

서도 자원의 차이에 따라 경제 격차가 벌어지고 있다.

산업화를 추진하는 과정에서 수질 오염, 대기 오염 등 환경이 파괴되고 있는 것도 큰 문제이다. 열대 우림 감소, 오존층 파괴, 지구 온난화, 사막 확대, 폐기물 축적 등으로 지구의 파멸을 걱정하는 목소리도 있다. 환경 보호에 관심을 가진 각국 정부의 노력으로 1992년에 브라질의 리우데자네이루에서 환경 및 개발에 관한 국제 연합 회의가 열렸다. 그린피스 등 민간 차원의 환경 보호 단체도 활발하게 활동하고 있다.

현재 인류가 마주한 가장 큰 과제 중 하나는 전쟁과 핵 확산의 공포를 해결하는 것이다. 종교 갈등, 민족 대립, 영토 문제 등으로 세계 곳곳에서 분쟁이 계속되고 있고, 지구를 수십 번 파괴하고도 남을 만큼의 핵무기가 만들어지고 있다. 국제 연합에서는 평화 유지군을 만들어 국제 분쟁 해결에 노력하면서 국제 원자력 기구(IAEA)*를 통해 핵

PALMOLEIN OIL
GIFT OF GERMAN
WORLD FOOD
PROGRAMME
WFP

전쟁 반대 시위
전쟁은 인류에게 가장 큰 고통
이었다. 2003년에 런던에서 열
린 이라크 전쟁 반대 시위 모습
이다.

개발을 통제하고 핵 확산 금지 조약을 맺어 핵무기를 줄이려 하고 있
다. 그러나 여전히 세계 곳곳에서는 전쟁이 끊이지 않고 있으며, 상호
불신과 이해관계의 대립으로 핵무기 통제 노력도 확실한 결실을 맺지
못하고 있다.

●국제 원자력 기구
1957년에 국제 연합이 원자력
을 평화롭게 이용할 수 있도
록 공동 연구와 공동 관리 원
칙을 내세워 만든 기구이다.

## 변화에 발맞춰 새로운 문화가 유행하다

인간의 불안과 획일화라는 위기의식을 반영해 인간성 상실과 인간 사회의 비합리성에 주목한 문화 흐름이 유행하기도 했다.

철학*에서는 독일의 딜타이와 프랑스의 베르그송이 '생의 철학'을 주장해 인간의 본질을 밝히려 했고, 독일의 하이데거와 야스퍼스, 프랑스의 사르트르 등은 모순 속에서 인간의 주체성을 탐구하는 실존주의를 발전시켰다. 인간의 무의식과 잠재의식을 연구하며 인간의 비합리성을 강조한 프로이트의 정신 분석학은 반 지성주의*를 대표했고 의학과 심리학 등에 많은 영향을 주었다.

경제학에서는 영국의 케인스가 자유방임주의를 대신해 수정 자본주의 이론을 제시하여 대공황을 벗어나는 데 기여했다. 독일 출신의 사회학자 막스 베버는 자본주의와 관료제 등 서구 문명을 합리화의 관점에서 분석했다. 독일의 역사가 슈펭글러는 《서구의 몰락》에서 유럽 문명의 위기를 예언했다. 영국의 토인비는 《역사의 연구》에서 도전과 응전의 원리에 따라 동서양의 문명이 발전했으며, 지도자의 창조적인 능력이 약해지면 해당 문명도 멸망했다고 주장했다. 프랑스에서는 아날 학

● 20세기 철학
합리주의 철학이 완전히 사라지지는 않았다. 미국의 듀이는 '이성과 경험을 통해 얻은 지식으로 인간 문제를 해결할 수 있다.'라며 실용주의 철학을 주장했다.

**붉은 조화(왼쪽)**
마티스의 그림은 형체를 단순하게 표현하고 원색을 대비시켜 강렬한 느낌을 주는 것이 특징이다. 상트페테르부르크 에르미타슈 박물관에 전시돼 있다.

**아비뇽의 아가씨들(오른쪽)**
그림 하단에 있는 과일 광주리는 현재의 쾌락을 상징하고, 창백한 표정의 여인들은 쾌락이 죽음의 그림자에 위협당하고 있음을 의미한다. 피카소의 대표작으로 20세기 초의 불안한 시대 상황을 담고 있다. 뉴욕 현대 미술관에 전시돼 있다.

파가 정치사 중심에서 벗어나 사회사에 집중했다.

문학계에서도 인간성 회복이나 사회 문제 극복을 다룬 작품이 많이 나왔다. 프랑스의 로맹 롤랑은 《장 크리스토프》에서 파시즘을 비판했고, 앙드레 지드는 《좁은 문》에서 종교의 구속을 거부했으며, 헤밍웨이는 《노인과 바다》를 통해 인간 존엄성을 사실적으로 표현했다.

미술에서는 대담한 화풍을 전개한 마티스 등의 야수파, 평면적인 회화를 극복하려고 시도한 피카소 등의 입체파, 기하학적인 구성을 도입한 추상파 등이 등장했다. 이들은 모두 전통적인 아름다움에 머무르지 않고 새로운 미를 만들어 내려 했다는 공통점을 지녔다. 음악계에서도 전통적인 음악에 저항하면서 색다른 음악 세계를 찾아내려는 음악가들이 나왔다. 스트라빈스키, 드뷔시, 시벨리우스 등은 민족의식이 담긴 국민 음악을 발전시켰다.

●반 지성주의
지성, 지식인 등에게 보이는 적대적 태도이다. 교육, 철학, 문학, 예술, 과학 등의 가치를 부정하는 형태로 나타난다.

# 참 고 문 헌

- 강희숙 외, 《세계사 뛰어넘기 1~3》, 열다, 2013.
- 궈시팅 엮음, 김은희 옮김, 《거침없이 빠져드는 역사 이야기-고고학 편》, 시그마북스, 2008.
- 글공작소, 《공부가 되는 세계사 1~3》, 아름다운사람들, 2013.
- 김성환, 《교실밖 세계사 여행》, 사계절출판사, 1998.
- 김은호, 《신 에피소드로 본 세계사》, 행담, 1999.
- 김진웅·손영호·정성화, 《서양사의 이해》, 학지사, 1994.
- 김희보, 《그림으로 읽는 세계사 이야기 1~3》, 가람기획, 2000.
- 김희보, 《한 권으로 읽는 세계사 101장면》, 가람기획, 1997.
- 남경태, 《종횡무진 서양사》, 그린비, 1999.
- 남경태, 《트라이앵글 세계사》, 푸른숲, 2001.
- 남궁원·강석규, 《연표와 사진으로 보는 세계사》, 일빛, 1997.
- 노명환 외, 《서양 현대사》, 삼지원, 1994.
- W. 버나드 칼슨 외, 남경태 옮김, 《말랑하고 쫀득한 세계사 이야기 1~3》, 푸른숲주니어, 2012.
- 로버트 램, 이희재 옮김, 《그림과 함께 읽는 서양 문화의 역사 1~4》, 사군자, 2000.
- 롤랜드 올리버, 배기동·유종현 옮김, 《아프리카》, 여강, 1999.
- 마틴 키친, 유정희 옮김, 《사진과 그림으로 보는 케임브리지 독일사》, 시공사, 2001.
- 미야자키 마사카츠, 이영주 옮김, 《하룻밤에 읽는 세계사》, 랜덤하우스코리아, 2000.
- 민석홍, 《서양사 개론》, 삼영사, 1984.
- 박경옥, 《아하! 서양사 1, 2》, 휴머니스트, 2013.
- 박은봉, 《세계사 뒷이야기》, 실천문학사, 1994.
- 박찬영·버질 힐라이어, 《세계사를 보다 1~3》, (주)리베르스쿨, 2013.
- 배영수 엮음, 《서양사 강의》, 한울, 2000.
- 브라이언 타이어니·시드니 페인터, 이연규 옮김, 《서양 중세사》, 집문당, 2000.
- 사무엘 버너·노만 F. 캔터, 진원숙 옮김, 《서양 근대사 1500~1815》, 혜안, 2000.
- 세계사신문편찬위원회, 《세계사 신문 1~3》, 사계절출판사, 1998.
- 세계역사연구회, 《알기 쉽게 이야기로 꾸민 세계사 상, 하》, 오상, 1995.

- 수요역사연구회, 《곁에 두는 세계사》, 석필, 2001.
- 시드니 페인터, 고려대학교대학원 서양중세사연구실 옮김, 《서양 중세 세계사》, 고려대학교 출판부, 1986.
- 양병우 외, 《대세계의 역사 1~12》, 삼성출판사, 1990.
- 에른스트 H. 곰브리치, 이내금 옮김, 《옛날이야기처럼 재미있는 곰브리치 세계사 1》, 자작나무, 1997.
- 왈라스 클리퍼트 퍼거슨, 이연규·박순준 옮김, 《서양 근세사》, 집문당, 1989.
- 유시민, 《거꾸로 읽는 세계사》, 푸른나무, 1998.
- 6차 교육과정에 의거한 《고등학교 세계사》 6종 교과서
- 이가은, 《세계사 X 파일》, 다림, 1999.
- 이구한, 《이야기 미국사》, 청아출판사, 1998.
- 이무열, 《세계사 작은사전》, 가람기획, 1999.
- 이상현, 《지성사로 본 세계사》, 집문당, 1998.
- 이석우, 《세계명화감상》, 지경사, 2009.
- 21세기연구회, 김향 옮김, 《지명으로 보는 세계사》, 시공사, 2001.
- 21세기연구회, 이영주 옮김, 《인명으로 보는 세계사》, 시공사, 2002.
- 이영세, 《심마니 세계사》, 역사넷, 2000.
- 임희완, 《서양사의 이해》, 박영사, 1997.
- 자와할랄 네루, 최충식·남궁원 옮김, 《중고생을 위한 세계사 편력》, 일빛, 1998.
- 장옌쥔 엮음, 최한나 옮김, 《거침없이 빠져드는 역사 이야기-예수 편》, 시그마북스, 2008.
- 전국역사교사모임, 《살아있는 세계사 교과서 1, 2》, 휴머니스트, 2012.
- 전국역사교사모임, 《처음 읽는 미국사》, 휴머니스트, 2010.
- 정범진, 《마주보는 세계사 교실 1~8》, 웅진주니어, 2011.
- 조경래, 《서양 현대사》, 일신사, 1994.
- 조인형, 《서양 고대사》, 강원대학교 출판부, 1996.
- 지동식 엮음, 《서양 고대와 중세의 사회》, 신양사, 1996.
- 진원숙, 《서양사 산책》, 신서원, 1999.
- 진원숙, 《손에 잡히는 서양사 이야기 1, 2》, 신서원, 1999.
- 차하순, 《새로 쓴 서양사 총론 1, 2》, 탐구당, 2000.
- 최재호, 《세계사 수업시간 그대로》, 역민사, 2000.
- 7차 교육과정에 의거한 《중학교 사회》 6종 교과서
- 케네스 O. 모건, 영국사학회 옮김, 《옥스퍼드 영국사》, 한울, 1997.
- 콜린 존스, 방문숙·이호영 옮김, 《사진과 그림으로 보는 케임브리지 프랑스사》, 시공사, 2001.

- 태극출판사 편집부, 《대세계사 1~7》, 태극출판사, 1982.
- 페터 가이스·기욤 르 캉트렉, 김승렬 외 옮김, 《독일 프랑스 공동 역사 교과서》, 휴머니스트, 2008.
- 프레데리크 들루슈 엮음, 윤승준 옮김, 《새유럽의 역사》, 까치글방, 1995.
- 한국일보 타임라이프 편집부, 《라이프 인간 세계사 1~20》, (주)한국일보 타임라이프, 1980.
- 현공숙, 《역사를 정복한 인물 세계사−서양편》, 청아출판사, 1999.


- H. W. Janson, *History of Art*, Harry N. Abrams, Inc., 1991.
- Laurie Schneider Adams, *A History of Western Art*, McGraw Hill Financial, 1994.
- R. G. Grant, *1001 Battles*, Octopus Publishing Group Ltd., 2011.

# 찾아보기

# 청소년을 위한 세계사: 서양 편

**초판 1쇄 발행일** 2002년 9월 25일
**개정판 1쇄 발행일** 2014년 3월 31일
**개정판 14쇄 발행일** 2023년 4월 17일

**지은이** 이강무

**발행인** 김학원
**발행처** (주)휴머니스트출판그룹
**출판등록** 제313-2007-000007호(2007년 1월 5일)
**주소** (03991) 서울시 마포구 동교로23길 76(연남동)
**전화** 02-335-4422 **팩스** 02-334-3427
**저자·독자 서비스** humanist@humanistbooks.com
**홈페이지** www.humanistbooks.com
**유튜브** youtube.com/user/humanistma **포스트** post.naver.com/hmcv
**페이스북** facebook.com/hmcv2001 **인스타그램** @humanist_insta

**편집주간** 황서현 **편집** 이영란 이보람 최윤영 **디자인** 민진기디자인
**지도** 임근선 **일러스트레이션** 김형연 강주희 **그림 제공** 홍소희
**용지** 화인페이퍼 **인쇄** 청아디앤피 **제본** 민성사

ⓒ 이강무, 2014

ISBN 978-89-5862-691-6 03900

• 이 책은 2002년 9월 25일 초판 발행된 《청소년을 위한 세계사: 서양 편》의 개정판입니다.
• 이 책은 저작권법에 따라 보호받는 저작물이므로 무단 전재와 무단 복제를 금합니다.
• 이 책의 전부 또는 일부를 이용하려면 반드시 저자와 (주)휴머니스트출판그룹의 동의를 받아야 합니다.